BORIS BONDAREW

IM MINISTERIUM DER LÜGEN

Ein russischer Diplomat über Moskaus Machtspiele, seinen Bruch mit dem Putin-Regime und die Zukunft Russlands

Aus dem Russischen von David Drevs

WILHELM HEYNE VERLAG
MÜNCHEN

MIX
Papier | Fördert
gute Waldnutzung
FSC® C014496

Penguin Random House Verlagsgruppe FSC® N001967

2. Auflage
Originalausgabe 2023

Neumarkter Straße 28, 81673 München
Redaktion: Kerstin Lücker
Umschlaggestaltung: wilhelm typo grafisch
Unter der Verwendung eines Motivs von
picture alliance / imageBROKER | Michael Runkel
Satz: Satzwerk Huber, Germering
Druck und Bindung: GGP Media GmbH, Pößneck
Printed in Germany
ISBN: 978-3-453-21871-0

www.heyne.de

INHALT

VORBEMERKUNG:

DER 24. FEBRUAR 2022 UND DIE FOLGEN

Bomben über Kyjiw

Der 24. Februar 2022 hätte eigentlich ein ganz normaler Arbeitstag werden sollen. Tags zuvor hatte ganz Russland wie jedes Jahr seine Armee, die »Vaterlandsverteidiger« gefeiert. Als ich gegen sieben Uhr morgens aufwachte, griff ich wie gewohnt zuerst zum Mobiltelefon, um mich auf den neuesten Stand zu bringen. Die Newsfeeds hatten nur ein Thema: den Beginn von Putins »militärischer Sonderoperation«. Die russische Armee war in die Ukraine einmarschiert, Russland bombardierte Kyjiw, Charkiw, Mykolajiw, Odessa, Poltawa. Ich sah Fotos von Bombeneinschlägen, Videos von fliegenden Marschflugkörpern, endlose Staus am Stadtrand von Kyjiw. Eine Liedstrophe aus der Zeit des Zweiten Weltkriegs kam mir in den Sinn: »Am 22. Juni, / Um vier Uhr in der Früh, / Da wurde Kyjiw bombardiert / Und wir wurden informiert: / Jetzt ist der da, der Krieg.« In diesem sowjetischen Gassenhauer geht es um den Angriff Nazi-Deutschlands auf die Sowjetunion im Juni 1941. Damals war es Hitlers Luftwaffe, die »unser« Kyjiw, – unsere Leute, unser Land – bombardierte. Nun bombardierten wir es selbst. Der Aggressor war nicht irgendein fremdes Land, sondern mein eigenes. »Unsere Leute«, das waren jetzt russische Angreifer. An diesem 24. Februar 2022 wurde mir klar: Das russische Regime hatte endgültig seine Maske fallen gelassen – es war wahrhaft faschistisch geworden und knüpfte sein weiteres politisches Überleben an den militärischen Erfolg.

Zu sagen, dass ich schockiert war, wäre eine Untertreibung. Bis zuletzt war ich überzeugt gewesen, dass es keine Invasion geben würde, denn dafür fehlten die objektiven Voraussetzungen. Die Führung des Landes, so meine – offenbar naive – Einschätzung, musste sich doch bewusst sein, dass weder unsere Streitkräfte noch unser militärisch-industrieller Komplex für einen ernsthaften Konflikt mit dem Westen gerüstet waren. Für mich stand fest, dass der Westen einem Krieg Russlands gegen die Ukraine nicht tatenlos zusehen, sondern der Ukraine beistehen würde. Ein Erfolg Putins wäre der Beweis, dass die westlichen Demokratien nicht in der Lage sind, jene zu unterstützen, die ihre Ansichten und Werte teilen, als da sind: die Unverletzlichkeit der Grenzen, die Souveränität der Völker, ihre Freiheit, die eigenen Regierungsvertreter selbst zu wählen und sich nicht von einer äußeren Macht unterwerfen zu lassen.

Auch war mir klar, dass die Ukraine nicht mehr so schwach und gespalten dastand wie noch 2014. Die Streitkräfte des Landes waren keine schlecht ausgebildeten, unerfahrenen, zerlumpten Soldatenbürschchen mehr, sondern verfügten über moderne Waffensysteme. Außerdem wusste ich, dass Russland keine wirklichen Verbündeten hatte, die ihm helfen konnten, die Last des Krieges zu tragen. Die 2002 gegründete Organisation des Vertrags über kollektive Sicherheit (OVKS), einst der Stolz der russischen Diplomatie, war zwar tatsächlich so etwas wie unsere »Mini-NATO«, aber es stand außer Zweifel, dass sich – von Belarus vielleicht abgesehen – kein einziges ihrer Mitglieder in eine Konfrontation Russlands mit dem gesamten Westen hineinziehen lassen würde.

Vor dem 24. Februar hatte ich den Eindruck gehabt, dass die politischen Entscheidungsträger im Land eine ähnliche Ansicht wie ich vertraten. Die Bündelung von Truppen an der ukrainischen Grenze sowie die darauffolgenden Manöver erschienen mir als Teil eines großen politischen Spiels, das darauf abzielte, der Ukraine und ihren westlichen Partnern Zugeständnisse abzuringen. Der größte Schock – und die größte Enttäuschung – dieses Tages war somit die Erkenntnis, wie wenig die Führung Russlands über die aktuelle Situation informiert war und wie weit sie sich von der Realität entfernt hatte.

Es war klar, dass die Ukrainer den russischen Streitkräften nicht mit Brot und Salz begegnen würden. Niemand würde die Kolonnen russischer Panzer mit Blumen bewerfen – eher schon mit Molotowcocktails.

Es war mir ein Rätsel, wie man es – fehlgeleitet von pseudohistorischen Chimären – fertigbringen konnte, die Beziehungen zwischen diesen beiden geschichtlich, sprachlich, kulturell und familiär aufs Engste verbundenen Völkern einfach zunichtezumachen. Erschrocken nahm ich zur Kenntnis, dass wir dabei waren, uns in einen blutigen Krieg zu verwickeln, obwohl wir im eigenen Land vor gigantischen wirtschaftlichen und gesellschaftlichen Herausforderungen standen. Ich wusste: Diesen Krieg zu gewinnen ist völlig aussichtslos. Die Entwicklung unseres Landes wird dadurch um Jahrzehnte zurückgeworfen. Und das alles nur, damit einige Herrschaften vorgerückten Alters noch etwas länger ihre Paläste bewohnen und sich an ihren enormen Reichtümern ergötzen können, während Zehn-, ja vielleicht Hunderttausende ihrer Mitbürger in einem völlig unnötigen Konflikt ihr Leben lassen.

Ich begriff: Das war der Anfang vom Ende. Der Anfang vom Ende jenes Russlands, das wir kannten, jener Weltordnung, an die wir uns gewöhnt hatten, das Ende jeglicher nachbarschaftlichen Beziehungen zwischen Russland und der Ukraine – überhaupt das Ende des bisherigen Lebens. Ich erinnerte mich an Kyjiw, das ich mehrfach besucht hatte: diese malerische, lebenswerte Stadt mit ihren wunderbaren Menschen und dem köstlichen Essen. Mir war unverständlich, wie man die Ukraine bombardieren und im selben Atemzug sagen konnte: »Wir sind ein Volk und wollen mit euch zusammenleben.«

Das Versagen der Diplomatie

Bereits an diesem Morgen des 24. Februar wusste ich, dass ich meine Kündigung einreichen würde. Ich sah mich außerstande, für diesen Staat weiterzuarbeiten. Die russische Regierung hatte schon so manche Verbrechen begangen, über die ich – zu meinem heutigen Bedauern – hinweggesehen hatte, doch mit diesem Krieg war für mich eine rote Linie überschritten und ein Verbleib im Staatsdienst durch nichts mehr zu rechtfertigen.

Da ich noch nicht wirklich glauben konnte, was geschehen war, fehlte mir die letzte Entschlossenheit, noch am selben Tag mein Kündigungsschreiben aufzusetzen. Stattdessen fuhr ich zur Arbeit und betrat dort sofort das Büro meines Chefs. Dieser machte auf mich einen verlorenen Eindruck – und wahrscheinlich wirkte ich genauso auf ihn. Als erfahrener, hochrangiger Diplomat der Ständigen Vertretung Russlands in Genf wusste er vermutlich nur zu gut, dass Putins »militärische Sonderoperation« das Ende der normalen Diplomatie bedeutete, einer Diplomatie, die auf Dialog beruht, auf der Fähigkeit einander zuzuhören, die Meinung des Gegenübers zu berücksichtigen und Kompromissentscheidungen zu treffen. Sicher, auch in den Jahren zuvor hatte die russische Diplomatie – ohne einen großen Krieg zu führen – so gut wie jeden Kompromiss abgelehnt und dabei versucht, ihre Position auf grobe, ja plumpe Art und Weise durchzusetzen. Aber wenigstens war der Dialog nie abgebrochen.

Der Krieg ist das Versagen der Diplomatie. Aber es wäre falsch zu behaupten, der Grund für die »militärische Sonderoperation« liege darin, dass russische, ukrainische und westliche Diplomaten nicht in der Lage gewesen wären, einen Kompromiss zu finden. Im Gegenteil: Dieser Akt war nichts anderes als Russlands bewusste, vorsätzliche Weigerung, den Konflikt mit der Ukraine diplomatisch zu lösen. Putin will offensichtlich keine friedliche Lösung. Ich denke, sein Ziel ist es, sich selbst, den Russen und der ganzen Welt seine Stärke zu beweisen und somit seine Forderung zu unterstreichen, dass man bei der Lösung jeglicher globalen Probleme seine Position zu berücksichtigen hat. Im Grunde geht es ihm bei alledem um eine Revanche für den so schmerzhaft empfundenen Zusammenbruch der Sowjetunion, darum, die bewährten Regeln der internationalen Beziehungen neu zu schreiben. Ein schneller militärischer Sieg über die Ukraine, in Tempo und Ausmaß gleichermaßen niederschmetternd, würde die ganze Welt zwingen, Russland und seinen unabsetzbaren Führer in neuem Licht zu sehen.

Die Reaktionen der Diplomaten

Nachdem ich das Dienstzimmer meines Vorgesetzten verlassen hatte, ohne von ihm eine klare Stellungnahme zum aktuellen Geschehen zu erhalten, betrat ich das Büro, in dem unser Referat für Abrüstungsfragen residierte. Dort besprach unser Team wie jeden Morgen bei einer Tasse Kaffee das politische Geschehen und die eigenen Arbeitspläne. An diesem Tag schmeckte meine Nespresso-Kapsel besonders schal: Mich deprimierten nicht nur die Nachrichten selbst, sondern auch das anhaltende zufriedene Grinsen vieler Kollegen. Die meisten von ihnen kamen aus dem Militär oder den Geheimdiensten und sahen in dem Geschehen nichts anderes als eine Machtdemonstration ihrer geliebten Heimat. Gewaltsame Lösungen waren für sie das beste und effektivste Mittel. Über die schneidigen Berichte der russischen Medien freuten sie sich wie Kinder und diskutierten begeistert, dass »wir es den Amerikanern mal wieder zeigen« würden.

Es ist mir ein Rätsel, wie sich diese gebildeten und informierten Menschen über den Ausbruch des Krieges freuen konnten. Meine Kollegen wussten doch nur zu gut, wozu Atomwaffen in der Lage sind, schließlich diskutierten wir bei den Vereinten Nationen in Genf ständig diese Frage. Und natürlich dachte ich an nichts anderes, als Putin sagte: »Wir werden die Interessen Russlands *mit allen zur Verfügung stehenden Mitteln* schützen.«

Wenn jemand, der mit Politik und Staatsdienst nichts am Hut hat, unter dem Einfluss von Hetze und Propaganda zu der Überzeugung gelangt, dass wir nur einem Angriff der Ukraine und der NATO auf uns zuvorgekommen sind, so kann ich das noch irgendwie verstehen. Aber wie lässt sich ein derart naiver Glaube an die »Weisheit« unserer ewigen politischen Führung bei erfahrenen Diplomaten und gestandenen Ministerialbeamten erklären?

Während meine Kollegen bereits von einer Siegesparade unserer Streitkräfte durch Kyjiw schwärmten, verbarg ich weder meine Zweifel, noch meine Besorgnis angesichts einer mehr als wahrscheinlichen

Eskalation dieses Krieges. Ich sagte offen, dass Russlands militärisches Potenzial es mit den Vereinigten Staaten – vom gesamten Westen ganz zu schweigen – niemals aufnehmen könne. Die USA könnten, wenn sie wollten, ihre Waffenproduktion innerhalb relativ kurzer Zeit deutlich hochfahren, wohingegen unsere Fähigkeiten in dieser Hinsicht nur sehr begrenzt sind. Nicht zu vergessen die enorme Abhängigkeit der russischen Industrie von Importkomponenten.

»Der Westen wird sich niemals einmischen«, entgegnete ein Kollege im Brustton der Überzeugung. »Die werden sich hüten, wenn sie sehen, wie entschlossen wir sind. Und die Ukrainer werden die Beine in die Hand nehmen, gegen unsere Armee sind sie doch völlig chancenlos. Schon nächste Woche werden uns die Yankees eine neue Regelung und neue Sicherheitsgarantien anbieten. Das läuft alles wie geschmiert.«

Nicht alle Mitarbeiter der Ständigen Vertretung in Genf waren in gleichem Maße überzeugt von einem schnellen Sieg. Vor allem freuten sich natürlich die Militärangehörigen, aber auch – was besonders bitter war – unsere jüngeren, weniger erfahrenen Mitarbeiter. Offenbar waren diese noch nicht in der Lage, Informationen wirklich kritisch zu beurteilen, weshalb sie sich einfach der offiziellen Position anschlossen und der Meinung der dienstälteren Kollegen vertrauten. Schon weniger glücklich kamen mir die eher konformistisch eingestellten Mitarbeiter vor, die nie eine eigene Meinung hatten (oder diese nicht offen vertraten). Und natürlich reagierte nicht nur ich auf die jüngsten Ereignisse schockiert und deprimiert. Viele meiner Kollegen empfanden dasselbe wie ich, ich glaube, sogar Botschafter Gatilow. Als ich ihm kurz nach Kriegsausbruch begegnete, verriet sein Gesicht weder Freude noch Begeisterung. Das Ende seiner Karriere – er stand kurz vor der Pensionierung – hatte er sich sicher anders vorgestellt.

All diese unterschiedlichen Emotionen, von Jubel bis Entsetzen, hatten auf unsere Arbeit nicht die geringste Auswirkung. Selbst wenn man kategorisch anderer Meinung war, hatte man zu schweigen und nach außen hin in die allgemein aggressive Rhetorik einzustimmen. Anders ist es in Russland unmöglich, im diplomatischen Dienst zu arbeiten – heute mehr denn je.

Eine Frage der Berufsehre

Eine Kollegin, die ich als durchaus andersdenkend bezeichnen würde, wiederholte immer wieder den Satz: »Was können wir schon tun?« Aber einfach weiter zur Arbeit zu gehen war schlicht peinlich. Mir war klar: Es genügte nicht, meine Kündigung stillschweigend einzureichen. Ich wollte meine Haltung als Staatsbürger deutlich machen, wollte zeigen, dass nicht alle Diplomaten willenlose Rädchen im System waren, dass man trotzdem versuchen konnte, »etwas zu tun«. Ich wollte vor mir selbst als Mensch dastehen, nicht als gesichtsloser Beamter, dessen Meinung niemanden interessiert, weil ihm eine solche nicht zusteht. Ich schämte mich, dass ich, wenn ich mir in meinen 20 Dienstjahren hin und wieder erlaubte, Skepsis zu äußern, dies immer nur so leise getan hatte, dass es den Zorn der Obrigkeit nicht erregte.

Ich wollte meine Berufsehre wahren. Professionalität bedeutet für mich nicht nur, gute Arbeit abzuliefern, sondern auch meine Selbstachtung nicht zu verlieren, mir bewusst zu sein, dass ich etwas kann, etwas weiß und einen guten Ruf habe. Ein professioneller Diplomat kann nicht erst die Reduzierung von Atomwaffen fordern und dann aufgrund einer – reichlich vage beschriebenen – äußeren Bedrohung deren möglichen Einsatz gutheißen. Da ein systemtreuer Diplomat in Russland heute aber nur das verlautbaren kann, was Moskau billigt, hätte ich meine fachliche Meinung ändern müssen. Ich, der ich stets den Abzug amerikanischer Atomwaffen aus Europa gefordert hatte, hätte behaupten müssen, die Stationierung russischer Atomwaffen in Belarus diene nur dem Schutz unserer Interessen und führe nicht zu einer Eskalation.

Als Diplomat war ich es gewohnt, meine persönliche Meinung so vorsichtig wie möglich zu formulieren. Also postete ich am ersten Tag des Krieges auf meiner Seite in VK (dem russischen Facebook) – nur für meine Freunde sichtbar – ein Porträt des einstigen französischen Polizeiministers Joseph Fouché. Dieser hatte auf Napoleon Bonapartes Befehl, den Herzog von Enghien zu verhaften und zu erschießen, mit dem berühmten Satz geantwortet: »Das ist mehr als ein Verbrechen, das ist ein Fehler!« Dieser Satz beschreibt für mich in überaus treffender Weise das Wesen des Angriffs auf die Ukraine, denn auch dieser ist zweifellos ein Verbrechen: gegen die Ukraine, gegen Russland, gegen den Frieden sowie gegen jegliche Grundsätze internationaler Beziehungen, für die sich die sowjetische und russische Diplomatie seit der zweiten Hälfte des 20. Jahrhunderts eingesetzt hat. Dieser Krieg ist aber auch ein gewaltiger Fehler Putins, der Russland schon jetzt Zehn- oder sogar Hunderttausende Menschenleben gekostet hat, der im Lauf der Zeit nur noch teurer werden und das Land schlussendlich in die völlige Isolation und den Ruin treiben wird.

Putin hat nicht nur die Perspektiven seiner eigenen Herrschaft drastisch reduziert, sondern auch das Ende jenes Russlands eingeläutet, das uns vertraut war und das – trotz immer weiter angezogener Daumenschrauben – Menschen mit anderen Ansichten und Meinungen nach wie vor eine Heimat bot. Am 24. Februar 2022 hat sich Russland für immer verändert.

Wozu dieses Buch?

Die folgenden Aufzeichnungen, in denen ich meinen persönlichen Werdegang sowie Russlands Entwicklung von den 1990er-Jahren bis heute schildere und kommentiere, sollen unmittelbar Einblick in die russische Diplomatie und Außenpolitik geben, aber auch Erkenntnisse über die Mechanik des russischen Staatswesens liefern. Meine Hoffnung ist, dass der eine oder andere mit Hilfe dieses Buches ein wenig besser versteht, wie die Ereignisse der letzten Jahre jene Entwicklung nehmen konnten, die wir heute beobachten.

1 FRÜHE JAHRE

DER EINARMIGE HELD – DIE WILDEN NEUNZIGER – EINE ILLUSION ZERPLATZT

MOSKAU (1980-2001)

Der »einarmige Held«

Ich bin am 10. September 1980 in der Moskauer Grauermann-Geburtsklinik am Kalinin-Prospekt (heute: Neuer Arbat) zur Welt gekommen – im Herzen Moskaus.

Die Familien meiner Eltern waren typische Vertreter der sowjetischen Intelligenzija. Von den Vorfahren meiner Mutter weiß ich allerdings deutlich mehr als von denen meines Vaters. Über dessen Herkunft ist mir nur bekannt, dass sein Vater wohl als Chauffeur arbeitete, und dass die Familie aus Dimitrowgrad im Gebiet Uljanowsk stammte. Mein Großvater mütterlicherseits hingegen war meine gesamte Kindheit über »anwesend« (obwohl er noch vor meiner Geburt starb), denn meine Eltern hatten seine Moskauer Wohnung geerbt, in der alles von seiner Persönlichkeit geprägt war. Auch ich selbst habe etwas von ihm, bin ich doch nach ihm benannt worden.

Mein Großvater Boris Alexandrowitsch Wladimirow wurde 1905 in Alexandropol (heute: Gjumri, Armenien) geboren. Sein Vater, Stabshauptmann Alexander Nikolajewitsch Wladimirow, hatte sich 1904 im Russisch-Japanischen Krieg bei der Belagerung von Port Arthur hervorgetan und war dafür mit dem St.-Georgs-Orden 4. Klasse ausgezeichnet worden. Er hatte damals einen Arm verloren; in der Glasvitrine unseres Wohnzimmerschranks hing eine Zeitungsnotiz über ihn mit dem Titel: »Der einarmige Held«. Seinen Dienst quittierte er als Oberst. Offenbar war dieser Erfolg in der zarischen Armee später auch der Grund dafür, dass er 1938 als Volksfeind verhaftet wurde. Lange Zeit war man in der Familie der Ansicht, er sei nach Kasachstan verbannt worden und irgendwo dort in Lagerhaft umgekommen. Aber als in den Neunzigerjahren die Archive geöffnet wurden, stellte sich heraus, dass mein Urgroßvater fast unmittelbar nach seiner Verhaftung wegen konterrevolutionärer Tätigkeit erschossen worden war. Man fragt sich natürlich, inwiefern dieser einarmige Greis, der mein Urgroßvater damals war, der Sowjetmacht damals hätte gefährlich werden können.

Alexander Wladimirows Sohn Boris war ebenfalls Offizier, nun aber natürlich in der Roten Arbeiter- und Bauern-Armee. Besonderen Ehrgeiz oder gar Karriereambitionen scheint mein Großvater nicht an den Tag gelegt zu haben – was möglicherweise auch dazu beitrug, dass er die Dreißigerjahre überlebte.

Darüber, wie er die Verhaftung und den Tod seines Vaters empfunden hat, kann ich nur spekulieren. In seinen Memoiren, die er für die Schublade schrieb und die erst 2005 veröffentlicht wurden, macht er keinen Hehl aus seiner negativen Haltung gegenüber der Politik des Sowjetstaats und den Repressionen, die zwangsläufig eine Schwächung der militärischen Führung bewirkten. Auch über die Sozial- und Außenpolitik der Kommunistischen Partei äußert er sich wenig begeistert, doch musste er seine Skepsis damals natürlich für sich behalten.

Gleichzeitig muss ihm klar gewesen sein, dass er demselben System, das seinen Vater vernichtet hatte, seine Karriere verdankte. Wie übrigens auch sein älterer Bruder Lew Alexandrowitsch, der in Tbilissi lebte und sich als Geograf um die Wissenschaft Georgiens verdient gemacht hat. Wie die beiden Brüder diese Frage für sich beantwortet haben, weiß ich nicht. Fest steht jedoch, dass mein Großvater nie auch nur einen Augenblick daran geglaubt hat, sein Vater sei an wie auch immer gearteten »konterrevolutionären Umtrieben« beteiligt gewesen, und stets von dessen absoluter Unschuld überzeugt war. Im Jahr 1958 ist Alexander Nikolajewitsch Wladimirow dann posthum rehabilitiert worden.

Als 1941 der Große Vaterländische Krieg begann, war Major Wladimirow in der Region Krasnojarsk stationiert. Seine Aufgabe bestand darin, im dortigen Sibirischen Militärbezirk aus mobilisierten Soldaten geordnete Bataillone zu bilden.

An die Front gelangte mein Großvater erst 1942 als Kommandeur der 140. Separaten Schützenbrigade. Ich erinnere mich an seine Schilderungen vom Alltag in den Schützengräben der Wolchow-Front bei Leningrad: Die Soldaten gruben sich durch den gefrorenen Boden voran. Sobald das Eis zu schmelzen begann, stieg ihnen das bitterkalte Wasser bis zur Taille, bisweilen sogar bis zur Brust. Unter diesen Bedingungen kämpften sie wochenlang, mit enormen Verlusten allein durch Unterkühlung und Krankheiten. Daran muss ich immer denken, wenn ich heute die Aufkleber mit dem Spruch »Wir können es wiederholen« auf russischen Autos sehe (eine Drohformel, die ursprünglich aus der Zeit des Siegs über Nazideutschland stammt, heute aber vor allem gegen die NATO und die USA gerichtet ist). Ich glaube kaum, dass der russische Durchschnittsbürger heute noch bereit wäre, tage- und nächtelang hüfthoch in eiskaltem Wasser zu stehen und trotzdem widerspruchslos die Befehle seiner Vorgesetzten auszuführen – das Feuer zu eröffnen und zu erwidern, den Feind anzugreifen und die Belastungen des Frontalltags zu ertragen, in ständiger Gefahr um Leib und Leben. Genau das ist nämlich der Unterschied zwischen der sowjetischen und der »putinistischen« Einstellung zum Krieg: Zu Sowjetzeiten hätte niemand gewagt, den Krieg zu verharmlosen, im Gegenteil, sein Schrecken und seine Schwere wurden stets ausdrücklich betont. Putin aber trichtert den unreifen Gemütern der Russen in seinem Siegeswahn ein, dass Krieg automatisch Sieg bedeutet, mit allem, was dazugehört: Konzerten, Paraden, Nationalstolz. Wozu das führt, erleben wir alle derzeit tagtäglich.

Mein Großvater erlebte das Kriegsende in Deutschland. Für die Einnahme der Stadt Schneidemühl (heute: Piła in Polen) mitsamt ihrer Besatzung und Militärtechnik erhielt Generalmajor Wladimirow den Ehrentitel »Held der Sowjetunion« – die höchste Auszeichnung der UdSSR. Nach dem Krieg blieb er in der Armee, befehligte ein Korps, war Stabschef der Luftlandetruppen und diente als Militärberater in

Bulgarien. 1960 schied er als Generalleutnant aus dem Militärdienst aus. Er starb 1978, zwei Jahre vor meiner Geburt.

Aus heutiger Sicht denke ich, dass sich diese Fähigkeit meiner Vorfahren, sich eine eigene Meinung zu bilden und nicht blind der Propaganda zu vertrauen, auch in einigen Entscheidungen widerspiegelt, die ich nach dem 24. Februar 2022 getroffen habe.

Internationale Handelsbeziehungen und ein Schweizer Intermezzo

Meine Eltern haben sich am Moskauer Staatlichen Institut für Internationale Beziehungen (MGIMO) kennengelernt. Meine Mutter arbeitete dort als Englischlehrerin, und mein Vater war ihr Student. Den Studienplatz am MGIMO hatte er im Rahmen der sogenannten »Arbeiterquote« bekommen. Diese Möglichkeit für die Arbeiterjugend, mit einer ordentlichen Aufnahmeprüfung an einer elitären Bildungseinrichtung zu studieren, kam Anfang der 1970er-Jahre auf, als die Staatsführung beschloss, den Nachwuchs der Nomenklatura mit Vertretern der werktätigen Klasse zu durchmischen. Mein Vater fiel damals genau in diese Kategorie und schrieb sich nach dem Wehrdienst an der Fakultät für internationale Wirtschaftsbeziehungen ein.

Nach dem Studienabschluss als »internationaler Ökonom« begann er für das Außenhandelsministerium der UdSSR zu arbeiten. Bekanntlich herrschte in der Sowjetunion ein staatliches Monopol auf den Außenhandel, für den ein eigenes, unter dem Kurznamen »Wneschtorg« bekanntes Ministerium zuständig war. Dieses residierte im selben Wolkenkratzer wie das Außenministerium am Smolenskaja-Platz – einem jener berühmten Stalin-Hochhäuser Moskaus.

Mein Vater machte im Außenhandelsministerium Karriere, wobei ihm sowohl das Studium an der renommierten Kaderschmiede als auch seine Herkunft aus einer vorbildlichen Arbeiter- und Bauernfamilie zum Vorteil gereichten. Mitte der 1980er-Jahre wurde mein Vater dann zum Kandidaten der Wissenschaften promoviert und erhielt ein Angebot, für ein sowjetisch-schweizerisches Gemeinschaftsunternehmen zu arbeiten. So landeten wir 1984 in Zürich.

Für meine Eltern war es der erste lange Auslandsaufenthalt – bislang hatten sie nur Kurzurlaube in den Ländern des sozialistischen Lagers gemacht. Das Leben in einem der reichsten und höchstentwickelten Länder Europas sollte ihre Sicht auf viele Dinge grundsätzlich verändern. Der saubere, gepflegte Zustand der Städte, die Höflichkeit der Menschen auf der Straße – all das stand in krassem Gegensatz zur sowjetischen Lebenswirklichkeit. Dazu die reiche Auswahl an Lebensmitteln in den Supermärkten, die Einkaufswagen, die Tiefgaragen, die Haltewunschtasten im öffentlichen Nahverkehr – all das war so überraschend neu, dass man sich die berechtigte Frage stellte: »Warum ist das bei uns nicht so?« Damals lernten wir zum ersten Mal, was Cornflakes, Joghurt oder Kiwis sind.

Wir wohnten in einem schönen Apartment in Witikon, einem der Vororte von Zürich. Auf Spaziergängen im nahe gelegenen Wald konnte man in der Dämmerung Rehen begegnen. Mein Vater kutschierte uns in seinem Firmenwagen durch die ganze Schweiz. Fast jedes Wochenende packten wir belegte Brote und Tee in Thermoskannen ein, um einen neuen Teil dieses kleinen, aber faszinierenden und vielfältigen Alpenlandes zu erkunden. Bereits im ersten Jahr besuchten wir sämtliche Kantone, von Genf bis St. Gallen, und machten sogar noch einen Abstecher nach Liechtenstein. Die Kollegen meines Vaters hatten für seine Reiselust nur wenig Verständnis: Sie selbst sparten brav ihre kostbaren Devisen, manche von ihnen lebten buchstäblich von Brot und Wasser.

Mein Vater war Finanzdirektor der Firma, mit einem offiziellen Gehalt von rund 7 500 Franken im Monat – eine stattliche Summe, selbst nach heutigen Maßstäben. Ausgezahlt bekam er jedoch nur 1 500 Franken, die siebeneinhalbtausend waren reine Fiktion, eine erfundene Zahl, um die Schweizer Arbeitsgesetze einzuhalten.

Im Juni 1985 erblickte meine Schwester in Zürich das Licht der Welt. Mein Vater kam selbst für die Kosten der Geburt auf – die sowjetische Führung zeigte nicht das geringste Interesse, ihre Angestellten im Ausland zu unterstützen. Kostenerstattungen für Geburten sollten Angestellte von Auslandsvertretungen erst ab den frühen 2000er-Jahren erhalten.

Auch das Ende unserer glücklichen Zeit in der Schweiz hat mit der Struktur des sowjetischen Systems zu tun: Mein Vater, der ständig die Bewegungen der Finanzmärkte beobachtete, schlug dem Generaldirektor der Firma eine Börsentransaktion vor, die zu diesem Zeitpunkt gute Gewinne abzuwerfen versprach. Sein Vorgesetzter war jedoch ein alter Parteifunktionär, der zwar sämtliche Intrigen des Machtapparats beherrschte, von Marktwirtschaft aber keine Ahnung hatte. Also gab er den Vorschlag meines Vaters nach Moskau zur Prüfung weiter.

Ein bis zwei Monate später kam die Antwort: Dem Zentrum gefiel die Idee und es gab grünes Licht. Das Problem war nur, dass sich die Marktbedingungen inzwischen geändert hatten. Der Vorschlag meines Vaters war ökonomisch nicht mehr ratsam, das Projekt wurde nie umgesetzt. Nach alter sowjetischer Gewohnheit schob der Generaldirektor die Schuld auf meinen Vater: Dieser zeige keinerlei Diensteifer und leiste seinen Anweisungen nicht Folge. Mein Vater ließ das nicht auf sich sitzen und übermittelte Moskau seine Sicht der Dinge. Es kam zum Eklat, und wie so oft in solchen Situationen wurden sowohl mein Vater als auch der Generaldirektor in die Heimat abberufen.

Das Ende der Sowjetunion

1987 ging ich wieder in Russland zur Schule. Die Perestroika war in vollem Gange, der Wandel lag förmlich in der Luft, auch wenn niemand so recht wusste, wohin diese Veränderungen führen würden, und alle auf das Schlimmste gefasst waren. Ende der 1980er-Jahre diskutierte man in Moskau ernsthaft eine angeblich bevorstehende Hungersnot.

Diese Veränderungen betrafen auch das wichtigste Propagandamittel: das Fernsehen. Die Sitzungen des Kongresses der Volksdeputierten – damals immerhin das formal höchste Machtorgan der

UdSSR – wurden nun live übertragen. Das hatte es noch nie gegeben: Mit angehaltenem Atem folgten die Menschen den Reden, die mit der Zeit immer kontroverser wurden und an Schärfe und Polemik gewannen. Zum ersten Mal kam in der Politik unseres Landes so etwas wie Öffentlichkeit auf.

Was Politik – und Geschichte – wirklich sind, wurde mir am Morgen des 19. August 1991 bewusst, noch mitten in den Sommerferien. Ich wachte auf und ging in die Küche, um zu frühstücken. Dort saßen bereits meine Eltern, meine Großmutter und meine Tante – in tiefem Schweigen, offenbar hörten sie gerade Radio. Es lag eine Spannung in der Luft, die ich nicht verstand. Als ich fragte, was passiert sei, antwortete meine Mutter tonlos: »Es hat einen Putsch gegeben. Gorbatschow ist gestürzt worden. Niemand weiß, ob er noch lebt.«

Ich war verblüfft. Natürlich hatte ich in Geschichtsbüchern von Umstürzen, Revolten und Verschwörungen gelesen, aber all das war mir wie Legenden aus grauer Vorzeit erschienen, die nichts mit dem wirklichen Leben zu tun hatten. Und nun auf einmal: ein Putsch. Mitten in Moskau. Im Hier und Jetzt. Totale Ungewissheit machte sich breit, und mich ergriff Angst vor dem, was noch kommen würde. Was mich vor allem beunruhigte, war die Tatsache, dass auch die Erwachsenen keinen Hehl aus ihrer Besorgnis machten.

Während der folgenden drei Tage herrschte überall extreme Anspannung. Meine Eltern gingen zu den Barrikaden, die die Verteidiger des demokratischen Russlands unter der Führung von Boris Jelzin vor dem Sitz des Obersten Sowjets und des Volksdeputierten-Kongresses gegen die Putschisten, eine Gruppe von Funktionären der Kommunistischen Partei KPdSU, errichtet hatten. Wie bekannt, scheiterte der Putsch, die Verschwörer wurden verhaftet – und auf einmal ergriff die Bevölkerung eine Art Euphorie. Alle hatten das Gefühl, dass die sowjetische Diktatur nun endgültig zusammengebrochen war und dass Freiheit, Demokratie und marktwirtschaftlicher Wohlstand auf uns warteten.

Die Anfänge der Marktwirtschaft

Die neue Freiheit machte sich zunächst in der Presse bemerkbar: Auf einmal wurde überall von Kapitalverbrechen berichtet – von Raub, Vergewaltigung und Mord. Bis dato waren solche Artikel strengstens zensiert worden. Ab 1992 leiteten die neuen russischen Behörden radikale Wirtschaftsreformen ein: Das Außenhandelsmonopol und die staatliche Preisregulierung wurden abgeschafft. Die wichtigste Aufgabe bestand darin, eine neue Schicht von Privateigentümern zu schaffen, auf die sich die demokratischen Reformen stützen konnten. In der UdSSR hatte es nur den Begriff des »persönlichen Eigentums« gegeben, der all das bezeichnete, was jeder Bürger selbst besitzen durfte, also Kleidung, Schuhe und andere persönliche Gegenstände. Der Rest gehörte ausnahmslos dem Staat, war »Volkseigentum«. Die Umwandlung von Staats- in Privateigentum wurde somit zu einem der wichtigsten Punkte der politischen Agenda, zur entscheidenden Voraussetzung für die wirtschaftliche Entwicklung Russlands.

Die russischen Reformer wählten einen radikalen Ansatz: die sogenannte »Voucher-Privatisierung«. Man schätzte einfach das gesamte Volkseigentum auf 1,5 Billionen Rubel und teilte dies durch die Einwohnerzahl des Landes von 150 Millionen. Auf jeden Bürger, gleich welchen Alters, entfielen somit 10 000 Rubel. Jeder hatte Anspruch auf einen sogenannten »Voucher«, dessen Nennwert genau diesem Betrag entsprach. Diesen durften die Bürger nach Belieben verwenden: verkaufen, verschenken, verpfänden oder aber – wie eigentlich vorgesehen – gegen Anteile an privatisierten Unternehmen und andere Wertpapiere eintauschen, das neu erworbene Kapital also verantwortungsvoll in Vermögenswerte investieren. So sollte allmählich eine Klasse kleiner und mittlerer Eigentümer – das Rückgrat und der Motor des demokratischen Wandels – entstehen.

Natürlich war dieses Kalkül überaus naiv: Menschen, die noch nie etwas von Marktwirtschaft, Investitionen, Privateigentum und Wertpapieren gehört hatten, sollten von heute auf morgen zu Eigentümern werden und Verantwortung für ihre Wertanlagen übernehmen? Für die überwältigende Mehrheit der Bevölkerung waren diese Voucher nichts weiter als merkwürdige, bunt bedruckte Papierchen. Was natürlich innerhalb kürzester Zeit alle möglichen Geschäftemacher auf den Plan rief, die den Leuten diese Gutscheine zu Spottpreisen abkauften. Manch einer war damals bereit, seinen Voucher für ein paar Flaschen Wodka herzugeben. Allmählich erwarben Betrüger somit Tausende und Abertausende von Gutscheinen, die sie mit Hilfe korrupter Beamter und anderer »hilfreicher« Personen in Anteile an Fabriken, Betrieben und anderen Unternehmen umwandelten. Eine neue Gruppe »effektiver« Eigentümer entstand: die ersten Oligarchen. Diese kamen zumeist aus der sowjetischen Nomenklatura und den Komsomol-Organisationen, doch mischten auch die Gründer der ersten, damals noch sowjetischen Genossenschaften kräftig mit. Jedenfalls witterten nur eine Handvoll Menschen diese Goldader, während die große Mehrheit der Bevölkerung auf derartige Veränderungen vollkommen unvorbereitet reagierte.

Die Voucher-Privatisierung hat ihre erklärten Ziele nie erreicht. Anstatt eine Schicht von Privateigentümern zu schaffen, bewirkte sie, dass die Bürger sogar ihr – ohnehin rein formales – Anrecht auf das Volkseigentum verloren: Riesige Vermögenswerte landeten in den Händen einer kleinen Zahl von Menschen, die diese sofort umzuverteilen begannen, und zwar nach allen Regeln der Kunst, kriminelle Methoden eingeschlossen. Kein Wunder also, dass die Medien in der ersten Hälfte der Neunzigerjahre so oft von Auftragsmorden berichteten. Es war diese – von vielen als »räuberisch« bezeichnete – Privatisierung, die jegliches Vertrauen in das so geschaffene Eigentum untergrub. Anstatt eine Gesellschaft mit möglichst vielen Privateigentümern zu schaffen, sorgten die Reformer für eine extreme Polarisierung des Vermögens: Die meisten Menschen in Russland sind heute bitterarm und hassen diese kleine Gruppe, die sich damals mit unlauteren Methoden riesige Vermögenswerte unter den Nagel riss. Ebendiese Mehrheit betrachtet das Vermögen der Oligarchen noch heute als illegitim, im Grunde als Diebesgut – und hat damit zweifellos recht.

1993 wuchsen die Spannungen zwischen Präsident Jelzins Unterstützern und seinen Gegenspielern, die vor allem im Obersten Sowjet saßen – einem Relikt des sowjetischen Systems, das damals die Rolle des Parlaments einzunehmen versuchte. Auch in den Zeitungen und im Fernsehen trat dieser Konflikt deutlich zutage. Erste Anzeichen einer bevorstehenden Eskalation waren die Zusammenstöße bei der Demonstration zum 1. Mai 1993 in Moskau. Dabei wurden mehrere Menschen verletzt, es gab sogar Tote. Die Ereignisse hinterließen allgemein einen verstörenden Eindruck, ein Bürgerkrieg schien in der Luft zu liegen.

Verfassungskrise

Die tatsächliche Krise begann am 21. September 1993, als Jelzin einen Erlass zur Auflösung des Obersten Sowjets unterzeichnete, sich dieser aber einfach weigerte, aufgelöst zu werden. Beim »Weißen Haus«, dem Sitz des Obersten Sowjets in Moskau, versammelten sich die Gegner des Präsidenten. Der Anblick dieser zum Teil radikalen, militanten Clique ließ die Zukunft des Landes ziemlich unsicher erscheinen.

Die angespannte, nervöse Atmosphäre zog sich über Tage hin. Am 3. Oktober kam es schließlich zur blutigen Auseinandersetzung: Die Jelzin-Gegner stürmten das Moskauer Rathaus und versuchten das Fernsehzentrum Ostankino zu besetzen. Jegor Gaidar, ehemaliger Regierungschef und Urheber der Wirtschaftsreformen, rief im Fernsehen alle Jelzin-Anhänger auf, sich zum Gebäude des Rathauses zu begeben. Auch mein Vater folgte dem Aufruf.

Die Nacht vom 3. auf den 4. Oktober verbrachten wir vor dem Fernseher. Die Nerven bis zum Zerreißen gespannt, verfolgten wir die Nachrichten und versuchten zu verstehen, was gerade passierte. Am nächsten Morgen war klar, dass es gelungen war, die Aufständischen ins Weiße Haus zurückzudrängen. Panzer hatten den Platz auf der Brücke davor besetzt und das Feuer auf das Gebäude eröffnet. Wir, die wir eben noch Sowjetbürger gewesen waren, trauten unseren Augen kaum: Der

Aufstand der Jelzin-Gegner wurde niedergeschlagen, und im Dezember 1993 wurde eine neue Verfassung verabschiedet, die alle formalen Relikte der Sowjetherrschaft beseitigte und die Regierungsform einer »superpräsidentiellen« Republik begründete.

Der Erste Tschetschenienkrieg

Gleichzeitig wurde Tschetschenien, eine kleine autonome Republik im Nordkaukasus, zunehmend zum Brennpunkt. Bereits seit dem Ende der 1980er-Jahre, als die Perestroika in vollem Gang war und sich die wirtschaftlichen Probleme der UdSSR verschärften, hatten einige Sowjetrepubliken von einer eigenen Souveränität geträumt – als dann die ersten Republiken mit der Erklärung ihrer Unabhängigkeit begannen, sprach man später ironisch von der »Parade der Souveränitäten«. Diese setzte sich nach dem Zerfall der Sowjetunion fort: Nationale Teilrepubliken Russlands – etwa Tatarstan oder Jakutien – strebten die Unabhängigkeit an, unter anderem befeuert durch eine unbedachte Äußerung Jelzins, die Regionen könnten sich so viel Souveränität nehmen, »wie in sie reinpasst«. Der tschetschenische Separatismus nahm dies mit großer Begeisterung auf, zumal dort mit General Dudajew ein Populist an der Macht war, der nationalistische und religiöse Gefühle schürte. Es kam zu ethnischen Säuberungen: Russen wurden ausgeraubt, aus ihren Häusern verjagt, gegen Lösegeld entführt, versklavt und oft einfach ermordet. Solche Vorfälle breiteten sich schließlich auch auf angrenzende russische Regionen wie das Gebiet Stawropol aus.

Zudem wanderten nun immer mehr Nordkaukasier in die Großstädte Zentralrusslands ein. Da diese Bevölkerungsgruppe zumeist eine hohe Kriminalitätsrate aufwies, führte dies vor dem Hintergrund des allgemein sinkenden Lebensstandards und anderer wirtschaftlicher Probleme zu einem Anstieg der Fremdenfeindlichkeit in Russland. Auch gab es unter den Tschetschenen und anderen Kaukasiern immer wieder solche, die sich bewusst provokant verhielten. Kaum in den russischen

Städten angekommen, benahmen sie sich wie Platzhirsche und behandelten die einheimischen Russen wie Bürger zweiter Klasse. Mädchen und Frauen, die ihren Vorstellungen zufolge nicht »anständig« gekleidet waren, wurden einerseits aggressiv angegangen, andererseits wie selbstverständlich durch Hinterherpfeifen oder Klapse auf den Hintern belästigt. Oft entstanden daraus interethnische Konflikte, die nicht selten blutig oder sogar tödlich endeten. Die Täter wurden aber nur selten bestraft: Sie fanden Schutz in ihrer Diaspora, die ihnen die Strafverfolgungsbehörden durch Bestechung vom Leib hielten. (In dieser Zeit entstand in Russland der Begriff der »Diaspora« als ethnisch-krimineller Gemeinschaft.) Kein Wunder, dass ihnen dieses Verhalten bei uns keine große Sympathie und somit auch ihrem Unabhängigkeitskampf kaum Respekt einbrachte.

Die schwierige Lage im Kaukasus ging einher mit dem wachsenden Gefühl der Schwäche und Demütigung Russlands in der Welt. Die anfängliche Euphorie der späten Achtzigerjahre, die Hoffnung, der »Westen« werde uns schon helfen, begann sich in dem Augenblick zu verflüchtigen, als die Inflation ins Unermessliche wuchs, die Preise täglich neue Rekorde brachen und keine Woche ohne Berichte über kriminelle Banden und Auftragsmorde verging. Viele Menschen waren einfach in dieses neue Leben hineingeworfen worden, ein Leben, dessen Regeln sie nicht kannten und auf das sie völlig unvorbereitet waren. Alte Menschen, die in der Sowjetzeit leidlich gut (wenn auch nicht annähernd so komfortabel wie Sowjetnostalgiker heute behaupten) von ihren Renten hatten leben können, waren über Nacht zu Bettlern geworden. Auf den Straßen waren plötzlich überall Obdachlose zu sehen. Die logische Folge war, dass Präsident Jelzin und der von ihm verkörperte »demokratische Kurs« des Landes zusehends an Popularität verloren.

Ich erinnere mich noch deutlich, was ich als Teenager empfand, als ich die Zeitungsmeldung las, russischsprachige Rentner würden in einem der baltischen Staaten schlecht behandelt. Die Erkenntnis, dass ein so großes und starkes Land wie Russland nicht in der Lage war, seinen ehemaligen, von »baltischen Faschisten« drangsalierten Bürgern zu helfen, schnürte mir damals förmlich die Luft ab. Genau hier liegt die Wurzel des russischen Ressentiments – im Gefühl der Verbitterung angesichts der eigenen Schwäche und Hilflosigkeit.

Der Einmarsch russischer Truppen in das aufständische Tschetschenien im Dezember 1994 wurde von vielen als verspäteter, aber richtiger Schritt empfunden: Die tschetschenische Bevölkerung hielt man ganz allgemein für Banditen. Schon bald wurde aber deutlich, dass dies ein langer und schwerer Krieg werden würde. Der grauenhafte Neujahrssturm auf Grosny, der mit einer blutigen Niederlage endete, die schlecht ausgerüsteten russischen Soldaten und die schwache Moral der Gesellschaft ließen die allgemeine Unterstützung für diese Kampagne schwinden. Es war klar, dass der Krieg nicht richtig geführt wurde. Dies lag entweder am Unvermögen des russischen Militärs oder an der Korruption in Moskau und schmutzigen politischen Machenschaften.

Viele Jahre später unterhielt ich mich mit einem Offizier, der im Ersten Tschetschenienkrieg unter dem berühmten General Lew Rochlin gedient hatte. Er erzählte mir, dass Rochlin einmal den Befehl erhielt, mit seiner Kolonne nach einem bestimmten Bewegungsplan vorzustoßen, seine Truppen jedoch bewusst eine andere Route nehmen und die von Moskau übermittelte von eigenen Aufklärern überprüfen ließ. Als diese zurückkehrten, berichteten sie, sie hätten an allen wichtigen Punkten der offiziellen Route tschetschenische Hinterhalte entdeckt. Offensichtlich hatte hier jemand aus der russischen Armeeführung dem Feind Informationen zugetragen – sicher nicht ohne Gegenleistung.

Die kollektive Psyche unserer Gesellschaft, durch die Wirtschaftsreformen ohnehin schon traumatisiert, wurde durch diesen Krieg nur noch mehr geschwächt. Die Geiselnahmen durch tschetschenische Kämpfer im Krankenhaus von Budjonnowsk (1995), der Überfall auf Kisljar durch eine Gruppe tschetschenischer Rebellen (1996) und der anschließende Frieden von Chassawjurt, von der Mehrheit in Russland als beschämende Kapitulation empfunden, begruben endgültig das Ansehen Präsident Jelzins und der ihm nahestehenden Anhänger demokratischer Reformen.

Die »erste Welle« der Oligarchie

War Jelzin 1990 noch im ersten Wahlgang gewählt worden, lag er in den Umfragen Anfang 1996 bei nur wenigen Prozent. Von seiner einstigen Glaubwürdigkeit und Popularität war nichts mehr übrig. Dennoch startete er 1996 seinen Wahlkampf mit dem Slogan: »Wähle oder du verlierst«. Jelzins wichtigster Gegenspieler war damals der Vorsitzende der Kommunistischen Partei Gennadi Sjuganow. In einer massiven Propagandakampagne griff Jelzin unter anderem auch auf die sogenannte »administrative Ressource« zurück, also seinen Vorteil als Amtsinhaber, organisatorische und finanzielle Quellen nutzen zu können. Dadurch gelang es ihm schließlich, im zweiten Wahlgang zu gewinnen. Ob die Stimmen damals korrekt ausgezählt wurden, wage ich nicht zu beurteilen. Es ist jedoch bekannt, dass das Team des Präsidenten bereits Ende 1995 mit Oligarchen-Gruppierungen verhandelte. Als Gegenleistung für ihre Unterstützung im Wahlkampf kamen sie im Zuge sogenannter Bürgschaftsauktionen (auch bekannt als »Darlehen gegen Aktien«-Programm) in den Besitz gigantischer Staatsvermögen. Es war dies die zweite und letzte Phase der Entstehung von Jelzins Oligarchie, der Oligarchie der »ersten Welle«. Man kann sagen, dass in den Jahren 1995 und 1996 der oligarchische Kapitalismus in Russland endgültig Gestalt annahm. Diese Leute, die praktisch die gesamte Wirtschaft kontrollierten, sollten für den kranken und ständig betrunkenen Jelzin hinter den Kulissen das Land regieren.

Doch selbst solch einflussreichen Personen kann man ihre Privilegien wieder entziehen. Dass das gar nicht so kompliziert ist, hat Wladimir Putin bewiesen. Jedenfalls war schon nach wenigen Jahren seiner Herrschaft von den Oligarchen nichts mehr übrig: Die einen setzten sich ins Ausland ab, wo sie plötzlich verstarben, andere hatten mehr Glück und haben all die Jahre (ebenfalls im Ausland) auf großem Fuß gelebt – bis zum Einmarsch Russlands in die Ukraine. Heute wiederholen sie – wie übrigens die meisten Andersdenkenden – den Satz: »Was können wir schon tun?« und fordern im gleichen Atemzug, dass die Sanktionen gegen sie aufgehoben werden.

Dabei war es gerade der oligarchische Kapitalismus, all die Abramowitschs, Deripaskas, Awens und Fridmans, die Putin damals den Weg zur Macht ebneten. Dieser versprach ihnen im Gegenzug das stabile, ungestörte Funktionieren ihres parasitären Systems in feindlicher Umgebung – worunter die gesamte restliche Bevölkerung Russlands zu verstehen ist.

Der Jugoslawienkonflikt

Als Jelzin 1996 wiedergewählt wurde, atmete meine Familie erleichtert auf: Auch wenn sich das Land in einer schwierigen Lage befand, hätte niemand, der einigermaßen bei Verstand war, die von den Kommunisten geplante Rückkehr zur sozialistischen Wirtschaftsweise akzeptieren können. Diese wäre angesichts der längst auf Hochtouren laufenden Privatisierung auch völlig unrealistisch gewesen.

Das Jahr 1998 war zunächst insofern denkwürdig, als der Präsident im Frühjahr mit einem Schlag die gesamte Regierung entließ und Sergej Kirijenko zum neuen Regierungschef ernannte. Trotz seines vergleichsweise jungen Alters machte Kirijenko den Eindruck eines gebildeten, durchsetzungsfähigen Menschen, sollte aber nur wenige Monate als Premier tätig sein, nämlich bis August 1998, als der russische Staat de facto zahlungsunfähig wurde. Die südostasiatische Finanzkrise schwappte auf unser Land über, die Pyramide kurzfristiger Staatsanleihen brach in sich zusammen, es kam zu einer Börsenkrise, der Rubelkurs stürzte von ursprünglich 6 auf 27–29 Rubel pro US-Dollar, die Preise gingen durch die Decke. Besonders hart traf die Finanzkrise die Unternehmen – und das, obwohl man Inflationsraten von mehreren Hundert Prozent inzwischen gewohnt war.

Es war klar, dass Kirijenkos Regierung für die wirtschaftlichen Ereignisse geradestehen musste. Seine unerwartet kurze Amtszeit trug dem jungen Premierminister dann auch den heute noch bekannten Spitznamen »Kinderüberraschung« ein. Vor dem Hintergrund all dieser Turbulenzen wuchsen Nervosität und Unruhe, die Gesellschaft sehnte sich nach Stabilität. Die wirtschaftlichen Probleme, die unzähligen Finanzbetrüger, die mit Pyramidensystemen leichtgläubige, unerfahrene Bürger abzockten, der verlorene Tschetschenienkrieg, die blühende Kriminalität und Korruption sowie die sich zunehmend verfestigende Erkenntnis, dass der Präsident des Landes ein schwerkranker Mann war – all dies nährte das Bedürfnis nach einer starken Hand, die endlich für Ordnung sorgen würde. Egal wie diese Ordnung auch aussah.

Die zunehmende Enttäuschung in Bezug auf die westliche Demokratie wurde nur noch verstärkt, als sich die NATO aufseiten der aufständischen Kosovo-Albaner in die Ereignisse in Jugoslawien einmischte. Die Bombardierung Serbiens im Jahr 1999 empfanden die meisten Menschen in Russland als Überfall eines starken, bis an die Zähne bewaffneten Blocks auf ein kleines Land, das es wagte, sein Existenzrecht zu behaupten.

Dass der NATO-Einsatz gegen die jugoslawischen Truppen bei weiten Teilen der russischen Bevölkerung einen negativen Eindruck hinterließ, hat auch damit zu tun, dass die Ereignisse im Kosovo bei uns weitgehend durch das Prisma des Tschetschenienkrieges wahrgenommen wurden: In beiden Fällen kämpften muslimische Separatisten gegen einen christlich-orthodoxen Staat, aber wenn der Westen den russischen Einmarsch in Tschetschenien noch stillschweigend hingenommen hatte, unterstützte er nun nicht Serbien, das – wie Russland 1994 bis 1996 – die Einheit seines Staatsgebiets bewahren wollte, sondern die aufständischen Kosovaren. Man hatte den Eindruck, der Westen wolle den Serben die Alleinschuld für alle Konflikte auf dem Balkan in die Schuhe schieben und ignoriere die Kriegsverbrechen anderer Parteien, insbesondere der Kroaten. Zusätzlich befördert wurde diese Auffassung von der Tatsache, dass wir die Serben historisch als slawisches »Brudervolk« betrachten.

Das Außenministerium wird nicht gefragt

Im Juni 1999 besetzten russische Fallschirmjäger überraschend den Flughafen der kosovarischen Hauptstadt Pristina, noch bevor die NATO-Truppen dort eintrafen. Es war eine Machtdemonstration Russlands. Diese spontane, unüberlegte Entscheidung Jelzins wurde später ebenso wie die berühmte »Schleife« des russischen Ministerpräsidenten Primakow (der auf dem Flug nach Washington vom NATO-Angriff auf Jugoslawien erfuhr und daraufhin seinen Flieger wieder umkehren ließ) als Forderung interpretiert, dass man russische Interessen zu berücksichtigen habe. Die gedemütigte, von angeblichen »Wirtschaftsreformen« gebeutelte Bevölkerung des Landes dürstete damals nach etwas, worauf sie endlich wieder stolz sein konnte.

Tatsächlich aber offenbarte jener berühmte »Vorstoß nach Pristina« die tiefgreifenden Mängel der politischen Führung. Die ganze Aktion war vollkommen unüberlegt gewesen, eine spontane Idee Jelzins, gegen die niemand etwas einzuwenden wagte. Bezeichnenderweise erklärte Außenminister Igor Iwanow am Morgen danach, als ihn Journalisten zur Besetzung des Flughafens und dem weiteren Vorgehen der russischen Seite befragten, er sei nicht auf dem neuesten Stand, es handele sich wohl um eine Art Missverständnis. Man hatte den Außenminister also gar nicht informiert über diese Entscheidung, die einen bewaffneten Konflikt mit der NATO hätte auslösen können. Ganz abgesehen davon, dass man eigentlich gar nicht hätte handeln dürfen, ohne zuvor das Außenministerium einzubeziehen. Manch einer mag sich schon damals gefragt haben: Wozu war dieses Ministerium eigentlich da?

Aus meiner Sicht wäre die einzig richtige Reaktion der Rücktritt Iwanows gewesen. Doch weit gefehlt: Iwanow schluckte die Blamage und fügte damit dem Ansehen des russischen Außenministeriums bei den anderen Ressorts erheblichen Schaden zu.

Eine ähnliche Situation ergab sich im Februar 2022, als Journalisten den stellvertretenden russischen Außenminister Andrej Rudenko fragten, innerhalb welcher Grenzen Russland die Volksrepubliken Donezk und Luhansk anerkannt habe. Innerhalb der Grenzen, in denen die Behörden der Volksrepubliken ihre Befugnisse ausübten, gab der Vizeminister souverän zu Protokoll. Bereits eine halbe Stunde später erfuhr man dann aber, Putin habe diese Gebiete innerhalb jener Grenzen anerkannt, die in ihren »Verfassungen« genannt waren – also einschließlich der Gebiete, die de facto gar nicht zu ihnen gehörten und von der Ukraine regiert wurden.

Die Ära Putin beginnt

Im August 1999 wurde Wladimir Putin, damals noch Direktor des russischen Inlandsgeheimdienstes FSB, zum Ministerpräsidenten der Russischen Föderation ernannt. Kurz darauf brach der Zweite Tschetschenienkrieg aus. Im September desselben Jahres wurden Wohnhäuser in Moskau, Buinaksk und Wolgodonsk in nächtlichen Bombenanschlägen in die Luft gesprengt. Mehr als 300 Menschen starben, über 1 000 wurden verletzt. In Russland trauten sich die Menschen damals nicht, schlafen zu gehen, denn sie wussten nicht, ob sie wieder aufwachen würden.

Die Spin-Doktoren des Kremls nutzten die Terroranschläge sofort, um Putin als den »starken Führer« zu positionieren, auf den alle gewartet hatten. Berühmt wurde damals sein Kommentar: »Wir werden die Terroristen überall bekämpfen: Und wenn wir sie auf der Toilette finden, machen wir sie eben im Scheißhaus kalt.« Die grobe, ja vulgäre Ausdrucksweise unseres Präsidenten gefiel mir schon damals nicht, wohl aber sein scharfer Tonfall. Er gab uns allen das Gefühl, dass sich dieses Russland künftig nicht mehr von oben herab behandeln ließ.

Putins enormer Popularitätsschub in den Nullerjahren ist ein Paradebeispiel dafür, wie die Macht ein gesellschaftliches Bedürfnis wahrnimmt, aufgreift und für ihre Zwecke nutzt. Anstelle des bereits altersschwachen Boris Jelzin bot man dem Volk einen jugendlichen, energischen Macher, der frei sprechen konnte und in keiner Situation um eine Antwort verlegen war. So war es nicht weiter verwunderlich, dass Putin nach Jelzins Rücktritt im Jahr 2000 die Präsidentschaftswahlen bereits im ersten Wahlgang mit großem Vorsprung gewann. Meine Mutter, die seine Amtseinführung damals im Fernsehen verfolgte, sagte am Ende zu mir: »Endlich hat Russland einen anständigen Präsidenten.«

Heute weiß ich, dass Jelzin zwar ein schwieriger Charakter war und – vor allem zu Beginn seines Kampfes gegen die Privilegien der Nomenklatura in den 1980er-Jahren – zweifellos populistische Politik betrieb. Dennoch hatte er einfach gewisse Grundsätze: Beim Aufbau der Demokratie in Russland tolerierte er Kritik und verzichtete darauf, Zeitungen zu schließen oder TV-Programme abzusetzen, selbst wenn sich diese, nicht selten grob, über ihn lustig machten. Ich denke, für ihn war die Demokratie die ideale Regierungsform, solange er selbst der wichtigste Demokrat war. Diese Auffassung von Demokratie als »Macht der Demokraten« war für die russischen Politiker der späten Achtziger- und frühen Neunzigerjahre leider kennzeichnend. Aber auch Vertreter der heutigen russischen Opposition denken mitunter ähnlich.

Dieser Ausdruck »Macht der Demokraten« zeugt von dem im damaligen Russland vorherrschenden Verständnis, dass in einer Demokratie vor allem demokratisch gesinnte Bürger an der Macht sind – und so für ein funktionierendes System sorgen. Dass Demokratie auch den Aufbau demokratischer Institutionen voraussetzt, hatte damals kaum jemand auf dem Schirm; die Auffassung von Politik war damals (und ist leider auch heute noch) rein personalistisch.

Jelzin und seine Mitstreiter waren in den Neunzigerjahren also einfach die »wichtigsten Demokraten«, weshalb ihnen die Macht zustand. Ihre Gegner, die für weniger radikale Veränderungen des politischen Systems plädierten, galten unterschiedslos als »Kommunisten«.

Boris Jelzin wird als einer der wenigen russischen Machthaber in die Geschichte eingehen, die freiwillig ihre Macht abgaben. Sicher, er setzte selbst seinen Nachfolger ein – der ihm offenbar Immunität garantiert hatte und wohl auch bis zuletzt zu seinem Wort stand. Wladimir Putin dagegen hat, wie wir heute wissen, nicht vor, sein Amt aufzugeben. Jelzin hingegen war dazu bereit. Es steht außer Zweifel, dass er in dieser Hinsicht weitaus größeres Format bewiesen hat als sein Nachfolger.

In den ersten Jahren seiner Amtszeit gab sich Wladimir Putin den Anschein eines demokratischen Präsidenten. Er hat damals auch viele richtige Dinge gesagt: Beispielsweise sprach er von der Errichtung einer Diktatur des Rechts, von der Notwendigkeit, die Gleichheit aller vor dem Gesetz zu garantieren, vom Schutz der Eigentumsrechte. Es wurden Reformen umgesetzt, insbesondere eine Steuerreform mit einer pauschalen Einkommensteuer von 13 Prozent – mit dem Effekt, dass von da an deutlich weniger Steuern hinterzogen wurden.

Im Bereich der Außenpolitik versicherte Putin damals, dass er weiterhin eng mit allen Ländern, einschließlich der NATO-Mitgliedsstaaten, zusammenarbeiten wolle.

Nach den Terroranschlägen vom 11. September 2001 war Putin der Erste, der US-Präsident George W. Bush anrief. Dies war ein wichtiger Schritt zur Schaffung einer (mehr oder weniger) geeinten Anti-Terror-Front, die sich passgenau in das innenpolitische russische Narrativ vom Kampf gegen die kaukasischen Terroristen einfügte. Die tschetschenischen Rebellen galten fortan nicht mehr als Separatisten oder Unabhängigkeitskämpfer, sondern als Wahhabiten, als religiöse Fanatiker, die sich von international operierenden Terroristen wie Osama Bin Laden verdingen ließen. Auf einmal bekämpfte Russland im Kaukasus den globalen Terrorismus. Ein überaus gelungener politischer Schachzug.

Ich glaube noch heute, dass Putin ursprünglich nicht vorhatte, zum Diktator zu werden. Da er aber eher zufällig an die Macht kam und zu diesem Zeitpunkt weder über einen Aktionsplan noch über ein eigenes Team verfügte, kam er mit den vorhandenen Strukturen nie zurecht. Sein Hauptziel bestand zunächst darin, an der Macht zu bleiben und die eigene Position auszubauen: Also begann er nach und nach, Jelzins Kader zu entfernen und stattdessen seine eigenen Leute in Position zu bringen. Konsequent schaltete er dabei die am meisten verhassten Oligarchen aus: etwa Boris Beresowski, der sich als graue Eminenz der russischen Politik gerierte, den Medienmogul Wladimir Gussinski und andere. Ihre Vermögen und Besitztümer wurden beschlagnahmt, sie selbst genötigt, das Land zu verlassen. Es folgte die berühmte Yukos-Affäre, die in der Verhaftung Michail Chodorkowskis, eines der mächtigsten Oligarchen, gipfelte. All das vollzog sich unter dem Motto der »gleichen Entfernung« (russ: *rawnoudalenije*) der Oligarchen von der Macht.

Die so frei gewordenen Posten wurden mit Putins Freunden besetzt: Personen, die sein persönliches Vertrauen genossen. Wie zufällig kamen die meisten davon aus den Reihen des KGB.

Studienjahre und neue »Freiheit«

Sowohl das Ende von Jelzins Herrschaft als auch der Aufstieg Putins fielen in meine Studienzeit. Da ich mich schon immer für Geschichte interessierte, schrieb ich mich an der Fakultät für internationale Beziehungen des MGIMO ein, wo man der historischen Wissenschaft große Bedeutung zumaß.

Bei der Einschreibung ins erste Studienjahr wurde mir nach einem Vorgespräch mit dem Studiengangsleiter als erste Fremdsprache Khmer zugeteilt. Ich muss sagen, dass ich diese Wahl nie bereut habe. Die Sprache selbst ist gar nicht so schwer, wie sie scheint, und Kambodscha ist trotz all seiner Armut und gesellschaftlichen Probleme ein recht offenes Land mit einer faszinierenden Geschichte und einzigartigen Kultur.

Meine Ausbildung am MGIMO fiel in eine Zeit, in der in Russland die wohl günstigsten Bedingungen für ein Hochschulstudium herrschten. Die sowjetische Zensur war abgeschafft, die verstaubten Lehrbücher verschwunden, die Atmosphäre im Institut mehr als liberal. Professoren und Dozenten genossen völlige Freiheit. Anstelle der sowjetischen, von marxistisch-leninistischer Doktrin geprägten Lehrwerke lasen wir nun westliche Autoren und hörten Vorlesungen über, sagen wir, die weltgeschichtlichen Konzepte von Toynbee und Spengler. In großer Zahl erschienen nun Bücher, die zuvor nicht erhältlich gewesen waren und erstmals ins Russische übersetzt wurden. Wir hatten Zugang zu unterschiedlichsten Informationen über alle möglichen Themen. Und wir mussten lernen, unsere Quellen kritisch und gewissenhaft zu überprüfen, um glaubwürdige Informationen von blankem Unsinn zu unterscheiden.

So manche unserer Dozenten wurden damals selbst Opfer dieser neuen Freiheit, weil sie neue, oft unwissenschaftliche Theorien unkritisch rezipierten. Ein bekannter Fall sind die Bücher des Mathematikers Fomenko, der in einer mehrbändigen Werkreihe unter dem Titel »Neue Chronologie« angeblich mittels mathematischer Methoden praktisch die gesamte Weltgeschichte umschrieb. So wurde bei ihm Dschingis Khan flugs zu Peter dem Großen, den er dann auch gleich noch zum Erbauer sämtlicher ägyptischer Pyramiden machte. Unglücklicherweise gab es damals viele Menschen, denen eine solide Allgemeinbildung fehlte, und die derlei »Offenbarungen« nach all den Jahrzehnten muffiger sowjetischer Geschichtswissenschaft als frische Brise empfanden. Ich habe mich immer gefragt, warum selbst angesehene und mit höchsten Titeln dekorierte Gelehrte mitunter auf solche Scharlatane hereinfielen.

Erste Schritte im Ministerium

Das Außenministerium Russlands betrat ich erstmals im Juli 2000 – für mein obligatorisches Einführungspraktikum. Meinem Studienfach entsprechend wurde ich dem Zweiten Asien-Departement (2DA) zugeteilt, das sich mit den Beziehungen zu Südostasien und Japan befasste. Damals saß dieses Departement zum größten Teil nicht in dem berühmten Hochhaus am Smolenskaja-Platz, sondern in einem Gebäude auf der gegenüberliegenden Straßenseite.

Ich sah dem Praktikum mit einiger Aufregung entgegen: Endlich würde ich das Allerheiligste betreten, das russische Außenministerium von innen kennenlernen! Echte Diplomaten sehen! Mitbekommen, wie ihre Arbeit wirklich aussah, wie Diplomatie und Außenpolitik funktionierten!

Die sowjetischen Bücher und Filme meiner Jugendzeit hatten in mir die Vorstellung von der Diplomatie als intellektueller Elite der Gesellschaft geprägt. Diplomaten waren dort akkurate, elegante Männer in schicken Uniformen, die bei Empfängen zwanglose Gespräche führten, mehrere Sprachen beherrschten, die Absichten ihrer Gesprächspartner sofort durchschauten und selbst für die kompliziertesten politischen Verwicklungen noch brillante Lösungen aus dem Ärmel schüttelten. Auch meine Kommilitonen, die ebenfalls auf eine Karriere im Außenministerium spekulierten, stellten sich ihre Zukunft ungefähr so ähnlich vor. Ich hatte kaum meinen Fuß ins Ministerium gesetzt, als sich diese naiven Vorstellungen bereits in Luft aufzulösen begannen.

Die Innenausstattung des Außenministeriums hatte sich seit Sowjetzeiten kaum verändert. Die Möbel waren alt, die Türen rissig, die mit Plastikordnern vollgestellten Schränke aus Sperrholz und Spanplatten gefertigt. Computer waren kaum zu sehen. Die Diplomaten saßen an ihren Schreibtischen herum und ließen Zigarettenrauch zur Decke steigen. Einschränkend ist zu sagen, dass sich diese Szene in den Sommerferien zutrug, wo das diplomatische Leben ohnehin fast zum Erliegen kommt. Es war also nicht weiter verwunderlich, dass die meisten Mitarbeiter kaum beschäftigt waren.

Ich will nicht verhehlen, dass diese erste Begegnung mit echten Diplomaten für mich eine Art Kulturschock war. Ich wurde an einen winzigen Tisch in einer Ecke eines Büros platziert und bekam einen Ordner zum Durchblättern. Mitarbeiter aus benachbarten Abteilungen kamen im Büro zusammen und begannen, sich über ihre Pläne für die kommenden Tage und ihre Eindrücke vom Wochenende zu unterhalten. Dabei verwendeten sie eine unglaubliche Menge an Schimpfwörtern, die überhaupt nicht zu jenem Bild vom »Diplomaten« passten, das ich im Kopf hatte. Wenn diese Leute hier schon keine schneidigen Uniformen trugen, sollten sie sich doch wenigstens korrekt ausdrücken und gute Manieren an den Tag legen! Ich aber sah und hörte hier nur, wie sich ganz gewöhnliche Kerle mittleren Alters miteinander unterhielten – in billigen Anzügen, zerknitterten Hemden und schlecht gebundenen Krawatten. Ihre Ausdrucksweise entsprach wirklich nicht dem, was man von gebildeten Menschen erwarten konnte. Als mich meine Mutter am Ende des ersten Tages nach meinen Eindrücken fragte, brachte ich nur einen Satz heraus: »Die fluchen ja wie Möbelpacker!«

Mein Vorgesetzter war der Zweite Sekretär Alexej Tschernow, ein sehr entspannter Typ um die 40, der sich nicht gerade durch übermäßigen Arbeitseifer auszeichnete, dafür aber einen ziemlich sarkastischen Humor besaß. Er beherrschte Khmer ebenso wie ich und stand kurz vor einem erneuten längeren Auslandseinsatz in Phnom Penh.

Meine Hauptaufgabe als Praktikant lag im Bereich »Inventarisierung«. Hinter diesem ominösen Begriff verbergen sich im Außenministerium eine Vielzahl verschiedener Dinge. In meinem Fall war damit gemeint, dass ich zwei enorme Schränke voller alter Aktenordner aus den Achtzigerjahren zu bearbeiten hatte. Jeden einzelnen davon musste ich durchsehen und mir ein Bild davon machen, welche Dokumente aufbewahrt und welche vernichtet werden konnten. Anfangs erschien mir diese Aufgabe schwierig, und ich fand es merkwürdig, dass man einen Studenten den Stellenwert offizieller Dokumente beurteilen ließ. Wie ich aber schon bald herausfand, war kein einziges dieser Dokumente für die Mitarbeiter des Departements von Belang, obwohl sich darunter sogar ganze Verträge und Abkommen mit anderen Staaten befanden – ich glaube, sogar die Originale davon. Etliche dieser vergilbten, noch mit Schreibmaschine getippten Seiten wiesen Tee- oder Kaffeeflecken auf. All das waren erste, wenn auch damals von mir nicht bewusst wahrgenommene Anzeichen dafür, dass es im russischen Außenministerium um das institutionelle Gedächtnis nicht sonderlich gut bestellt war. Wichtige – wenn auch vielleicht nicht mehr gültige – Urkunden befanden sich hier nicht etwa in festen Dossiers oder Archiven, sondern lagen einfach irgendwo lose herum. Offensichtlich hatte man sie schlicht vergessen, woraus folgte, dass sich auch in der Praxis niemand mehr nach ihnen richtete oder sie berücksichtigte.

2 ERSTE SCHRITTE ALS DIPLOMAT

NAHE UND FERNE NACHBARN – »ES IST NICHT AN UNS, DAS ZENTRUM ZU KORRIGIEREN!« – KEINE AUSSENPOLITISCHE STRATEGIE

PHNOM PENH (2002–2006), RUSSISCHE BOTSCHAFT IN KAMBODSCHA, ALS SEKRETÄR-REFERENT UND ATTACHÉ

Diplomandenpraktikum

Im Jahr 2001 ereignete sich am MGIMO etwas Bedeutendes: Der bekannte russische Oligarch Wladimir Potanin (dem unter anderem das Bergbauunternehmen Nornickel und die Onexim-Bank gehören) spendete der institutseigenen Stiftung rund 100 000 US-Dollar für die Organisation von Diplomandenpraktika in russischen Auslandsvertretungen. Einer dieser Praktikumsplätze wurde auch mir angeboten, was ich als große Ehre empfand.

Am 21. März 2002 flog ich gemeinsam mit zwei weiteren Burmanistik-Kommilitonen nach Thailand. Nach neun Stunden Flug verabschiedete ich mich von meinen Freunden noch am Flughafen in Bangkok und nahm die Abendmaschine nach Phnom Penh. Kaum eine Stunde nachdem das Lichtermeer der thailändischen Hauptstadt hinter mir verschwunden war, setzten wir schon wieder zum Sinkflug an. Ich starrte in die Finsternis und hielt Ausschau nach irgendwelchen Lebenszeichen. Plötzlich blitzte unter unserem Flügel eine dünne Lichterkette auf, und nur wenige Sekunden später setzte die Maschine bereits auf dem Rollfeld in Phnom Penh auf. Die Straßenbeleuchtung, wie auch die allgemeine Stromversorgung, waren in der kambodschanischen Hauptstadt damals nicht besonders gut entwickelt.

Am Flughafen erwartete mich der Dritte Sekretär Wladimir Agronomow, den ich Ende dieses Jahres ablösen sollte. Wir fuhren durch die dunkle Stadt, die Luft war heiß und feucht, die Straßen kaum beleuchtet ... Wir passierten ein mit Stacheldraht bewehrtes Metalltor, durchquerten das weitläufige Gelände der Botschaft und kamen schließlich vor einem der beiden fünfgeschossigen Gebäude an, in denen sich unsere Dienst- und Wohnbereiche befanden.

Die Wohnung im obersten Stockwerk, in der ich die nun folgenden zwei Monate verbringen sollte, war spartanisch eingerichtet: ein Schrank, ein kleiner Tisch mit Lampe, ein Bett und ein uralter Drahtfunkempfänger, der rund um die Uhr den Sender »Radio Rossii« ausstrahlte. Die Dusche und die Toilette funktionierten beide nicht, wurden aber zum Glück innerhalb eines Tages repariert.

Am nächsten Morgen wurde ich pflichtgemäß im Vorzimmer des Botschafters Viktor Wassiljewitsch Samoilenko vorstellig. Sämtliche diplomatischen Angestellten versammelten sich hier täglich um acht Uhr früh zur sogenannten »Nachrichtenlesung«, die der Botschafter in seinem Büro abhielt. Die Nachwuchskräfte – also Wladimir Agronomow und mein Studienfreund Timur Sewachin, der bereits seit Januar in der Botschaft arbeitete – hatten dabei die wichtigsten Meldungen zu verlesen, die das kambodschanische Fernsehen am Vortag gesendet hatte. Anschließend besprach man kurz die aktuelle Lage.

Nach der »Lesung« erkundigte sich der Botschafter nach meinen Plänen für das Praktikum. Etwas überrascht zögerte ich und antwortete dann spontan: »Ich möchte hier vor allem Material für meine Diplomarbeit sammeln.« Das schien dem Botschafter recht zu sein, und so verbrachte ich den größten Teil meines Praktikums damit, in verstaubten Aktenordnern nach Archivunterlagen zu suchen.

In den beiden Gebäuden der russischen Botschaft in Phnom Penh hatten, soweit ich weiß, früher einmal Angestellte der Nationalbank von Kambodscha gewohnt. Nach dem Sturz der Roten Khmer hatte man die beiden leer stehenden Gebäude der sowjetischen Botschaft zur Verfügung gestellt. Die beiden grauen fünfgeschossigen Bauten, einst von französischen Architekten unter Verwendung von Stilelementen traditioneller Khmer-Pfahlhäuser errichtet, standen im rechten Winkel zueinander am hinteren Ende eines Grundstücks von drei bis vier Hektar Fläche. Außerdem gab es hier noch ein großes Fußballfeld, ein Schwimmbad mit Kinderbecken, ein Klubhaus sowie einige Wirtschaftsgebäude. Tatsächlich war dies eines der weitläufigsten Botschaftsgelände der UdSSR und später Russlands (als flächenmäßig größte Vertretung unseres Landes gilt die Botschaft in Peking mit 17 Hektar). In den 1980er-Jahren, als die Sowjetunion Kambodscha – damals die Volksrepublik Kampuchea – aktiv unterstützte, zählte die Botschaft zeitweise mehrere Tausend Bewohner. Im Jahr 2002 war davon jedoch nichts mehr zu spüren: Auf dem riesigen Grundstück lebten nun etwa hundert Menschen, die Familien der Mitarbeiter mitgezählt. Wenn ich mich recht erinnere, gab es zwölf Planstellen für diplomatisches Personal sowie 18 für technische Angestellte wie Buchhalter, Fahrer, Techniker usw. Außerdem hatte die Botschaft eine eigene Schule für die Klassen eins bis neun mit vollständigem Lehrerkollegium.

Die Diplomaten, die sich jeden Morgen zur Nachrichtenlesung im Büro des Botschafters versammelten, verteilten sich anschließend wieder auf verschiedene Stockwerke, da sie offenbar unterschiedlichen Arbeitsteams angehörten. Nach einiger Zeit begriff ich etwas Wichtiges: So wusste ich zum Beispiel, dass Botschaftsrat Valentin Michailowitsch Dikuschin – ein Mann wie eine chinesische Buddhastatue, den ich noch von meinem ersten Ministeriumspraktikum aus dem Jahr 2000 kannte – und der bereits erwähnte Alexej Tschernow direkt dem Botschafter und dem Gesandten-Botschaftsrat (dem zweiten Mann nach dem Botschafter) zuarbeiteten. Es gab aber auch andere Diplomaten, die sich eher abseits hielten. Als ich Timur nach dem Grund fragte, blickte er sich kurz um und sagte dann leise und bedeutungsvoll: »Weil sie ›Nachbarn‹ sind.«

Diese offenbar metaphorische Verwendung des Begriffs »Nachbar« sagte mir damals nichts, also hakte ich nach und entlockte Timur schließlich die Information, dass es sich dabei um Angestellte »anderer Behörden« handelte, die nur als fiktive Diplomaten in der Botschaft arbeiteten.

Für mich war das eine echte Offenbarung: Die Geheimdienste gab es also wirklich, nicht nur im Film oder im Kriminalroman. Und ihre Mitarbeiter waren Menschen aus Fleisch und Blut, denen man täglich auf den Fluren der Botschaft oder draußen auf der Straße begegnete.

Nachdem sich der erste Schock dieser Erkenntnis gelegt hatte, stellte sich mir eine Frage, auf die ich bis heute keine Antwort bekommen habe: Warum informiert man die neuen Mitarbeiter des Außenministeriums nicht gleich darüber, wer wo arbeitet? Sicher, wenn jemand zum Beispiel für den russischen Auslandsgeheimdienst SWR tätig ist, so ist das laut Gesetz Staatsgeheimnis. Aber im Team mit solchen Kollegen findest du sowieso früher oder später heraus, wer für wen arbeitet – Staatsgeheimnis hin oder her. Auch hat das diplomatische Korps ohnehin Zugang zu geheimen Informationen – warum sollte man also einem Neuling nicht gleich erklären, mit welcher Art von Kollegen er in der diplomatischen Vertretung zu tun hat? Sicherlich ließe sich so manche absurde Situation – ganz zu schweigen von folgenreichen Missverständnissen – von vornherein vermeiden.

Ich erinnere mich zum Beispiel an einen Fall, als eine Botschafterfamilie beim Abendessen im Restaurant einen der »Nachbarn« erkannte, der in Begleitung eines Kambodschaners den Raum betrat. Woraufhin sie sogleich nach der Rechnung fragten und hastig das Etablissement verließen. Diese reichlich übertriebene Reaktion war wohl der Befürchtung geschuldet, man könne den Nachbarn durch die eigene Anwesenheit in seiner Arbeit behindern – womöglich versuchte er gerade, seinen Begleiter anzuwerben? Niemand weiß wirklich, wie man sich in Anwesenheit eines Geheimdienstmitarbeiters verhalten soll. Ich denke aber, dass gerade die überstürzte Flucht aus dem Restaurant dazu geeignet war, den angeblichen Diplomaten zu enttarnen. Auch wenn der Kambodschaner höchstwahrscheinlich ohnehin Bescheid wusste und dies nicht die erste Begegnung der beiden war.

Damals erlernte ich die Kunst, durch Beobachtung und vorsichtiges

Ausfragen erfahrenerer Kollegen zwischen »eigenen« und »fremden« Leuten zu unterscheiden. Auch mit dem Ministeriumsjargon machte ich mich mit der Zeit vertraut. So werden als »nahe Nachbarn« gewöhnlich die Mitarbeiter der politischen Aufklärung bezeichnet, während »ferne Nachbarn« zum militärischen Nachrichtendienst GRU gehören. Eine mir einleuchtende Erklärung für diese terminologische Spitzfindigkeit ist, dass die nahen Nachbarn in engerem Kontakt zu den Diplomaten stehen, während die fernen Nachbarn aufgrund ihres militärischen Arbeitsbereichs naturgemäß weniger Berührungspunkte mit dem Außenministerium haben.

Im Mai desselben Jahres kehrte ich nach Moskau zurück, einen neu erworbenen Wissensschatz im Gepäck. Vor mir lagen einige Monate, in denen Formalitäten zu erledigen waren, bevor ich erneut Richtung Phnom Penh aufbrechen durfte, diesmal für einen längerfristigen Auslandsaufenthalt als echter Diplomat.

Diplomatischer Status

Im November 2002 verließ ich Moskau erneut – für meinen ersten Einsatz als Berufsdiplomat. Formal gesehen war ich es noch nicht, wurde aber schon in der Diplomatenliste der Botschaft geführt. Wer das MGIMO nicht mit »rotem Diplom« (= summa cum laude) absolviert hatte, fing zunächst nicht als Attaché, sondern als sogenannter »leitender Referent« an. Anstatt eines grünen Diplomatenpasses erhielt ich deswegen zunächst nur einen blauen Dienstausweis, wie alle Mitarbeiter diplomatischer Missionen, die keinen Diplomatenstatus hatten.

Wie alle jungen »Nicht-Diplomaten« war auch ich darauf aus, so bald wie möglich einen Diplomatenpass zu bekommen. Dieser unterscheidet sich von einem Dienstausweis dadurch, dass er rund um die Uhr, vorbehaltlos und ununterbrochen, diplomatische Immunität und Vorrechte gewährt. Der Dienstausweis schützt seinen Inhaber dagegen nur während der Dienstzeiten.

Natürlich war es nicht meine Absicht, so zu leben oder zu arbeiten, dass mich nur ein Diplomatenpass vor Festnahme oder Verhaftung hätte schützen können. Dennoch finde ich, wenn ein Staat jemanden als Diplomaten in eine seiner offiziellen Vertretungen entsendet, sollte er diesem auch von Anfang an einen Diplomatenpass ausstellen – das minimiert das Risiko gewisser Provokationen. Gänzlich ausschließen lässt sich das trotzdem nicht, denn nicht selten haben lokale Behörden noch nie etwas vom Wiener Übereinkommen gehört, das den rechtlichen Status von Diplomaten weltweit regelt. Mir haben Augenzeugen und direkt Beteiligte davon berichtet, dass russische Diplomaten ungeachtet ihrer Immunität festgenommen und sogar für einige Zeit in Polizeistationen und Untersuchungshaftzellen festgehalten wurden.

Personal- und Statusfragen

Als Junior-Diplomat hatte ich keinen eigenen Aufgabenbereich, sondern musste meine erfahreneren Kollegen unterstützen. Meistens beauftragte man mich, Informationen oder Analysen zu sozioökonomischen Themen zu schreiben, und da ich Khmer sprach, sollte ich unsere Haustechniker bei der Kommunikation mit den für uns arbeitenden Ortskräften unterstützen.

Die russische Botschaft in Phnom Penh spiegelte mit ihrer beeindruckenden Fläche das Konzept der sowjetischen Diplomatie wider: Jede Vertretung im Ausland musste so autark wie möglich sein und im Notfall als belagerte Festung fungieren können. Dank dieses Konzepts waren wir praktisch unabhängig von lokalen Versorgungsbetrieben: Wir hatten eigene Klempner, Elektriker und Klimaanlageninstallateure, alle aus Russland.

Neben dem eigenen technischen Personal beschäftigte die Botschaft auch etwa 20 einheimische Mitarbeiter. Für hiesige Verhältnisse verdienten sie gut, aber natürlich waren ihre Gehälter lächerlich im Vergleich zu denen der Diplomaten und des technischen Personals. Für die reibungslosen Abläufe der Botschaft waren die Khmer unabdingbar: Sie putzten, kehrten und räumten auf, gossen die Pflanzen, mähten den Rasen, wuschen die Autos und brachten den Müll weg.

Da nur die älteren Mitarbeiter ein paar Worte Russisch beherrschten und unser technisches Personal nur sehr rudimentäres Khmer sprach, wurde ich regelmäßig zu ihren Gesprächen hinzugezogen. Dabei stellte ich zu meinem Bedauern fest, dass das gesprochene, lebendige Khmer der Sprache, die wir am Institut gelernt hatten, nur wenig ähnelte.

Also versuchte ich so oft wie möglich Englisch zu sprechen, zumal diese Sprache damals auch in Kambodscha immer mehr Verbreitung fand. Es beeindruckte mich sehr, dass sich selbst Abteilungsleiter kambodschanischer Ministerien und Behörden, ja sogar Generäle nicht zu schade waren, diese neue Sprache zu erlernen und im Gespräch mit ausländischen Diplomaten zu trainieren, wobei sie eifrig im Wörterbuch nach unbekannten Begriffen suchten. In dieser Haltung unterschieden sie sich grundsätzlich von der russischen Führungsriege, die niemals zugaben, etwas nicht zu wissen – das war unter ihrer Würde. Leider ist es noch heute für viele Menschen in Russland ein Zeichen von Unwissenheit und Inkompetenz, wenn man im vorgerückten Alter noch etwas Neues lernen will. Mit dem Status eines Vorgesetzten ist so etwas anscheinend unvereinbar.

Unruhen in Phnom Penh 2003

Im Januar 2003 berichteten die kambodschanischen Medien, eine populäre thailändische Schauspielerin habe behauptet, die Tempel von Angkor seien in Wirklichkeit thailändisches Kulturerbe und sollten zu Thailand gehören. Meines Wissens ein klassischer Fall von Fake News, eine von der kambodschanischen Presse in Umlauf gebrachte Ente, die jedoch ausreichte, um die Khmer-Patrioten auf die Straße zu treiben. Die Stadt geriet in Aufruhr, es kam zu Pogromen, thailändische Geschäfte wurden mit Steinen und Müll beworfen, Schaufenster eingeschlagen,

Auslagen demoliert. Nicht weit von unserer Botschaft entfernt befand sich das Royal Phnom Penh, ein erst kurz zuvor errichtetes Vier-Sterne-Hotel, das thailändischen Geschäftsleuten gehörte. Der Mob stürmte das Gebäude und hinterließ eine Spur der Verwüstung, ein Feuer brach aus.

Auch die hinter dem Hotel gelegene thailändische Botschaft wurde damals schwer beschädigt – angeblich konnte sich der Botschafter selbst nur retten, indem er einen Nebenarm des Mekong hinter dem Gebäude der Botschaft schwimmend durchquerte.

Die Sicherheitsvorkehrungen in unserer Botschaft wurden verschärft. Wie in solchen Notfällen üblich, durften sämtliche Mitarbeiter das Gelände nur noch zu dienstlichen Zwecken oder zum Einkaufen verlassen – und das auch nur mit Zustimmung des Gesandten-Botschaftsrats. In diesem »Belagerungszustand« verbrachten wir zwei Monate, obwohl sich die Situation im Land schon nach wenigen Tagen wieder normalisierte. Eine derart übertriebene »Behütung« des eigenen Personals ist typisch für die russischen diplomatischen Vertretungen im Ausland – und hat durchaus einen tiefer liegenden Grund.

Laut russischer Gesetzgebung ist für die Sicherheit des diplomatischen Korps der russische Auslandsgeheimdienst SWR zuständig, der auch gern mal den Bogen überspannt, nach dem Motto: »Holzauge sei wachsam, der Feind ist überall und schläft nicht.« Diese paranoide Angst vor dem Feind haben Generationen von sowjetischen und russischen Geheimdienstlern tief verinnerlicht. Die Botschafter teilen diese in der Regel, schließlich tragen sie die volle Verantwortung für ihre Angestellten. Kehrt ein Mitarbeiter einer Botschaft von einem Auslandseinsatz nicht ganz gesund oder – Gott bewahre – sogar nicht mehr lebendig zurück, muss sich der Botschafter unangenehmen Fragen aus Moskau stellen, selbst wenn das Unglück gar nicht am Arbeitsplatz geschehen ist und dessen Ursachen sich der Kontrolle des Botschafters entziehen.

Aus diesem Grund ist jeder Botschafter unablässig von Sorge um die Unversehrtheit und Sicherheit seines Teams getrieben, was sich in dem Bestreben äußert, die eigenen Leute regelrecht in der Botschaft einzuschließen (tatsächlich leben in vielen Ländern sämtliche Mitarbeiter dauerhaft auf dem umzäunten Botschaftsgelände) und sie nur im Notfall hinauszulassen.

Viele diplomatische Angestellte empfinden daher nach jahrzehntelangen Auslandseinsätzen anfangs große Unsicherheit, wenn sie plötzlich keinen streng getakteten Zeitplan für Einkaufsfahrten und Stadtbesuche mehr haben und sich für einen Restaurantbesuch oder einen Ausflug ans Meer keine Erlaubnis mehr einholen müssen.

Der Botschafter selbst hält sich an seine eigenen Verbote natürlich nicht. So kommt es vor, dass nach irgendwelchen Protesten das einfache Personal noch ein halbes Jahr lang die Botschaft ausschließlich mit dem Auto, zu streng festgelegten Zeiten und nur auf bestimmten Strecken verlässt, während der Botschafter in seiner separaten Residenz ein unbeschwertes Leben führt.

Eigentlich eine unerhörte Ungerechtigkeit, die aber nur selten auf Widerstand stößt – und meiner Meinung nach ihre Wurzeln in den Zwanzigerjahren des letzten Jahrhunderts hat.

Nach dem Ende des russischen Bürgerkriegs sahen sich die Bolschewiki mit einem akuten Fachkräftemangel konfrontiert. In Sowjetrussland fehlten damals nicht nur gut ausgebildete, sondern überhaupt alphabetisierte Menschen, mit denen man die vielen freien Stellen in den Ministerien und Behörden hätte besetzen können. Die neue, aus bolschewistischen Revolutionären bestehende Staatsführung musste ihre Mitarbeiter, von denen bei Weitem nicht alle lesen und schreiben konnten, nicht nur selbst kontrollieren, sondern auch irgendwie erziehen, ausbilden, kurz: ihnen beibringen, zu leben. Dieses weitverbreitete Phänomen, dass ein Vorgesetzter nicht nur Anweisungen gibt und den Fortgang der Arbeit kontrolliert, sondern sich auch für das äußere Erscheinungsbild des Kollektivs verantwortlich fühlt, ist nie wieder verschwunden – selbst nachdem die allgemeine Alphabetisierung erreicht war.

In der späten Sowjetzeit war die »Bevormundung« der Mitarbeiter durch die Chefs bereits zu einer inhaltslosen Formalie mutiert, wie fast alle ideologischen Konstrukte dieser Zeit. Längst ging es nicht mehr darum, Berufs- und Lebenserfahrung (und vor allem die »richtige«

ideologische Einstellung) an die nächste Generation weiterzugeben. Was aber erhalten blieb, war das Bestreben der Angestellten, sich von jeglicher Verantwortung für das eigene Handeln loszusagen. Nach wie vor weitverbreitet ist die Ansicht, dass der Chef immer über alle Informationen verfügt und sich nie irrt. Was einerseits die charakterliche Unreife vieler Staatsbediensteter erklärt, andererseits auch deren schulterzuckende Gleichgültigkeit (»Was können wir schon tun?«). Gleichzeitig tendieren auch viele leitende Angestellte dazu, jegliche Form von Verantwortung panisch zurückzuweisen, schließlich waren auch sie bis zu ihrer Beförderung ebenso infantile Befehlsempfänger. Machtgier und Verantwortungsflucht sind die beiden wichtigsten Eigenschaften des russischen Bürokraten. So rechtfertigt der einfache Staatsdiener sein Handeln ausschließlich mit dem Willen seines Abteilungsleiters oder Departementdirektors, stellvertretende Minister berufen sich auf die Anweisungen ihres Ministers – und dieser wiederum auf Putins Befehle. Die Folge: Niemand übernimmt Verantwortung für irgendwas, und jeder hat über sich einen Chef, »dem man nicht widerspricht«.

Manchmal nimmt die Unterwürfigkeit extreme Züge an. Einmal beauftragte mich ein Botschaftsrat, auf der Grundlage eines Telegramms aus Moskau eine diplomatische Note zu verfassen. Ich wies ihn auf einige Fehler in der Zeichensetzung des Telegramms hin und versicherte ihm, dass ich diese in meinem Text natürlich korrigieren würde. Worauf der Botschaftsrat mich entsetzt anstarrte und scharf zurechtwies, ich solle mich unterstehen, auch nur irgendetwas zu ändern: »Es ist nicht an uns, das Zentrum zu korrigieren!«

Information und Außenwirkung sind nichts wert

Eigeninitiative – und sei sie auch noch so gering – ist unter russischen Diplomaten eine Seltenheit.

Neben dem Eingang zur Botschaft hatte jemand am Zaun eine Vitrine befestigt, um dort aktuelle und nützliche Informationen über Russland auszuhängen. Seit Jahren hatte man dort außer dem Wort »Informationen« nichts weiter vorfinden können. Also schlug ich vor, anlässlich des 60. Jahrestages des Sieges im Zweiten Weltkrieg, dort ein Plakat auf Russisch, Khmer und Englisch anzubringen, das über diesen für Russland so wichtigen historischen Augenblick – den Sieg der Sowjetunion über Hitlerdeutschland – informierte. Zumal die europäische Geschichte in Kambodscha weitaus weniger bekannt ist. Die Umsetzung dieser Idee – der Druck eines Plakats – würde 25 Dollar kosten, eigentlich eine lächerliche Summe. Der Botschafter bremste jedoch meinen Eifer: »Das ist eine Menge Geld.« In unserem Haushalt waren solche Mittel – trotz der vielen Millionen Dollar, die der Staat jährlich nur für diese eine diplomatische Vertretung aufbrachte – offenbar nicht vorgesehen. In der Buchhaltung erhielt ich die Auskunft, der ohnehin begrenzte Etat für den Posten »Informationsarbeit« sei für dieses Jahr leider bereits ausgeschöpft (ich hatte meine Anfrage im April gestellt). Und Geld von anderen Haushaltsposten umwidmen dürfe man nur mit schriftlicher Genehmigung der Währungs- und Finanzabteilung. Wozu wiederum ein eigenes Rechtfertigungsschreiben des Botschafters nötig sei, und dieser wolle die Moskauer Zentrale natürlich nicht wegen 25 Dollar belästigen. Also blieb die Vitrine leer.

Solche Beispiele gibt es zuhauf: Man will irgendwo Kleinstbeträge sparen und nimmt den damit verbundenen Imageverlust in Kauf. Tatsächlich hat sich unsere Botschaft nie bemüht, einen guten Eindruck zu machen, weder außerhalb noch innerhalb ihrer Mauern.

Anfang der Achtzigerjahre soll das gesamte Gelände der Botschaft einmal ein weitläufiger, blühender Park gewesen sein, in dem es sogar Rehe gab. Warum diese Pracht nicht überdauert hat, weiß ich nicht: Vielleicht hatte der neue Botschafter Appetit auf Wild, vielleicht kürzte das Zentrum die Mittel – schon nach wenigen Jahren gab es jedenfalls weder Rehe noch einen Park.

Das Klima in Kambodscha ist tropisch, das Jahr in zwei Perioden unterteilt: eine Trockenzeit und eine Regenzeit. Von November bis Mai führen fehlende Niederschläge und große Hitze dazu, dass Gras und

Blumen ohne künstliche Bewässerung verdorren. Trotzdem hat Phnom Penh in dieser Zeit niemals einen vertrockneten und verblühten Eindruck auf mich gemacht, denn alle mehr oder weniger wohlhabenden Bewohner bemühten sich ebenso wie die öffentlichen Einrichtungen der Stadt, ihre Grundstücke regelmäßig zu bewässern. In der russischen Botschaft dagegen waren die Auswirkungen der Dürreperiode deutlich sichtbar: Sobald man das Gelände betrat, fielen einem als Erstes das völlig verdorrte Fußballfeld und der von der Hitze aufgeplatzte Asphalt auf.

Während meiner Dienstzeit dort bekamen wir einen neuen Hausmeister, der sich dieses Problems annahm: Er schaffte Schläuche und Rasensprenger an, und nach ein bis zwei Wochen war alles wieder grün, Sträucher und Bäume richteten sich auf, die ganze Botschaft erblühte, sogar die Luft fühlte sich frischer und kühler an. So hätte es eigentlich immer weitergehen können.

Nach ein paar Monaten jedoch kam unsere Chefbuchhalterin zu dem Schluss, die Bewässerung sei zu teuer. Eine Woche später war von dem grünen Gras nichts mehr übrig: Erneut sah es auf dem Gelände der Botschaft aus wie in einer verbrannten Wüste.

Es mag naiv klingen, aber ich bin überzeugt, dass jede Auslandsvertretung eines Landes dessen Außenwirkung mitgestaltet. Deshalb sollten die Grundstücke unserer Botschaften stets einen sauberen und gepflegten Eindruck machen. Diese einfache Wahrheit ist für die Führung unserer Auslandsvertretungen leider alles andere als selbstverständlich. Russland will den Eindruck einer »großen Nation« erwecken, doch kommen unsere Spitzenbeamten so gut wie nie auf die Idee, dass Größe nicht nur durch Waffen demonstriert werden kann, sondern auch indem man eine angenehme Umgebung schafft, in der sich Menschen gern aufhalten. Unsere Auslandsvertretungen machen leider allzu oft keinen attraktiven Eindruck, weder auf einfache Visumempfänger noch auf Geschäftsleute oder Politiker, denen sich unser Land doch besonders gastfreundlich präsentieren sollte. Stattdessen vermittelt die in russischen Botschaften herrschende Atmosphäre unseren Gästen gleichsam einen Vorgeschmack von den Entbehrungen, die sie in unserem Land erwarten. Nach dem Motto: Russland ist nur etwas für Menschen mit starkem und ausdauerndem Charakter. Immer wieder habe ich mich gefragt, was man damit bezweckt.

Die russische Diplomatie als Nachfolgerin der sowjetischen Diplomatie

Natürlich hat Diplomatie nicht nur etwas mit Repräsentanz nach außen zu tun, aber dieser Aspekt ist nach wie vor sehr wichtig, denn er kann sowohl nützen als auch schaden. Leider denkt heute niemand mehr darüber nach, wie sich eine Botschaft und ihr Personal den Vertretern anderer Länder am besten präsentieren sollte. Selbst zu Sowjetzeiten wusste man, wie wichtig diese Frage ist.

Aus der Sowjetzeit übernommen hat die russische Diplomatie ihre veralteten und verstaubten Praktiken: etwa die Tendenz zur Ablehnung von Neuerungen oder die Verschlossenheit und Intransparenz. Dies gilt in gleichem Maße für Putins gesamtes Machtsystem: Alles, was an der Sowjetunion positiv war (kostenlose Bildung und Gesundheitsversorgung, günstige Kulturangebote und öffentliche Nahverkehrssysteme, insgesamt einfach das Gefühl einer gewissen, für den Großteil der Bevölkerung ausreichenden sozialen Absicherung), hat man inzwischen entsorgt; übrig geblieben ist nur der sogenannte »Sowok« – ein System des Nach-oben-Buckelns und Nach-unten-Tretens, der menschenverachtenden Bürokratie und Verantwortungslosigkeit.

Wenn sich unsere Außenpolitik zu Sowjetzeiten noch auf eine bestimmte Ideologie stützen konnte – nämlich den Kampf für die Ideale des Sozialismus und des Kommunismus –, so ist diese jetzt völlig verschwunden. An ihre Stelle sind die berüchtigten »nationalen Interessen« getreten. Worin diese allerdings bestehen und wie sie konkret in diesem oder jenem Land zu vertreten sind, das kann im Umfeld des Außenministeriums niemand so richtig sagen, mehr noch, man hält es nicht einmal für notwendig, darüber zu diskutieren!

Die Sowjetunion hatte ihren eigenen – grobschlächtigen, brutalen – Stil. Dieser gefiel nicht allen, wurde aber sowohl vom Ausland als auch von der sowjetischen Arbeiterklasse verstanden. In diesem Stil wurden Gebäude errichtet und Veranstaltungen organisiert. Und heute? Heute spiegelt sich im Erscheinungsbild der russischen Auslandsvertretungen und der dort beschäftigten Menschen das ideologische Vakuum unseres Landes wider.

In Ermangelung jeglicher Leitlinien haben sich die Angehörigen des russischen auswärtigen Dienstes Untertanengeist und blinde Obrigkeitshörigkeit als neue Grundpfeiler ihrer beruflichen Existenz auserkoren. Kein informeller Empfang mit dem Botschafter (sei es zu seinem Geburtstag, zum Geburtstag seines Stellvertreters oder zum »Tag des Diplomaten«) kommt ohne kriecherische Trinksprüche aus wie: »Auf unseren großartigen, weisen Teamchef«, »Unter Ihrer Führung haben wir nie da gewesene Höhen erreicht«, »Dank Ihnen bin ich beruflich und persönlich enorm gewachsen« oder »Sie sind mir ein Vorbild«. Solche plumpen Schmeicheleien werden von so manchem Zuhörer erst mit schiefem Grinsen quittiert – sobald dieser dann aber selbst das Wort ergreift, drischt er genau dieselben Phrasen.

Sergej Lawrow wird Außenminister

2004 entließ Präsident Putin völlig überraschend die Regierung von Ministerpräsident Michail Kassjanow. Auch Außenminister Igor Iwanow musste damals seinen Posten räumen.

Alle rätselten, wer der neue Außenminister werden würde. Einigen älteren Kollegen zufolge gab es zwei aussichtsreiche Kandidaten: auf der einen Seite den russischen Botschafter in den Vereinigten Staaten Juri Uschakow, auf der anderen Sergej Lawrow, damals Russlands Ständiger Vertreter bei den Vereinten Nationen in New York. Beide waren erfahrene Karrierediplomaten, hervorragend vernetzt und hoch angesehen. Entscheidend war am Ende angeblich, dass aus der Führungsebene des

Außenministeriums starker Widerstand gegen Uschakow kam. Dieser war als arrogant und unhöflich verschrien, handelte oft willkürlich, und über seine Washingtoner Ausfälle wurde im ganzen Ministerium gemunkelt. Angeblich hatte er die Karriere eines Jungdiplomaten ruiniert, weil dieser einen Aufzug, in dem sich Uschakow befand, betreten hatte, ohne zu wissen, dass der Botschafter stets allein Aufzug fuhr und jegliche Gesellschaft hasste. Der junge Kerl erhielt eine vernichtende Beurteilung und fand anschließend in Moskau keine Anstellung mehr. Auch soll Uschakow seine Untergebenen ständig übelst beschimpft haben, ähnlich wie Ex-Minister Iwanow, der ebenfalls für seine schlechten Manieren berüchtigt war. Kein Wunder also, dass sich die hohen Beamten im Ministerium einen anderen Chef wünschten.

Lawrow dagegen galt als Intellektueller. Er war intelligent, belesen, ausgeglichen und stets höflich zu allen. Sein gesamtes Berufsleben hatte er bei den Vereinten Nationen verbracht, sodass er mit seiner Erfahrung, seinen vielen Kontakten und seinem Wissen zu sämtlichen wichtigen Themen genau der richtige Mann für den Posten war. Zumal sich damals die Beziehungen zum Westen relativ gut entwickelten und eine ernsthafte Konfrontation kaum in Sicht war. Also fiel die Wahl auf Lawrow als einen eher diplomatischen und »vielseitigen« Minister.

Über die Beziehungen zu unseren »Nachbarn«

Die Beziehungen zwischen uns Berufsdiplomaten, also den Mitarbeitern des Außenministeriums, und den Mitarbeitern der Geheimdienste – den sogenannten Nachbarn – gestalteten sich auf ziemlich merkwürdige Weise. Zunächst teilten weder »nahe« noch »ferne« Nachbarn jemals ein Auto miteinander. Selbst die rangniedrigsten von ihnen hatten ihre individuell zugewiesenen Dienstfahrzeuge. Für uns Berufsdiplomaten dagegen gab es nicht genug Geld, um jedem einzelnen von uns einen eigenen Dienstwagen zur Verfügung zu stellen: Bis hinauf zum Zweiten Sekretär teilten wir uns alle ein Auto mit einem anderen Mitarbeiter.

Meinen kleinen dunkelblauen Toyota Corolla teilte ich mir mit meinem Studienfreund Timur. Im Alltag war das nicht sonderlich praktisch und durchaus demütigend, unsere nahen Nachbarn schauten offen auf uns herab und bemerkten spöttisch, wir könnten uns wohl wieder mal nicht einigen, wer als Erster mit unserer Schrottkarre zum Einkaufen fahre. Uns vermittelte dies das Gefühl, der diplomatische Dienst sei im Vergleich zu den Nachrichtendiensten zweitrangig. Zumal diese keine Gelegenheit ausließen, um ihren Sonderstatus herauszustreichen; da konnte die Botschaftsleitung bei unseren internen Veranstaltungen noch so sehr betonen, dass »wir alle in einem Boot sitzen und uns gegenseitig unterstützen müssen«.

Dieses Gebot der gegenseitigen Unterstützung wussten manche besonders schlauen Nachbarn dreist auszunutzen. So bat mich einmal ein solcher fiktiver »Attaché« – ein ziemlich selbstgefälliger Typ –, ob ich ihm beim Schreiben einer Auskunft helfen könne, er sei gerade komplett überlastet. »Wenn du mir ein paar Seiten zusammenschreibst, helfe ich dir das nächste Mal aus, in Ordnung? Wir sitzen doch alle im selben Boot, nicht wahr, Alter?«

Unerfahren wie ich war, erklärte ich mich bereit zu helfen. Auskünfte und Kurzinformationen gehören zu den wichtigsten Dokumenten, die Jungdiplomaten erstellen. Kurzinformationen umfassen dabei in der Regel nur eine oder höchstens zwei Seiten, wohingegen Auskünfte deutlich umfangreicher sind, im Durchschnitt drei bis fünf Seiten. Darin werden Ereignisse oder Phänomene im jeweiligen Gastland nicht nur beschrieben, sondern auch durch Analysen und faktische Informationen ergänzt, womöglich wird sogar eine Prognose für die Zukunft abgegeben. Für unsere monatliche Diplomatenpost nach Moskau waren solche Dokumente nach einem strengen »Informations- und Analyseplan« zu erstellen. Dabei sehen Botschafter es gern, wenn ihre Mitarbeiter viel schreiben, denn das bringt ihnen selbst Punkte bei der Moskauer Führung ein. Und natürlich ist die Erstellung solcher Dokumente für jüngere Mitarbeiter immer ein gutes Schreibtraining, selbst wenn die meisten dieser Papiere offen gesagt kaum praktischen Nutzen haben.

Während ich also für den Kollegen eine Auskunft erstellte, rief mich der Botschafter zu sich, er habe da einen Text, den ich ihm übersetzen solle. Als ich ihm ehrlich Auskunft gab, womit ich gerade beschäftigt war, explodierte er förmlich: Was mir einfiele, für Mitarbeiter eines »anderen Dienstes« zu arbeiten?! Er schärfte mir ein, künftig ausschließlich von ihm selbst oder vom Gesandten-Botschaftsrat Aufträge anzunehmen. Wenn jemand anderes etwas von mir wolle, solle ich höflich um »Rücksprache mit dem Botschafter« bitten.

Später erfuhr ich, dass der ach so vielbeschäftigte »Nachbar« mit Freunden in eine Bar gegangen war, um sich zu amüsieren, während ich über seiner Auskunft brütete. Eine Intervention des Botschafters setzte dem geplanten Saufgelage jedoch ein jähes Ende – und schon bald kehrte der »Nachbar« in sein Büro zurück, um das von mir begonnene Dokument zu Ende zu schreiben.

Ich will ehrlich sein: Nicht in allen Auslandsvertretungen verhielten sich die Nachbarn derart arrogant und unverschämt. In Kambodscha lag dies vor allem am Naturell ihres Chefs, der ein zwar durchaus gut gelaunter Typ war – bisweilen sogar die »Seele der Firma« –, uns aber doch bei jeder Gelegenheit wissen ließ, wie viel effektiver seine Leute doch arbeiteten.

Gegen Ende meines Kambodscha-Einsatzes stockte das Außenministerium die Mittel für unsere Botschaft auf, sodass wir unseren Fuhrpark erneuern konnten. Endlich mussten wir Diplomaten uns keine Autos mehr teilen.

Auch die Dienstfahrzeuge des Botschafters wurden bei dieser Gelegenheit ersetzt, jedoch anders als erwartet: Anstatt seines Mercedes 320 (für Repräsentationszwecke) und des Land Cruiser 80 (für private Fahrten) sollte er nun eine kurze S-Klasse und einen Ford Explorer bekommen. Das lag natürlich nicht etwa daran, dass unser Botschafter besonders sparsam gewesen wäre. Das Problem war vielmehr, dass man uns unser Budget bereits im Vorjahr zugewiesen hatte, ohne jedoch zu berücksichtigen, dass die Preise in der Zwischenzeit steigen könnten. Mit dem Betrag, den wir nun von Moskau wie vereinbart bekamen, ließen sich die eigentlich gewünschten Fahrzeuge nicht mehr bezahlen.

Meine Aufgabe bestand nun darin, die neuen Dienstwagen beim kambodschanischen Verkehrsministerium anzumelden. Ungeduldig erkundigte sich der Botschafter bei mir, wann wir endlich die neuen Kennzeichen bekommen würden. In der Regel dauerte das Verfahren ein bis zwei Monate, doch bestand natürlich die Möglichkeit, die Beamten vor Ort mit gewissen Anreizen zu »motivieren«, was den Ablauf in der Regel erheblich beschleunigte. Unzufrieden mit der Aussicht, noch über einen Monat lang sein altes Auto fahren zu müssen, wo doch bereits der neue Wagen in der Garage stand, ging der Botschafter zum Chef der Nachbarn und fragte diesen, wie schnell seine Leute die Anmeldung in der Regel erledigten. Dieser erwiderte, ohne lange nachzudenken: »In ein paar Tagen.« Natürlich war das übertrieben – seine Mitarbeiter hatten mir wiederholt berichtet, so etwas dauere mindestens eine ganze Woche. Was mich dabei am meisten ärgerte: Unser Botschafter wusste genau, wie korrupt die Beamten vor Ort waren, tat aber so, als habe er keine Ahnung, warum unsere Nachbarn so viel schneller waren, und ließ mich seinen Unmut über meine »Langsamkeit« deutlich spüren.

Natürlich hätte ich antworten sollen: »Wenn Sie mir das entsprechende Schmiergeld zur Verfügung stellen, bringe ich Ihnen die Nummernschilder auch ›in ein paar Tagen‹!« Ich war damals aber noch zu neu im diplomatischen Geschäft, und um nicht täglich die sauertöpfische Miene des Chefs ertragen zu müssen, »beschleunigte« ich die Registrierung der Nummernschilder auf eigene Kosten. Am Ende investierte ich 300 Dollar – um Erstattung dieses Betrags habe ich nie gebeten.

Was das elitäre Gehabe unserer Nachbarn betrifft, so nahmen sich damals vor allem die jüngeren von ihnen ein Beispiel an ihrem arroganten Chef. Natürlich muss man hier auch den größeren Kontext mitdenken, denn der SWR insgesamt befand sich in jenen Jahren deutlich im Aufwind: Mit dem Machtantritt Putins hatte die gesamte Blase ehemaliger KGBler begriffen, dass nun ihre Zeit gekommen war. Sie traten daher deutlich selbstbewusster auf als noch zu Jelzins Zeiten, als die Tschekisten noch keine Sonderrolle im Staatsgefüge beanspruchen konnten.

Wie mir ältere Kollegen berichteten, hat beispielsweise Andrej Kosyrew gleich nach seiner Ernennung zum Außenminister der RSFSR 1990 die Verantwortung für die Sicherheit der russischen Botschaften dem KGB entzogen und an eine eigens dafür geschaffene Sicherheitsabteilung im Außenministerium übertragen. Die Sicherheitsbeauftragten der Botschaften stammten von da an für einige Zeit aus den Reihen des Außenministeriums, und der SWR – die Nachfolgeorganisation der Ersten Hauptverwaltung des KGB – konnte sich kaum in die Tätigkeit der Auslandsvertretungen einmischen. 1995 ging das Amt des Außenministers jedoch an Jewgeni Primakow über, der bis dahin Direktor des SWR gewesen und eng mit den Geheimdiensten verflochten war. Schon bald war alles wieder beim Alten, und die Sicherheit aller russischen Auslandsvertretungen wurde per Gesetz erneut dem SWR übertragen.

Botschafter Samoilenko zeigte den Nachbarn meist die kalte Schulter. Er unterhielt nie engen Kontakt zu ihrer Führung und stand selbst informellen Freizeitkontakten zwischen Jungdiplomaten und jungen Geheimdienstlern sehr ablehnend gegenüber. Als ich einmal, noch in der ersten Zeit meines Kambodscha-Aufenthalts, mit einem Praktikanten aus der »Nachbarschaft« in die Stadt fuhr, um ein Bier zu trinken, und wir auf dem Rückweg einen schweren Unfall hatten, schien ihn der Schaden an dem Wagen zu meiner Überraschung nicht sonderlich zu kümmern. Als er jedoch herausfand, mit wem ich im Auto gesessen hatte, war er außer sich und hielt mir eine lange Standpauke dafür, dass ich mich mit jemandem von »diesen Leuten« angefreundet hatte. Als mit Waleri Jakowlewitsch Tereschtschenko ein neuer Botschafter das Amt übernahm, entspannte sich unser Verhältnis zu den nahen Nachbarn zunächst, weil er selbst den Kontakt zu deren Führung suchte. Aber dann kam es offenbar zu Meinungsverschiedenheiten, und die Beziehungen zwischen unseren Behörden kühlten sich wieder ab.

Mit den »fernen Nachbarn« – also den Kollegen vom militärischen Nachrichtendienst – hatten wir dagegen immer recht freundlichen Umgang, zumal sie meist mit ihren eigenen Themen beschäftigt waren und uns nur sehr selten über den Weg liefen. Mit einem der Mitarbeiter des

Militärattachés habe ich mich damals sogar angefreundet, und wir fuhren regelmäßig abends in die Stadt, wo wir gelegentlich auf Kollegen aus anderen Botschaften trafen.

Wer ist »wertvoller« für die Heimat

Ungeachtet aller Intrigen in der Chefetage hatte ich auch zu einigen der nahen Nachbarn ein durchaus positives Verhältnis. Nicht selten gingen wir abends noch ein Bier trinken. Bei einem dieser gemeinsamen Restaurantbesuche äußerte ich mein Unverständnis darüber, dass ihre Behörde ständig auf uns Diplomaten herabschaute: »Ihr sagt doch selbst, dass wir alle in einem Boot sitzen. Gleichzeitig versucht ihr ständig zu beweisen, dass ihr die eigentliche Arbeit macht, und dass unsere einzige Funktion ist, euch als Tarnung zu dienen.« Der SWR-Mann, mit dem ich mich unterhielt, war einer der freundlicheren von ihnen, sagte aber trotzdem: »Wenn die mich hier einbuchten, sei es wegen irgendeiner Provokation, oder weil ich selbst Mist baue, wird Moskau alles tun, um mich rauszuholen. Bei dir dagegen wäre ich mir nicht sicher, ob irgendjemand einen Finger krumm macht, wenn dir was passiert.«

Wie bereits erwähnt, ist die Bedeutung des SWR mit Putins Amtsantritt deutlich gestiegen. Schon immer hat unser Präsident Geheimdienstinformationen mehr Vertrauen geschenkt als den Quellen des Außenministeriums oder anderer Behörden. Allerdings arbeiten Außenministerium und Auslandsgeheimdienst auch völlig unterschiedlich: Während wir uns mit Politik, Verträgen, Verhandlungen – sowohl öffentlichen als auch vertraulichen – befassen, besteht die wichtigste Aufgabe des SWR darin, jene geheimen Informationen zu beschaffen, die die andere Seite nicht preisgibt. Wo Nachrichtendienste tätig sind, herrscht Geheimhaltung und Intransparenz, ihre »Politik« entzieht sich somit jeglicher Kontrolle durch die Gesellschaft. Heute erleben wir dies in aller Deutlichkeit.

Die fernen Nachbarn mochten ihre nahen Kollegen nicht sonderlich. Verteidigungsminister war damals Sergej Iwanow, auch er einst KGB-Mann. Ein guter Bekannter aus dem GRU beschwerte sich bei mir, der alte Direktor Sergej Lebedew habe für seine Mitarbeiter immer wieder verschiedenste Vergünstigungen, sogar kostenlose Wohnungen, »erkämpft«. Iwanow dagegen schere sich einen Dreck um den Zustand der Armee und ihrer Aufklärungsdienste, in der sich seit den Neunzigerjahren eine Unmenge von Problemen angehäuft hatte, und berichte Putin immer nur schneidig von seinen eigenen Erfolgen. Sinngemäß zog mein Bekannter dabei diesen Vergleich:

»Wenn einer vom SWR zum Beispiel eine Wohnung oder einen Zuschuss bekommen will, geht er zu seinem Chef, der geht zum Direktor, und der wiederum geht zu Putin und sagt: ›Wladimir Wladimirowitsch, hier sollten wir helfen.‹ Und dann wird das Problem auf die eine oder andere Weise gelöst. Bei uns im GRU dagegen gehst du mit deinem Problem zum GRU-Direktor, der geht zum Generalstabschef, der wiederum zum Verteidigungsminister, und wenn der zum Präsidenten geht, sagt er: ›Wladimir Wladimirowitsch, in unserer Armee steht alles zum Besten, es gibt überhaupt keine Probleme.‹«

In einem ähnlichen Zusammenhang steht die folgende Geschichte. Als ich einmal in der Personalabteilung der Botschaft zu tun hatte, betrat Waleri Suchinin, unser damaliger Botschafter in Nordkorea, das Büro. In dem Gespräch mit einem unserer Referenten, der offensichtlich auch mit Nordkorea zu tun gehabt hatte, beklagte sich Suchinin darüber, dass niemand nach Pjöngjang gehen wolle und in seiner Botschaft akuter Personalmangel herrsche: »Ich hatte einen guten Mann in Aussicht – einen Hochschulabsolventen mit ausgezeichneten Koreanisch-Kenntnissen. Wir hatten bereits vereinbart, dass er zu uns kommt. Aber dann sind die ›Nachbarn‹ dazwischen gegrätscht und haben ihm eine Wohnung in Moskau angeboten, er kommt ja von außerhalb. Da konnte ich natürlich nicht mithalten.«

Das Thema Wohnen spielt für die Menschen in Russland schon immer eine enorm wichtige Rolle, und die Diplomaten bilden da keine

Ausnahme. Ich hatte erst kurz zuvor im Ministerium angefangen, als ich von der Wohnungsgenossenschaft des Außenministeriums erfuhr. Wer sich für eine Wohnung interessierte, trug sich dort in eine Warteliste ein. Die Genossenschaft plante, ein oder zwei Mehrfamilienhäuser irgendwo am Leninski-Prospekt zu bauen, und wer Mitglied war, konnte damit rechnen, irgendwann in diesen Neubauten zu wohnen. Aber die Zeit verging, das Bauvorhaben kam nicht voran, irgendetwas kam immer dazwischen. Schließlich vergaß ich die ganze Geschichte. Jahre später hörte ich dann Gerüchte, dass die Gebäude doch noch fertiggestellt und die Wohnungen darin zu Marktpreisen verkauft worden waren – die Mitglieder der Genossenschaft aber waren leer ausgegangen. Angeblich soll der damalige Generaldirektor des Außenministeriums Doku Sawgajew die Erlöse aus dem Verkauf dieser Immobilien, auf die die Mitarbeiter des Ministeriums anderthalb Jahrzehnte lang gewartet hatten, »korrekt« verteilt haben.

Die großen Bosse hatten sich auf Kosten einfacher Mitarbeiter bereichert, denen nun nichts anders übrig blieb, als sich woanders umzusehen.

Tropische Verluste, oder: die Mär vom Wunderlappen

Zweifellos war die Korruption in den ersten Jahren von Putins Amtszeit eine Bedrohung für den russischen Staat. Ich selbst bin damals Zeuge eines schamlosen Diebstahls in der Botschaft geworden, der nie bestraft wurde.

Bald nach meiner Ankunft in Phnom Penh erfuhr ich eine Geschichte über Alexander Priwalow, den Haustechnikchef der Botschaft. Zu diesem Zeitpunkt hatte ich nur einmal kurz mit ihm zu tun gehabt. Man erzählte mir, er habe heimlich Dieselkraftstoff aus Botschaftsbeständen weiterverkauft. Irgendwann habe er es so weit getrieben, dass er sogar vor einem Ausflug zum – über 200 Kilometer entfernten – Meer seinen eigenen Tank fast ganz entleerte, sodass sein Auto zwangsläufig unterwegs liegen blieb und man einen Fahrer der Botschaft losschickte, um Kraftstoff zu besorgen und Priwalows leeren Tank zu füllen. Diesen Fall empfanden wir alle eher als harmloses Kuriosum und dachten schmunzelnd daran. Für Priwalow hatte die Geschichte keine Konsequenzen.

Noch kurioser – aber auch deutlich gravierender – war dagegen diese Episode, die ich selbst miterlebt habe.

Die Botschaft stellte eine neue Hauptbuchhalterin ein. Sie hieß Lidija Glasyrina, besaß einen nüchternen Charakter und hatte schon einiges an Berufserfahrung gesammelt. Während sie sich bei uns einarbeitete, fiel ihr auf, dass unsere Dieselgeneratoren weitaus mehr Kraftstoff verbrauchten, als ihre Betriebskennzahlen hergaben. Wenn ich mich recht erinnere, lag der Sollverbrauch bei 40 bis 42 Litern pro Stunde, laut Bericht unseres Haustechnikchefs schluckten sie aber über 70 Liter. Inzwischen war Priwalow abgelöst worden – die Haustechnik leitete nun ein gewisser Charin, ehemals stellvertretender Versorgungskommandeur einer Heereskompanie aus der Region Woronesch, ein stets gut gelaunter und umgänglicher Mann. Er erklärte, der vom Hersteller angegebene Verbrauchswert gelte nur für Idealbedingungen, hier in Phnom Penh sei das Klima aber heiß und feucht, weshalb es regelmäßig zu Überlastungen komme. Schuld am übermäßigen Kraftstoffverbrauch waren also die Tropen – und natürlich die veralteten Generatoren, die, so Charin, ja schon seit Jahren liefen, da brauche man sich nicht zu wundern. Nicht sonderlich überzeugt bat unsere Buchhalterin die Firma Cummins, von der unsere Generatoren stammten, um Angaben zum Kraftstoffverbrauch unter Berücksichtigung der hiesigen klimatischen Bedingungen. Der Hersteller nannte dieselbe Menge, die sie dem Maschinenpass entnommen hatte: rund 40 Liter pro Stunde.

Glasyrina kontrollierte daraufhin die Rechnungen: Die Botschaft kaufte bei Total im Schnitt rund 200 Tonnen Diesel jährlich. Auf dieser Basis berechnete sie, wie viel Treibstoff sich derzeit – unter Berücksichtigung des »tropischen« Mehrverbrauchs – auf dem Gelände der Botschaft befinden musste, und sichtete den tatsächlichen Bestand.

Und siehe da, es fehlten sieben Tonnen. Der Tank, in dem diese sieben Tonnen eigentlich lagern sollten, war völlig leer. Unbeirrt rapportierte Charin daraufhin, die entsprechende Menge sei durchaus vorhanden gewesen, doch habe der Dieselmechaniker Sergej Schigalkin das Heizöl versehentlich direkt im Dieselraum verschüttet. »Sieben Tonnen Heizöl – einfach so verschüttet?«, hakte die Buchhalterin nach. »Jawohl, alle sieben Tonnen!«, bestätigte Charin. Die Geschichte vom erstaunlichen Missgeschick des Dieselmechanikers machte in der ganzen Botschaft die Runde. »Wie kann man sieben Tonnen Diesel in einem Dieselraum verschütten?«, fragten sich alle, die Diesel auch nur irgendwann von ferne gesehen hatten. »Da müssten doch noch Spuren sein, oder?« Worauf Charin entgegnete: »Was für Spuren? So was kann man doch nicht einfach so liegen lassen! Schigalkin hat natürlich alles aufgewischt – mit einem Lappen.«

Sieben Tonnen Dieselkraftstoff sind eine Menge. Außerdem hat Diesel eine relativ hohe Dichte und verdunstet nicht so leicht wie Benzin oder Kerosin. Und unser Dieselraum hatte eine Fläche von etwa 100 Quadratmetern. Um eine solche Fläche mit einem einzigen Lappen zu säubern, hätte man Wochen gebraucht. Zumal das ohne Spezialausrüstung gar nicht möglich gewesen wäre.

Man setzte den Botschafter in Kenntnis, der eine eigene Kommission mit der Untersuchung der Angelegenheit betraute, zu der auch ich gehörte. Ich konnte also die Arbeit des Dieselmechanikers selbst in Augenschein nehmen: Der Boden glänzte blitzsauber, von Dieselgeruch keine Spur. Als wir Schigalkin selbst befragten, senkte dieser den Blick und bestätigte, alles habe sich tatsächlich so zugetragen, wie von seinem Chef berichtet. Er zeigte uns sogar seinen Wunderlappen, der nach all der harten Arbeit in einer Ecke ruhte. Im Grunde war die Sache allen klar, doch Charin berichtete so überzeugend von Schigalkins heldenhaftem Einsatz und schien so felsenfest an seine eigene Geschichte zu glauben, dass ihm unsere Kommission fast schon Respekt zollen musste. Als der Chef der nahen Nachbarn von der Sache erfuhr, drängte er darauf, Ermittler aus Moskau kommen zu lassen, doch am

Ende kam Charin tatsächlich mit der Sache durch. Botschafter Samoilenko wollte sich wenige Monate vor seiner Rückkehr nach Moskau die Statistik nicht durch einen Riesenskandal verderben lassen. Als Leiter der diplomatischen Mission trug er die Verantwortung für alles, was auf dem Gelände der Botschaft geschah. Das Wichtigste an jeder Untersuchung ist ja, dass man am Ende nicht selbst als der Schuldige dasteht. Und ich schließe nicht aus, dass unser Botschafter selbst einen gewissen Anteil an der wundersamen »Verdampfung« des Dieselkraftstoffs gehabt haben könnte.

Damit war der Fall zu Ende. Unsere Untersuchungskommission stellte fest, dass sieben Tonnen Dieselkraftstoff fehlten, aber wo sich dieser befand und wer schuld an der ganzen Sache war, blieb offiziell ein Rätsel. Der Haustechniker Charin sollte noch einige Jahre unauffällig mit uns zusammenarbeiten.

Ein untypischer Vorgesetzter

Natürlich waren nicht alle im Botschaftsteam korrupt, beschränkt oder beides zugleich. Es gab durchaus immer wieder echte Profis darunter, zu denen man aufschauen konnte. Der Gesandte-Botschaftsrat Wjatscheslaw Viktorowitsch Lukjanow, der etwa ein halbes Jahr nach meiner Ankunft in Phnom Penh sein Amt antrat, gehörte definitiv zu dieser Kategorie. Wir kamen hervorragend miteinander aus, da wir beide jegliche Form von Kriecherei, Obrigkeitshörigkeit und ähnlichen bürokratischen »Tugenden« ablehnten. Selbst frei von Hochmut, duldete dieser neue Gesandte-Botschaftsrat – vom Rang her die Nummer zwei der Botschaft – weder Inkompetenz noch Dummheit oder Schleimerei.

Lukjanow war ein überaus belesener, gebildeter und intelligenter Mensch. In seiner Gesellschaft wurde einem nie langweilig. Obwohl er nicht mehr der Jüngste war, hatte er sich seine Neugier auf neue Dinge bewahrt. Im Gegensatz zu den meisten Chefs, die einem ihre persönliche und berufliche Erfahrung auf Schritt und Tritt unter die Nase rieben, betonte Lukjanow immer wieder, wie wichtig ihm gerade die Ratschläge von jungen Menschen seien. Leider ist Lukjanow inzwischen verstorben, aber für mich symbolisiert er noch heute das Ideal einer Führungspersönlichkeit. Unter seiner Leitung habe ich mich stets besonders angestrengt – nicht etwa, weil ich seinen Zorn fürchtete, sondern weil es mir peinlich gewesen wäre, ihn zu enttäuschen. Dabei war Lukjanow jegliches Mikromanagement völlig fremd – auch darin unterschied er sich von den meisten anderen leitenden Beamten im Außenministerium.

Als ich später selbst Teamchef in der Mongolei und Abteilungsleiter in Moskau wurde, habe ich stets versucht, in Lukjanows Sinne zu führen: konkrete Anweisungen zu geben, Fristen zu setzen und die Mitarbeiter nicht mit übertriebener Fürsorge oder Kontrolle verrückt zu machen. Vergleiche ich seinen Stil mit dem meiner anderen Vorgesetzten, so stelle ich fest, dass eine angespannte Atmosphäre im Team dazu führt, dass die Mitarbeiter ihre Aufträge oft überhastet erledigen, nur damit ihnen der Chef nicht ständig im Nacken sitzt. Was sich zwangsläufig auf die Qualität der Arbeit auswirkt. Auch wenn eine der häufigsten Floskeln des russischen Außenministeriums lautet: »Nach reiflicher Überlegung und gründlicher Prüfung sind wir zu dem Schluss gekommen …«, sind diese Schlüsse in Wirklichkeit oft weder reiflich überlegt noch gründlich geprüft, ja nicht einmal durchdacht: Meist schreibt man, was einem als Erstes in den Sinn kommt, nur um eine langweilige Aufgabe so schnell wie möglich zu erledigen und dann den Bleistift hinzuwerfen.

Ein typischer Vorgesetzter

Lukjanows Nachfolger Wladlen Semiwolos war ein typischer Autokrat und für mich ein Psychopath. Worunter bei einer Gelegenheit auch meine (damals noch zukünftige) Frau zu leiden hatte, die das Schreibbüro der Botschaft leitete.

Sie hatte einen Zweijahresvertrag unterschrieben, der sich allmählich dem Ende näherte. Ihr stand die Option offen, den Aufenthalt um ein weiteres Jahr zu verlängern. Da sie zwar Kambodscha als Land mochte, sich in der Botschaft aber weniger wohlfühlte, wollte sie den Vertrag auslaufen lassen.

Botschafter Samoilenko war jedoch nicht geneigt, sich seine verbleibende Amtszeit – die in einem Jahr enden würde – mit der Suche nach einer neuen Schreibbüroleiterin zu verderben. Also begann der für Personalfragen zuständige Semiwolos sie mit Nachdruck zu einer Vertragsverlängerung zu überreden.

Sie begriff, dass man ihre Ankündigung, sie werde die Botschaft verlassen, in der Chefetage nicht wirklich ernst nahm. Über gute Kontakte in Moskau fand sie daraufhin selbst eine junge Dame, die bereit war, sie in Phnom Penh abzulösen und auch gleich mit den Anmeldeformalitäten für diesen Job begann. Als jedoch Semiwolos davon erfuhr, rief er selbst in Moskau an und stoppte den Prozess.

Im darauffolgenden Sommer fuhr Botschafter Samoilenko für fast zwei Monate nach Moskau, ohne zu ahnen, dass er die Leiterin seines Schreibbüros bei seiner Rückkehr nicht mehr antreffen würde. Dies sorgte wiederum bei Semiwolos für Nervosität, war ihm doch klar, dass er den geballten Unmut seines Chefs ernten würde, wenn sie ihre Ankündigung wahr machte und ging. Verzweifelt erkundigte er sich in der Moskauer Zentrale, ob man eine Mitarbeiterin des Schreibbüros strafrechtlich belangen könne, wenn diese ihre Arbeitsstelle ohne entsprechenden Ersatz verlasse. Die Personalabteilung reagierte konsterniert, ein solcher Straftatbestand müsse erst noch erfunden werden. Eilig stieß Semiwolos daraufhin den Registrierungsprozess ihrer Ablösung wieder an, nahm aber persönlich Rache, indem er der Botschaftsverwaltung wohl verbot, ihre Flugtickets nach Moskau zu bezahlen und ihr ihren Reisepass auszuhändigen. (Dass Reisepässe von Botschaftsmitarbeitern in einem eigenen Safe aufbewahrt werden, ist übrigens nichts Ungewöhnliches.)

Sie ließ sich davon nicht beirren und buchte ihr Flugticket auf eigene Kosten. Der Buchhaltung wurde die Sache dann wohl auch zu riskant – das Ganze grenzte ja schon an Einschränkung der persönlichen Bewegungsfreiheit –, und so erstattete man ihr einige Tage vor Abflug das Geld für ihr Ticket und händigte ihr schließlich auch ihren Pass aus.

Eine Frage der Einstellung

Im russischen Außenministerium hat sich seit den Sowjetzeiten nichts geändert. Letztlich hat man nur das Namensschild ausgetauscht, die Abteilungen zu Departements umgetauft und die Abteilungsleiter zu Departementdirektoren erhoben. Die grundsätzliche Arbeitsweise aber ist gleichgeblieben, und auch den Hochmut gegenüber den einfachen Angestellten gibt es noch immer. Was jedoch verschwunden ist, ist das sowjetische System – und damit auch die systemische Sicht auf die Welt und die Politik.

Was Kambodscha anging, so fehlte jegliche strategische Vision: Warum brauchten wir dort überhaupt eine Botschaft, welche Ziele wollten wir in den Beziehungen erreichen? Letztlich war die Botschaft nur damit beschäftigt, sich selbst am Leben zu erhalten: Man erledigte interne Routineaufgaben wie Personalfragen und Buchführung, erstellte Presseübersichten – und handelte dabei genauso wie die überwältigende Mehrheit aller russischen Auslandsvertretungen. Es war also einerseits im Grunde nichts zu tun, andererseits kontrollierten unsere Vorgesetzten ständig den Fortgang unserer Arbeit. Diese kognitive Dissonanz nötigte so manchen Mitarbeiter, dem produktive Ergebnisse wichtiger waren als die Nachahmung hektischer Geschäftigkeit, schon bald seine Kündigung einzureichen.

Vom Umgang mit autoritären Herrschern

Im Rahmen meiner Botschaftsarbeit hatte ich unter anderem mit dem russischen Buch-Export-Import-Unternehmen Meschkniga zu tun – genauer gesagt, mit dessen philatelistischer Tochtergesellschaft, die auch im Bereich Druckmaschinen tätig war. Einer der Vertreter von Meschkniga, ein Mann namens Merkulow, lebte schon länger in Kambodscha, hatte hier eine Familie gegründet und wohnte in einer großen Villa. Damals hatte er sich ein neues Auto gekauft, und ich war ihm bei der Zollabfertigung behilflich. Bei dieser Gelegenheit erfuhr ich von ihm und seinen Kollegen so einige Dinge über sein Geschäft. So zeichnete sich Mitte der 2000er-Jahre ein sehr interessanter Auftrag am Horizont ab: Die kambodschanische Regierung suchte einen Dienstleister für den Druck neuer Banknoten.

Der Druck von Banknoten ist bekanntlich ein hochsensibles Geschäft, solche Verträge erfordern ein hohes Maß an Kooperation und gegenseitigem Verständnis. Merkulow informierte die Unternehmensführung in Moskau, alle wichtigen Entscheidungen würden in Kambodscha von einer Person getroffen: Premierminister Hun Sen. Ihn gelte es, von den Vorteilen eines Vertrags mit Russland zu überzeugen, und zugleich müsse man ihm unser Angebot natürlich »schmackhaft machen«.

Nach einer gewissen Bedenkzeit beschloss die Moskauer Führung, Hun Sen mehrere gepanzerte Oberklasse-Mercedes zu »schenken«. Die Bestellung kostete eine stattliche Summe, und das »Geschenk« wurde in Phnom Penh mit großem Pomp übergeben. Hun Sen reagierte erfreut und schüttelte allen die Hand. Der Auftrag zum Drucken des Geldes ging letztlich aber an die französische Konkurrenz. Diese hatte Hun Sen einen Hubschrauber »geschenkt«, und offenbar mochte der Diktator Hubschrauber noch lieber als dicke Autos.

3 INTERNATIONALE ORGANISATIONEN

KRIEGE UND KONFLIKTE – DIE FETTEN NULLERJAHRE – MEDWEDEW ALS HOFFNUNGSTRÄGER

MOSKAU (2006–2009), DEPARTEMENT FÜR INTERNATIONALE ORGANISATIONEN (DMO) DES RUSSISCHEN AUSSENMINISTERIUMS, ALS DRITTER SEKRETÄR

Ein neuer Einsatzort

Im Jahr 2006 kehrte ich aus Kambodscha nach Moskau zurück und begann im Departement für Internationale Organisationen (DMO) zu arbeiten, eine der renommiertesten Abteilungen des russischen Außenministeriums. Bereits in Phnom Penh hatte ich immer wieder gehört, das DMO sei ein Traumjob, ein Sprungbrett für jede diplomatische Karriere. Auch Außenminister Sergej Lawrow hatte dort gearbeitet und das Departement Anfang der Neunzigerjahre sogar geleitet.

Die Stelle im DMO fiel mir natürlich nicht einfach so zu. Vielmehr bat mein Vater einen Bekannten in der Staatsduma, beim Direktor des Departements ein Wort für mich einzulegen. Noch heute ist das im russischen Staatsdienst ein bewährtes Verfahren: Über Empfehlungen einflussreicher Personen kommt man deutlich einfacher an bestimmte Jobs.

Ich vermute, dass für meinen Posten ursprünglich eine andere Person vorgesehen war, die ich dank meiner »administrativen Ressource« aus dem Rennen geschlagen hatte. Da die Leitung der Departements dies nicht hatte verhindern können, wollte man mich offenbar dafür büßen lassen. Den größten »Spaß« mit mir als Neuling machte sich damals Alexander Anatoljewitsch Pankin, der stellvertretende Direktor des Departements und Leiter der Abteilung für multilaterale Umweltpolitik.

Ich hatte mich kaum in der Abteilung vorgestellt, als Pankin meinte, es sei viel zu tun, ich müsse sofort loslegen. Offensichtlich wollte er mir irgendein wichtiges Projekt zuschieben, damit ich als Novize alles vermasselte und er mich beim Direktor guten Gewissens anschwärzen konnte.

Trotz seiner feindseligen Haltung mir gegenüber (er sollte später mehrmals erfolgreich meine Beförderung verhindern) war ich von Pankins Tatkraft, Fleiß und Ehrgeiz beeindruckt. Der Mann war zu Höherem berufen, und ich hätte schon damals wetten können, dass er es mindestens bis zum stellvertretenden Minister bringen würde. Elf Jahre später sollte sich dies tatsächlich bewahrheiten – auch wenn dieser zweifellos talentierte Mensch heute all seine Energie und seinen Verstand darauf verwenden muss, Lügen und Desinformation zu verbreiten sowie einen aggressiven Angriffskrieg zu unterstützen. Man stelle sich nur vor, er könnte all seinen Elan für friedliche Zwecke einsetzen!

Am DMO machte man mir von Anfang an das Leben schwer. Offenbar wollte man mich dazu bewegen, entweder erneut auf Auslandsmission zu gehen oder mich in irgendeinem anderen Departement umzusehen. In den ersten Monaten bekam ich nicht einmal einen eigenen Arbeitsplatz: Also nutzte ich die Schreibtische von Kollegen, die gerade unterwegs waren, und saß ansonsten irgendwo in einer Ecke oder sogar auf der Fensterbank. Nach einiger Zeit nahm ich die Sache selbst in die Hand und belegte den Schreibtisch eines Kollegen, der für längere Zeit ins Ausland gegangen war.

Die Vorzüge der Umweltpolitik

Die wichtigste und größte Abteilung des DMO war damals und ist noch heute die Abteilung für Fragen des UN-Sicherheitsrats. Aus ihr gehen in der Regel auch die prominentesten russischen Diplomaten hervor.

Die Abteilung für multilaterale Umweltpolitik, in der ich arbeitete (kurz »Umweltabteilung« genannt), stand insgesamt weniger im Fokus der Aufmerksamkeit, wenngleich sie eine Vielzahl kritischer Themen bearbeitete: den globalen Klimawandel, die Bekämpfung von Wüstenbildung, den Erhalt der biologischen Vielfalt, die Verhinderung der Ausbreitung gefährlicher Krankheiten und vieles mehr. Während diese Themen international zunehmend an Bedeutung und Dringlichkeit gewannen, rückten sie bei der russischen Staatsführung und im Ministerium immer mehr in den Hintergrund. Zu sehr war man dort mit abwegigen Geschichtsfantasien, dem eigenen Machterhalt sowie dem Führen von Kriegen beschäftigt.

Einen entscheidenden Vorteil hatte die Umweltabteilung aber doch, und zwar geografischer Art: Während die Mitarbeiter der Abteilungen Sicherheitsrat und Krisenreaktion in der Regel meist nur nach New York, Genf oder Wien – die wichtigsten Treffpunkte der Diplomatie – reisten, war unser Handlungsradius nahezu unbegrenzt: Zwar war Nairobi als Sitz des Umweltprogramms der Vereinten Nationen (UNEP) sozusagen »Hauptstadt« der UN-Umweltaktivitäten, internationale Veranstaltungen zu diesem Themenkomplex fanden aber überall auf der Welt statt. So flogen meine Kollegen damals beispielsweise nach Uganda zu einer Veranstaltung der Internationalen Naturschutzunion, nach Kolumbien zur Konferenz der Welttourismusorganisation, nach Aserbaidschan zu den Sitzungen des Teheraner Rahmenabkommens zum Schutz des Kaspischen Meers und sogar nach Grönland.

Neue Besen kehren gut

Im Jahr 2007 ging unser Abteilungsleiter Kononutschenko für längere Zeit nach New York. Er wurde durch Oleg Anatoljewitsch Schamanow ersetzt, der sich zuvor in der Genfer Ständigen Vertretung ebenfalls mit Fragen der Umweltpolitik befasst hatte und nun turnusgemäß nach Moskau zurückgekehrt war.

Gleich am ersten Tag auf seinem neuen Posten verkündete er: »Mein Wahlspruch stammt von Jawaharlal Nehru: ›*I am not interested in the reasons for delay, I am interested in the job done.*‹ Anders gesagt: Wo und wann Sie sich Ihrer Arbeit widmen, ist mir egal. Hauptsache, Sie erledigen Ihre Aufträge ordentlich und fristgerecht.«

Darin unterschied sich Schamanow von der großen Mehrheit der Mikromanager im Außenministerium, Kononutschenko eingeschlossen. Er war tatsächlich in der Lage, den eigenen Mitarbeitern zu vertrauen und ihnen maximale Freiheit zu gewähren – ähnlich wie Lukjanow damals in Kambodscha. Das Betriebsklima in der Abteilung besserte sich merklich, und auch ich selbst ging nun wieder zuversichtlich und gut gelaunt ins Ministerium.

Was mich, den Dritten Sekretär Bondarew anging, so war für Schamanow klar, dass er nicht nur »Löcher stopfen«, sondern sich tatsächlich nützlich machen sollte. Erst unter ihm begann ich richtig zu arbeiten – und trat allein im Jahr 2008 vier Dienstreisen an.

Meine erste Reise führte mich im Januar nach Peking zu einem Seminar im Rahmen der UN-Wüstenkonvention. Die gewaltige Architektur der chinesischen Hauptstadt schien dem Besucher zu verkünden: »Wir sind ein großes Reich – und ihr seid niemand.« Obwohl ich seitdem noch viele Male in China gewesen bin, ist mir dieser erste Eindruck immer noch am deutlichsten in Erinnerung.

Der Krieg mit Georgien – die Vorgeschichte

Um den Georgienkrieg von 2008 zu verstehen, müssen wir zunächst über die schwierigen Beziehungen zwischen drei transkaukasischen Völkern – Georgiern, Abchasen und Osseten – sprechen.

Alle drei Völker haben eine teils jahrhundertelange Geschichte eigener Staatlichkeit. Zu unterschiedlichen Zeiten befanden sie sich entweder unter dem Protektorat des russischen Zarenreiches oder sind direkt in Russland eingegliedert worden. Stets haben sie dabei großen Wert auf die Bewahrung ihrer kulturellen Identität gelegt.

Die Nationalitätenpolitik der Bolschewiki führte 1921 zur Gründung der Georgischen Sozialistischen Sowjetrepublik im Rahmen der UdSSR.

1922 wurde Südossetien Teil der Georgischen SSR – obwohl es dort zwischen 1918 und 1920 mehrere Aufstände gegen die georgischen Behörden gegeben hatte, mit dem Ziel eines Beitritts zu Sowjetrussland. Auch Abchasien war zunächst eine eigene Unionsrepublik, ging jedoch in den 1930er-Jahren in der Georgischen SSR auf. Das schon sehr lange zu Russland gehörige Nordossetien wurde 1936 zunächst Teilrepublik der RSFSR, später dann der Russischen Föderation.

Die Osseten sind somit heute faktisch ein geteiltes Volk, das sowohl innerhalb Russlands als auch im – völkerrechtlich umstrittenen – Südossetien lebt.

Mit dem Austritt Georgiens aus der UdSSR 1991 begannen auch die Abchasen und Südosseten ihren Wunsch nach Souveränität zu bekunden. Die georgischen Behörden – die eben erst von ihrem Selbstbestimmungsrecht Gebrauch gemacht hatten – pochten nun aber auf territoriale Integrität und verweigerten beiden Teilrepubliken die Unabhängigkeit. Als sich diese offiziell für unabhängig erklärten, entsandte Georgien schließlich Truppen, um diese »separatistischen Tendenzen« zu unterdrücken.

So entbrannte Anfang der 1990er-Jahre erst der Georgisch-Südossetische, dann der Georgisch-Abchasische Krieg. Letzterer endete mit einer Niederlage Georgiens und der De-facto-Unabhängigkeit Abchasiens.

Die russische Führung wurde 1992 und 1993 von inländischen wie ausländischen Beobachtern scharf kritisiert, sie schenke den südlichen Grenzen des Landes kaum Aufmerksamkeit. Moskau hatte jedoch anderes zu tun, als irgendwelchen Kriegen in Transkaukasien – noch dazu auf fremdem Staatsgebiet – zu folgen. Erst als die Russische Föderation ihre eigenen Probleme Ende 1993 in den Griff bekommen hatte, wurde sie in beiden Konflikten aktiv, erwirkte schließlich das Ende der Kampfhandlungen und stationierte Friedenstruppen entlang der Demarkationslinien.

Mit Putins Amtsantritt schlug sich Moskau endgültig auf die Seite der Abchasen und Südosseten, zumal Georgien – auch in diesen beiden Konflikten – erkennbar um die Unterstützung des Westens warb. In Abchasien und Südossetien wurden ab Anfang der Nullerjahre russische Pässe verteilt – eine höchst umstrittene und kurzsichtige Entscheidung, die Moskau jedoch offenbar als sinnvolle Methode betrachtete, die Beziehungen zu diesen kleinen Republiken zu stärken und sie noch mehr an sich zu binden.

Die georgische Führung versuchte jedoch immer wieder, die beiden »rebellischen Provinzen« zurückzugewinnen, und schürte damit hier wie dort die Angst vor revanchistischen Akten, auch wenn es meist auf reine Kriegsrhetorik hinauslief.

2003 kam es in Georgien zur sogenannten »Rosenrevolution« – die von der russischen Führung natürlich sofort als »illegitimer« Umsturz bezeichnet wurde. Der neue georgische Präsident Micheil Saakaschwili wurde 2007 erneut im Amt bestätigt und beschloss daraufhin, das nach wie vor schwelende Südossetien-Problem ein für alle Mal zu lösen. So begann 2008 die georgische Militäroffensive gegen Südossetien, das militärisch weitaus schwächer war als Abchasien. Russland antwortete darauf mit der sogenannten Operation »Erzwingung des Friedens« – die heute allgemein als Georgien- oder Kaukasuskrieg 2008 bekannt ist.

Operation »Erzwingung des Friedens« 2008

Bereits am ersten Tag der russisch-georgischen Kampfhandlungen verfolgte ich mit meinen Kollegen, wie sich Botschafter Tschurkin im UN-Sicherheitsrat den unbequemen Fragen seiner westlichen Kollegen stellte. Dabei wich er ständig der Frage aus, ob russische Truppen georgisches Territorium betreten hatten oder nicht. Ich weiß nicht, ob er auf entsprechende Anweisungen oder aus persönlicher Initiative handelte – beides ist möglich. Jedenfalls sagte er mit keinem Wort, wir hätten die Grenze eines fremden Landes überschritten. Wir jüngeren Diplomaten wollten damals vor allem bestätigt wissen, dass die russischen Streitkräfte auf internationalem Boden das Richtige taten. Einerseits imponierte uns Tschurkins Fähigkeit, dem Druck standzuhalten und sich von aggressiven Gesprächspartnern nicht provozieren zu lassen, andererseits verursachte sie eine kognitive Dissonanz: In all den Jahren unserer Arbeit hatte unsere Führung stets von der Größe Russlands gesprochen, von seinem historischen Recht auf Dominanz in der Region – gleichzeitig aber weigerten sich unsere Spitzenbeamten hartnäckig, die Dinge beim Namen zu nennen. Wenn wir uns im Recht sahen, mit unserer Armee in ein fremdes Land einzudringen, warum konnten wir das nicht einfach zugeben? Warum flüchteten wir uns ständig in unverbindliche Äußerungen?

Der schnelle Verlauf des Krieges und die Effektivität des russischen Militärs trugen damals dazu bei, dass man den Feldzug gegen Georgien in der Öffentlichkeit als Erfolg wertete. Auch interpretierte eine Mehrheit der Gesellschaft die russische Intervention als Hilfseinsatz für die Osseten, die man nicht schutzlos der georgischen Armee ausliefern wollte. Im russischen Internet las man damals nicht selten, wir sollten Tbilissi gleich ganz einnehmen und uns Georgien »zurückholen« – eine Ansicht, die glücklicherweise niemand unserer offiziellen Vertreter teilte. Im Allgemeinen war man sowohl im Außenministerium als auch in der russischen Gesellschaft der Ansicht, Russland sei hier nicht wesentlich anders vorgegangen als seinerzeit die NATO gegen die Serben im Kosovokonflikt von 1999. Auch damals hatten sich ja die Kosovo-Albaner von Serbien abspalten wollten. Nur habe Russland seine Operation deutlich effektiver und schneller durchgeführt. Für viele Russen war dieser Konflikt im Grunde nicht mehr als ein spannender Thriller im Reality-TV-Format, der die Mehrheit der Bevölkerung nicht sonderlich betraf. Sicher, es gab Proteste, und die damals schwerbeschädigten Beziehungen zu Georgien sind bis heute nicht wiederhergestellt, aber weder in wirtschaftlicher Hinsicht noch im Alltag hatte der Krieg spürbare Folgen.

Zudem hatte Saakaschwili als Erster mit den Kampfhandlungen begonnen, was die Internationale EU-Untersuchungskommission zum Krieg im Südkaukasus im August 2008 auch anerkannte. Diese Tatsache trug ebenfalls dazu bei, dass die russischen Truppen in den besetzten Gebieten eher als Friedenstruppen denn als Aggressoren wahrgenommen wurden. Der Bericht der Untersuchungskommission stellt allerdings auch fest, die militärische Antwort Russlands sei damals weit über ein angemessenes Maß hinausgegangen.

Die blutigen Auseinandersetzungen von 1992 und 1993 lassen vermuten, dass eine Invasion georgischer Truppen in Südossetien oder Abchasien dort höchstwahrscheinlich zu ethnischen Säuberungen und Massakern geführt hätte. In dieser Situation erschien uns der Versuch, Georgien zum Frieden zu zwingen, nicht als Ausdruck von Imperialismus oder Großmachtgehabe – zumal sich dies lange vor jeglichen Ereignissen in der Ukraine zutrug. Außerdem hat die russische Gesellschaft Transkaukasien nie als »angestammtes russisches Gebiet« betrachtet, und niemand dachte ernsthaft, man müsse diese Gebiete »heim ins Reich« holen.

Ich glaube aber auch nicht, dass das Eingreifen Russlands in den Konflikt zwischen Georgien und seinen abtrünnigen Republiken ausschließlich aus humanitären Gründen geschah. Mit derlei öffentlicher Rhetorik verschleierte die russische Führung nur ihre wahren Motive, die weitaus prosaischer waren: In Wahrheit ging es Russland vor allem darum, zu demonstrieren, dass im Kaukasus kein einziges Problem ohne russische Beteiligung gelöst werden kann. Man wollte sich als Schutzmacht in Szene setzen, die den Völkern der Region noch immer diktieren konnte, wie sie ihr Leben zu leben hatten.

Eine nicht geringe Rolle dürfte bei der militärischen Operation natürlich auch gespielt haben, dass der weltgewandte Micheil Saakaschwili 2003 ausgerechnet den alten sowjetischen Haudegen Eduard Schewardnadse – immerhin Außenminister unter Gorbatschow – im Zuge der Rosenrevolution aus dem Amt gedrängt hatte. Wie wir wissen, kann Putin Revolutionen und Volksaufstände überhaupt nicht leiden. Spätestens ab diesem Zeitpunkt galt die georgische Regierung im Kreml als »feindlich«.

Parallelen zu Berg-Karabach

Zwischen den Ereignissen von 2008 und dem Konflikt um die armenische Enklave Berg-Karabach von 2020 gibt es eine direkte Parallele: Putin hat Armenien unterstützt, solange das Land von Robert Kotscharjan beziehungsweise Sersch Sargsjan regiert wurde, zwei Politfunktionären, die Putin sowohl vom Alter als auch von ihren Ansichten her entsprachen. 2018 erlebte Jerewan jedoch seinen eigenen »Maidan« (die sogenannte »samtene Revolution«): Das Volk hatte die allgemeine Korruption und die Inkompetenz der Regierung satt und wählte mit Nikol Paschinjan einen Mann zum Premierminister, der Putin unbekannt war – und ihm nichts »schuldete«. Daraufhin verschlechterte sich Moskaus Haltung gegenüber Armenien deutlich: Als 2020 der aserbaidschanische Diktator Ilham Alijew gegen Berg-Karabach in den Krieg zog, rührte Putin keinen Finger, um den Armeniern zu helfen. Dies beweist erneut, dass Putin auf Freiheit, Selbstbestimmung und Menschenrechte nichts gibt. Er ist allein getrieben von seiner Machtgier, seinen persönlichen Befindlichkeiten und dem Wunsch, freie Willensäußerungen der Bevölkerung grundsätzlich zu unterdrücken.

Was Abchasien und Südossetien betrifft, so müssen wir leider feststellen, dass sie als »Geiseln« von Putins Politik dazu verdammt sind, in ihrem völkerrechtlich nicht anerkannten Status zu verharren. Das ist generell das Problem von Doppelstandards in der Politik: Den einen gewährt man die Selbstständigkeit, anderen dagegen nicht. In einer solchen Situation findet sich immer jemand, der das Völkerrecht und dessen Grundsätze ausschließlich im eigenen Interesse auslegt.

Die Lage im Kaukasus wird somit durch eine ganze Reihe von Faktoren verkompliziert, die eine diplomatische Lösung sehr schwierig machen. Dennoch ist es unabdingbar, die Lage stets von verschiedenen Seiten zu betrachten. Schwarz-Weiß-Malerei mag in den Medien und in der politischen PR gut funktionieren, ist aber der Suche nach Kompromissen nicht förderlich.

Aus Putins Sicht mag der Georgienkrieg eine Art Blaupause für den Konflikt in der Ukraine sein – in Wirklichkeit haben die beiden Kriege jedoch nichts gemeinsam. Während die separatistischen Bestrebungen der Abchasen und Südosseten bereits etliche Jahrzehnte alt und tief in ihrer Geschichte verwurzelt sind, wurde der »Separatismus« im Donbass sowie auf der Krim künstlich – und unter aktiver Mitwirkung Russlands – geschaffen.

Das Scheitern der Militärreform

Trotz des Sieges offenbarte der Kaukasuskrieg viele Probleme in der russischen Armee. Diese trug schwere Verluste davon, vor allem bei der Technik. So wurden mehrere russische Flugzeuge abgeschossen, darunter auch ein Langstreckenbomber des Typs Tu-22M3, der ja auch für den Transport von Langstrecken-Marschflugkörpern gegen große geschützte Ziele wie zum Beispiel Flugzeugträgerverbände ausgelegt ist. Ob der Einsatz solcher Mittel im Georgienkonflikt angemessen war – und dann auch noch mit solchen Verlusten –, wurde sowohl von Militärexperten als auch in diplomatischen Kreisen durchaus kontrovers diskutiert.

All diese Umstände beschleunigten die nun folgende Militärreform unter Federführung des damaligen Verteidigungsministers Anatoli Serdjukow. Auch wenn dieser später wohl zu Recht der Korruption beschuldigt wurde (welcher Spitzenbeamte Putins ist nicht korrupt?), meinten einige Offiziere, mit denen ich sprach, Serdjukow habe tatsächlich versucht, die Armee zu modernisieren und ihre Kampfkraft zu erhöhen. Mit harter Hand wickelte er eine Vielzahl sowjetischer Vermögenswerte ab, die nicht zum Kernbestand der Armee gehörten, schloss unrentable Unternehmen und verringerte die Zahl der Generalsposten. Wofür sich die Generäle mit einer hasserfüllten, vernichtenden PR-Kampagne rächten. In der Folge hörte die Kritik an den Bemühungen des Ministers in militärnahen Medien und Fachkreisen nicht mehr auf: Man warf Serdjukow mangelnde Sachkenntnis sowie ein fehlendes Gespür für die Bedürfnisse der Armee vor und machte sich über ihn lustig, weil er früher einmal im Möbelhandel tätig gewesen war.

Aufgrund einer Reihe von Korruptionsaffären wurde Serdjukow 2012 schließlich entlassen und die Leitung des Verteidigungsministeriums dem erfahrenen Putin-Getreuen Sergej Schoigu übertragen, der sofort damit begann, die vertraute sowjetische Ordnung in den Streitkräften wiederherzustellen und viele Neuerungen zurückzunehmen. So wurde beispielsweise die von Serdjukow eingeführte moderne Brigadestruktur der Streitkräfte wieder durch die altbekannte, aber wenig effiziente sowjetische Einteilung in Divisionen und Korps ersetzt. Auch die Militärbürokratie nahm erneut deutlich zu, ebenso die allgemeine Augenwischerei hinsichtlich des Zustands der Armee.

Vom Jungdiplomaten zum Abteilungsleiter: eine Erfolgsstory

In meiner Anfangszeit im DMO arbeitete dort auch ein gewisser Alexej Gospodarjow, der nur ein Jahr älter war als ich. Er stammte wohl aus Kuban oder aus dem Rostower Gebiet und sprach mit einem typisch südrussischen Akzent. Für einen einfachen Mitarbeiter des Außenministeriums trug er ungewöhnlich hochwertige Anzüge, und man sah ihm an, dass er nicht nur vom Gehalt eines Dritten Sekretärs von 12 000 Rubel (nach damaligem Kurs rund 340 Euro) lebte.

Irgendwann sprach sich im Departement herum, er sei befördert worden. Aber nicht etwa auf die nächsthöhere Stelle in der diplomatischen Rangordnung, sondern gleich zum stellvertretenden Abteilungsleiter im Landwirtschaftsministerium. Ein erstaunlicher Karrieresprung für einen noch nicht mal 30-jährigen Diplomaten, wenn man bedenkt, wie wenig sich die Befugnisse und Kompetenzen der Mitarbeiter des Außen- und des Landwirtschaftsministeriums decken. Natürlich recherchierten wir sofort im Internet und fanden heraus, dass ein Namensvetter unseres Kollegen mehrere landwirtschaftliche Betriebe in Südrussland besaß. Das passte natürlich zusammen. In Alexander Gribojedows berühmten Schauspiel *Verstand schafft Leiden* (1824) gibt es dazu eine sprichwörtlich gewordene Zeile, die diese gute russische Tradition treffend zum Ausdruck bringt: »Wie sollte man Verwandte nicht belohnen?«

Damit sollte Gospodarjows Karriere jedoch noch nicht ihren Höhepunkt erreicht haben. Nach ein paar Jahren wechselte er als Departementdirektor ins Ministerium für Industrie und Handel und leitete später noch ein weiteres Departement im Energieministerium. Ich will nicht verhehlen, dass ich ihn damals beneidete. Natürlich kränkte es mich, dass ich in meinem eigenen Ministerium nach wie vor auf eine Beförderung wartete, während der Kollege bereits in einer völlig fachfremden Behörde in leitender Funktion diente. Im Laufe der Jahre ist mir aber einiges klar geworden: Wenn ein junger Mann mit gerade mal 27 Jahren einen leitenden Posten übernehmen darf, erwartet man von ihm, dass er als Gegenleistung die »richtigen« Dokumente unterzeichnet und Entscheidungen trifft – natürlich im Interesse derer, die ihm diesen Posten verschafft haben. Mit anderen Worten: Obwohl sein Status eigentlich unabhängiges Handeln nicht nur zulässt, sondern sogar erfordert, ist ihm dies völlig unmöglich: Er muss die Erwartungen seiner »Paten« erfüllen und darf sich keine »Eigeninitiative« leisten. Letztere ist in so jungen Jahren ohnehin unmöglich: Ein vielköpfiges Team zu leiten und für ein ganzes politisches Ressort eines riesigen Landes Verantwortung zu tragen, erfordert nicht nur Berufs-, sondern auch Lebenserfahrung. Ich habe daher große Zweifel, dass mein erfolgreicher Kollege die russische Landwirtschafts-, Energie-, Handels- oder Industriepolitik wirklich bereichern konnte. Sich und seine Familie bereichert hat er aber durchaus – so viel ist gewiss.

Die fetten Nullerjahre

Bereichert haben sich damals viele. Nicht umsonst nennt man diese Zeit heute die »fetten Nullerjahre«. Die ersten beiden Amtszeiten Putins waren in wirtschaftlicher Hinsicht recht erfolgreich: Der rasante Anstieg der Öl- und Gaspreise führte dazu, dass der Staat immer reicher wurde und es auch den Bürgern erlaubte, die Krümel an seinem Tisch aufzuklauben. Im Vergleich zu den Neunzigerjahren waren selbst diese Krümel eine Menge Geld: Noch nie hatten die Russen so gut gelebt! Auf einmal gab es Verbraucherdarlehen und Hypotheken, verstopften Unmengen kreditfinanzierter Mittelklassewagen die Straßen Moskaus, ein Bauboom setzte ein – auch dies vor allem in Moskau, denn die vielen Zuzügler aus den Regionen benötigten Wohnraum. Das viele Geld reichte damals locker, um Paläste für die Elite zu bauen und trotzdem die sozialen Verpflichtungen des Staates zu erfüllen. Problematischer war allerdings der dringende Sanierungsbedarf der alten, oft noch sowjetischen Straßeninfrastruktur. Auch schlossen aufgrund des Bevölkerungsschwunds in den Regionen immer mehr Krankenhäuser und Schulen oder hielten sich gerade noch so mit ihrer völlig veralteten Ausstattung über Wasser. Wurden irgendwo neue Geräte und Maschinen angeschafft, wusste kaum jemand, diese zu bedienen, sodass sie ungenutzt in den Lagerhäusern herumstanden. Zunehmend hatten die Menschen das Gefühl, dass die Regierung die Probleme im Land zu lösen versuchte, indem sie einfach nach dem Gießkannenprinzip Geld verteilte. Die eigentlichen Probleme – wachsendes Wohlstandsgefälle, zunehmende Polizeiwillkür, Wildwuchs der Bürokratie, mangelnde Aufstiegschancen für sozial Benachteiligte, allgegenwärtige Korruption sowie das Fehlen einer Zukunftsvision für das Land und seine Bevölkerung – verschwanden nicht, sondern wurden nur vorübergehend von bunten Schlagzeilen überdeckt: Da richtete man irgendwo eine Sonderwirtschaftszone ein, die den Wohlstand der Bürger innerhalb weniger Jahre um ein Vielfaches steigern sollte, für irgendeine Dorfschule gab es neue PC-Räume und für ein medizinisches Zentrum in einer fernen Region wurden hypermoderne Geräte angeschafft. Sobald die Journalisten wieder fort waren, interessierte niemanden mehr, was aus all diesen teuren Projekten wurde und ob sie irgendeinen konkreten Nutzen brachten – oder ob der PC-Raum, wie so manch andere grandiose Initiative, dann nicht doch wieder geschlossen wurde, weil die 70-jährige Informatiklehrerin keine Ahnung hatte, wie man die neumodischen Tablets bedient.

Bekannte meines Vaters, die wie er in der Wirtschaft tätig waren, berichteten mir damals von den Schattenseiten des Unternehmerdaseins in Russland: von Schmiergeldzahlungen an Beamte der Stadtverwaltung und von der unter dem Jargonbegriff *raspil* (wörtl. »Zersägen, Zersägtes«) bekannten Veruntreuung von Staatsgeldern. Generell war klar, dass trotz nach außen hin demonstriertem Wachstum und Reichtum das System selbst strukturelle Fehler aufwies.

Ein eher mittelmäßig erfolgreicher Geschäftsmann erzählte mir, er habe zwei wichtige Kontakte im FSB: Einer der beiden, ein Oberst, arbeite sogar im Vorzimmer des FSB-Direktors Nikolai Patruschew (wo der andere angeblich beschäftigt war, ist mir entfallen). Monatlich müsse er an beide jeweils 10 000 Dollar abdrücken, ohne konkrete Gegenleistung, gleichsam als Vorleistung für den Fall, dass er irgendwann mal Probleme bekäme. Er räumte jedoch ein, sollten die Polizei, die Staatsanwaltschaft oder auch andere FSB-Abteilungen an seinem Geschäftsfeld »Interesse finden«, würden sie sich wahrscheinlich einfach mit seinen Kontaktleuten im FSB einigen und sein Business untereinander aufteilen, anstatt sich gegenseitig zu bekämpfen.

Nun muss man sich vorstellen, dass es einige Tausend solcher Unternehmer gibt, und jeder von ihnen hat ein paar solcher »Bekannter« beim FSB oder bei anderen *Silowiki* (von russ. *sila* »Kraft, Macht, Gewalt«, oft übersetzt als »Gewalt- oder Machtbehörden«), zum Beispiel im Verteidigungs- oder Innenministerium. Jeder einzelne Oberst – ganz zu schweigen von den Generälen – in diesen Behörden erhält nicht nur regelmäßig dicke »Honorare« von Dutzenden von Geschäftsleuten, denen sie »Schutz« gewähren, sondern übt auch enorme Macht auf sie aus. Anders als in den Neunzigerjahren, wo man sich mit Hilfe der Miliz (wie man damals die Polizei nannte) vor Banditen rettete und umgekehrt den Schutz der Banditen suchte, um sich den Übergriffen der Miliz zu entziehen, sind die einen von den anderen heute kaum noch zu unterscheiden.

Sobald der Umsatz eines Unternehmens 1 Million Dollar jährlich erreicht (außerhalb Moskaus können andere Beträge üblich sein), ist das Interesse gewisser Herrschaften geweckt. Man bekommt dann womöglich einen Anruf, ob man nicht etwas davon »teilen« wolle – oder vielleicht sogar gleich das ganze Unternehmen verkaufen, natürlich weit unter Marktwert. Wer sich widersetzt und auf seinen Eigentumsrechten besteht, wandert wenig später wegen finanzieller Unregelmäßigkeiten in den Knast – so hindert niemand mehr die interessierten Parteien daran, das Unternehmen in aller Ruhe zu zerschlagen und untereinander aufzuteilen.

In der Regel verstehen die meisten Unternehmer den Wink mit dem Zaunpfahl auf Anhieb, und so landen oft über Jahre hinweg aufgebaute Firmen in den raffgierigen Händen irgendwelcher »Schulterklappenträger«, die sie oft innerhalb kürzester Zeit komplett herunterwirtschaften. Die *Silowiki* lieben es ja, sich anderer Leute Dinge anzueignen, aber an der FSB-Akademie werden einem nun mal weder Unternehmensführung noch Geschäftsentwicklung beigebracht. Davon lassen sie sich jedoch meist nicht beirren, sondern suchen sich einfach ein neues Opfer.

Auch mein Vater erhielt solche Angebote, »die man nicht ablehnen darf«. In den 1990er- und 2000er-Jahren war er als Wirtschaftsprüfer und Berater recht erfolgreich, und so »bat« man ihn eines Tages, seine Unternehmensanteile für ein Fünftel ihres tatsächlichen Marktwerts zu verkaufen. Er willigte damals ein und gründete anschließend selbst ein ähnliches Unternehmen, sicherte dieses aber mit einer »administrativen Ressource« ab, indem er über gute Beziehungen den Posten des stellvertretenden Gouverneurs des Kurgan-Gebiets ergatterte. Dies half ihm jedoch nicht weiter: Man hängte ihm ein Korruptionsverfahren an – eine angeblich unlautere Ausschreibung im Energiesektor –, sodass er für zwei Jahre ins Gefängnis ging. Die gegen ihn erhobenen Vorwürfe hat er nie anerkannt und kämpft bis heute um seine Rehabilitierung. Nach seiner Aussage standen hinter seiner Anklage Kurganer Kohlemagnaten, die mit dem Gouverneur nicht zurechtkamen, sowie Mitarbeiter der Präsidialverwaltung, die den seit über 20 Jahren regierenden und daher mitunter widerborstigen Regionalchef durch einen handsameren »Legionär« ersetzen wollten. Indem sie gleich mehrere Stellvertreter – darunter meinen Vater – vor Gericht brachten, machten sie dem Gouverneur deutlich, er solle den Platz räumen. Und tatsächlich: Nachdem man ihm mehrere neue Stellvertreter vor die Nase gesetzt hatte, zog sich der Gouverneur auf eigenen Wunsch vorzeitig aus seinem Amt zurück.

Medwedew übernimmt die Macht

Abraham Maslow, der Erfinder der sozialpsychologischen Bedürfnispyramide, hatte schon recht: Kaum hatten die Menschen in Russland ihren in den Neunzigerjahren verloren gegangenen Glauben an die Zukunft zurückgewonnen, genügte ihnen das nicht mehr. Nun verlangten sie nach mehr Persönlichkeitsrechten und Möglichkeiten zur Selbstverwirklichung. Dazu hätte es jedoch freierer Rahmenbedingungen bedurft, als sie in Russland in den Nullerjahren existierten. Als Dmitri Medwedew im Jahr 2008 das Amt des Präsidenten übernahm, hofften viele, er könne Putin irgendwie von der Macht »entfernen«. Man wünschte sich eine echte personelle Erneuerung, nicht nur eine dekorative Rochade. Dass es sich dabei um fromme Wünsche handelte, war jedoch ebenso klar. Nur wenige gaben sich der Illusion hin, Medwedew handele selbstbestimmt. Die überwältigende Mehrheit war sich sicher, er sei nur Putins Marionette und solle ihm vier Jahre lang »den Thron warmhalten«, während Wladimir Wladimirowitsch diese Zeit als Ministerpräsident aussaß, um anschließend zum dritten Mal Staatschef zu werden.

Für uns Bürokraten war Medwedews Amtsantritt zunächst mit einigen Unannehmlichkeiten verbunden, die mit der Struktur der russischen Exekutive zusammenhingen.

Der russische Staatsaufbau ist – allen jahrelangen Beschwörungen der »Machtvertikale« zum Trotz – ziemlich unklar und intransparent. Da gibt es einerseits den Präsidenten, der laut Verfassung über enorme Befugnisse verfügt. Andererseits gibt es aber auch die Regierung mit den föderalen Ministerien, Diensten und Agenturen. Ein Teil davon untersteht direkt dem Präsidenten, ein anderer der Regierung. Zu den Präsidialbehörden gehören die oben bereits erwähnten *Silowiki*, also das Verteidigungsministerium, das Innenministerium, der FSB, der FSO (der Sicherheitsdienst des Präsidenten und der Regierung), die Nationalgarde sowie das Außenministerium. Unmittelbarer Vorgesetzter von Minister Lawrow ist also der Präsident, doch als Mitglied der Regierung ist Lawrow zugleich auch dem Premierminister unterstellt.

Die russische Regierung darf man sich nicht so sehr als Gremium vorstellen, in dem die Minister zur gemeinsamen Entscheidungsfindung zusammenkommen, sondern vielmehr als Apparat: Unzählige Departements (deren einzige Aufgabe darin besteht, ihre eigene Existenz zu rechtfertigen) leiten an die Ministerien alle möglichen Anweisungen weiter, über deren Ausführung regelmäßig Bericht erstattet werden muss. Neben dem Regierungsapparat gibt es dann aber noch die Präsidialverwaltung, die letztlich dieselbe Funktion hat, aber eben unmittelbar dem Staatsoberhaupt berichtet. Die Folge ist Dauerstress: Die nie enden wollende Berichtsschreiberei kostet die Ministerien unglaublich viel Zeit und Energie.

Wenn das Außenministerium also Anweisungen von der Präsidialverwaltung oder der Regierung erhielt, waren wir verpflichtet, beiden unverzüglich zu antworten. Brachten wir hingegen selbst Vorschläge ein (etwa ein Abkommen zu schließen oder zu kündigen, eine internationale Veranstaltung in Russland durchzuführen oder Ähnliches), gingen diese Schreiben nur an den Präsidenten, da dieser laut russischer Verfassung die Außenpolitik des Landes bestimmt.

Mit Medwedews Amtsantritt fragten wir uns ernsthaft, an wen all die Berichte nun gehen sollten, die wir bislang Putin geschrieben hatten. Präsident war ja nun jemand anders, und doch hatten wir alle das starke Gefühl, dass die russische Innen- und Außenpolitik nach wie vor von dessen Vorgänger bestimmt wurde. Aus Besorgnis, in irgendein Fettnäpfchen zu treten, erkundigte sich die Leitung unseres Departements sogar telefonisch bei der Präsidialverwaltung, wem das Außenministerium nun de facto unterstellt sei. Am Ende wahrte man doch die Form: Sämtliche Dokumente, die zuvor an Putin gegangen waren, wurden nun Medwedew zugeschickt.

Berufliche Neuorientierung: wieder ins Ausland

Beruflich war mein Hauptproblem noch immer die fehlende Beförderung. Schamanow setzte sich bei meinem Erzfeind Pankin mehrmals für mich ein, bis dieser schließlich eine Lösung anbot, die sowohl meinen als auch seinen Vorstellungen entsprach: Pankin sagte zu, jegliche Unterlagen zur Genehmigung meines neuen Dienstgrads sofort zu unterschreiben, sobald ich mir ein Land für eine neue Auslandsmission ausgesucht hatte – und er somit sicher sein konnte, dass ich das DMO verließ. Auch ich sah ein, dass es sinnlos war, weiter gegen verschlossene Türen anzurennen, und machte mich auf die Suche nach einer geeigneten Auslandsvertretung.

Ausschlaggebend für meine Suche war – neben einer offenen Stelle mit dem entsprechenden diplomatischen Dienstgrad – noch ein weiterer Punkt: Da ich gemeinsam mit meiner Frau verreisen wollte, suchte ich nach einer Auslandsmission, die eine zusätzliche freie Stelle für eine Schreibkraft oder Büroleiterin ausgeschrieben hatte. Ein Leben als Hausfrau kam für meine Frau nicht infrage, und ihre Ausbildung und Berufserfahrung qualifizierten sie für die genannten Stellen. Es fanden sich tatsächlich zwei Länder, die unseren Anforderungen entsprachen: Malta und die Mongolei.

Ich will nicht verschweigen, dass mir die Aussicht, nach Malta zu gehen, verlockend erschien, doch unterhielt Russland zu dem Inselstaat keine engen diplomatischen Beziehungen, weshalb es dort sicher nicht besonders viel zu tun gab. Ich befürchtete, die Kollegen in Moskau würden mir später unterstellen, während meines »Mittelmeer-Urlaubs« die diplomatische Arbeit verlernt zu haben. Zur Mongolei hingegen, die mit Russland ja eine Grenze teilt, waren unsere bilateralen Beziehungen schon immer deutlich intensiver gewesen. Also erwartete ich, dass mir ein Aufenthalt in Ulaanbaatar beruflich mehr bringen würde als in Valletta.

4 DIPLOMATIE ALS INTERESSENVERTRETUNG

UNGENUTZTE POTENZIALE – WAHLRECHT ODER WAHLPFLICHT? – INKOMPETENZ UND INDIFFERENZ

ULAANBAATAR (2009–2013), RUSSISCHE BOTSCHAFT IN DER MONGOLEI, ALS ZWEITER SEKRETÄR

Ankunft in der Mongolei

Am Morgen des 5. Dezember 2009 landeten meine Frau und ich in Ulaanbaatar – und tauchten sofort in den eisigen mongolischen Winter ein: Minus 27 Grad Außentemperatur verdrängten jeden Gedanken an die Schönheit der mongolischen Natur und ließen uns die Kehrseiten des hiesigen Lebens deutlich spüren.

Neben der strengen Kälte, die jedoch in der sehr trockenen mongolischen Luft deutlich besser zu ertragen ist als die weniger kalten Winter in Moskau, fiel mir sofort der starke Brandgeruch auf, den man, wie ich später feststellte, überall in der Stadt wahrnahm.

Ulaanbaatar ist ökologisch stark belastet. Den ganzen Winter über hängt dunkler Smog über der Stadt, der auf das Heizen mit Kohle oder Abfällen in den Jurtenvierteln rund um die Stadt zurückzuführen ist.

Die russische Botschaft machte dagegen einen recht guten Eindruck. Es handelt sich um einen Gebäudekomplex im Herzen der Stadt, nur ein paar Hundert Meter vom zentralen Süchbaatar-Platz entfernt, wo sich das Gebäude der Regierungsresidenz befindet. Hier haben sowohl die mongolische Regierung als auch der Präsident und der Große Staats-Chural – das Parlament des Landes – ihren Sitz.

Die topografische Lage der Botschaft macht deutlich, welch wichtige Rolle die UdSSR einst in diesem Land spielte. Die Sowjetunion – bzw.

damals noch die RSFSR (die 1917 gegründete älteste Sowjetrepublik) – war der erste Staat, zu dem die Mongolei nach ihrer Loslösung von China bereits 1921 diplomatische Beziehungen aufnahm. Noch heute besitzen die russischen Diplomatenkennzeichen den Ländercode 01.

Das Gelände der russischen Botschaft ist nicht so riesig wie das in Phnom Penh, aber auch nicht klein. Es umfasst ein lang gestrecktes, dreigeschossiges Dienstgebäude an der Hauptstraße Enchtaiwan (»Straße des Friedens«) sowie – etwas abseits – einen zwölfgeschossigen Wohnblock, der bis vor Kurzem noch das höchste Gebäude der Mongolei war.

Im Vergleich zur Botschaft in Kambodscha war die Inneneinrichtung des Dienstgebäudes moderner. Die Möbel waren neu und offensichtlich erst vor Kurzem angeschafft worden. Alle Arbeitsplätze waren mit Computern ausgestattet, anders als in Phnom Penh, wo von den einfachen Botschaftsangehörigen nur zwei über eigene PCs am Arbeitsplatz verfügten – und diese so langsam liefen, dass es eine Qual war, damit zu arbeiten.

Als ich in der Botschaft ankam, wurde mir sofort eine »Audienz« bei Botschafter Samoilenko gewährt – auch er war in der Mongolei gelandet –, der mich wiedererkannte und entsprechend freundlich empfing. Er erkundigte sich, welchen Tätigkeitsbereich ich mir am ehesten vorstellen könnte, worauf ich antwortete, dass ich wohl in der außenpolitischen Gruppe am besten aufgehoben wäre. Zumal mir die mongolischen Sprachkenntnisse fehlten, um die innenpolitische Agenda des Landes zu verfolgen. Der Botschafter hatte keine Einwände.

Als Nächstes wurde ich beim Gesandten-Botschaftsrat Alexander Jurjewitsch Schmanewski vorstellig, der mich mit freundlicher Geste in seinem geräumigen Arbeitszimmer empfing. Schon seine erste Bemerkung ließ mich jedoch an seiner Freundlichkeit zweifeln: »Willkommen in der Botschaft. Wie schön, wenn junge Diplomaten mit doppeltem Gehalt hier ankommen und gleich mehr verdienen als der Gesandte-Botschaftsrat!« Er spielte dabei darauf an, dass auch meine Frau als Mitarbeiterin der Botschaft beschäftigt sein würde.

Eine bemerkenswerte Begrüßung.

Die interne Organisation

Ich wurde der außenpolitischen Gruppe zugeteilt. »Gruppen« sind in einer Botschaft im Grunde nichts anderes als Abteilungen, die sich mit bestimmten Themen befassen: So gibt es eine innenpolitische und eine außenpolitische Gruppe, eine Gruppe für wirtschaftliche Angelegenheiten und eine für bilaterale Beziehungen im Allgemeinen. Je nach Größe der diplomatischen Mission kann es weitere Gruppen geben, etwa für kulturelle Beziehungen, Sport, wissenschaftlich-technische Zusammenarbeit und so weiter. All das hängt davon ab, wie weit die Beziehungen zu einem Land entwickelt sind und welche Bedeutung unsere Regierung diesem Land beimisst.

In kleineren Botschaften wie der in Kambodscha wurden innen- und außenpolitische Fragen von jeweils einem Ersten Sekretär bearbeitet, während die bilateralen Beziehungen und Wirtschaftsfragen in die Zuständigkeit eines leitenden Botschaftsrats fielen. In großen Botschaften können solche Gruppen sieben, acht oder sogar mehr als zehn Personen umfassen.

Leiter der außenpolitischen Gruppe war Botschaftsrat Sergej Tschernenko, ein noch recht junger Sinologe, etwas über 40, blass und melancholisch. Ständig sprach er darüber, wie sehr er China vermisse, insbesondere die Stadt Shenyang mit ihren herrlichen Sonnenuntergängen. Auch beschwerte er sich immer wieder über das raue Klima, die ökologischen Probleme und die – wie er meinte – rückständige Zivilisation der Mongolen.

Kein Wunder also, dass er der rauen mongolischen Wirklichkeit regelmäßig mit Hilfe des guten mongolischen Wodkas zu entfliehen versuchte. Wobei er sich stets auf die tatkräftige Unterstützung der »Nachbarn« verlassen konnte.

Ganz abnehmen konnte ich ihm seine Mongolei-Kritik nicht: Natürlich war Shenyang wesentlich größer als Ulaanbaatar, lag aber im nördlichen Teil Chinas, wo das Klima nicht wesentlich besser war als hier, von der ökologischen Situation ganz zu schweigen. (Für die wunderbare

Färbung der Sonnenuntergänge sorgen dort die Emissionen eines gewaltigen Industriekombinats.)

Tschernenko hatte kein gesteigertes Interesse an seiner Arbeit, selbst mein Enthusiasmus als Berufsanfänger riss ihn nicht sonderlich mit. Botschafter Samoilenko hingegen, der kurz vor mir in der Mongolei eingetroffen war, machte sich gleich nach Amtsantritt mit großem Eifer an die Arbeit.

Russische Vermögenswerte

Das Engagement des Botschafters zielte vor allem darauf ab, die Interessen der Russischen Eisenbahnen (abgekürzt »RZD«) und ihrer lokalen Tochter, der noch zu Sowjetzeiten errichteten »Ulaanbaatar-Eisenbahn«, so nachdrücklich wie möglich zu vertreten. Letztere ist noch heute die einzige Eisenbahnlinie, die von Russland über die Mongolei nach China führt – ein paritätisches russisch-mongolisches Gemeinschaftsunternehmen, wobei der russische Teil von RZD geführt wird.

Darüber hinaus interessierten uns in diesem Land noch das Erdenet-Kupferkombinat, das seinerzeit komplett von der Sowjetunion errichtet und dann der Mongolei übergeben wurde und noch heute zu den zehn größten Kupferkonzentrat-Produzenten weltweit gehört, sowie das Unternehmen Mongolroszwetmet, das Fluorit und andere Mineralien im Bezirk Bor-Öndör fördert. Beide Unternehmen wurden seinerzeit in Aktiengesellschaften umgewandelt und die Eigentumsverhältnisse zwischen den mongolischen und russischen Behörden im Verhältnis 51:49 zugunsten Ulaanbaatars aufgeteilt. Dies war offensichtlich ein Fehler seitens Russlands oder bereits der sowjetischen Behörden gewesen, die freiwillig auf eine Kontrollmehrheit verzichtet hatten und daher nach dem Zerfall der Sowjetunion nicht in der Lage waren, ihren eigenen Eigentumsanteil sowie ihren Einfluss auf diese Unternehmen wirksam zu schützen. Als Folge waren beide Produktionsstätten in der postsowjetischen Ära für Russland unrentabel geworden. Die Mongolen nutzten ihre Kontrollmehrheit, um russische Vertreter nach und nach aus dem Management zu verdrängen sowie eine Politik zu verfolgen, die die Interessen der russischen Partner nicht berücksichtigte – etwa durch Besteuerung des russischen Teils der Gewinne. Wie mir Kollegen aus der Außenwirtschaftsgruppe berichteten, erzielte Moskau mit beiden Unternehmen höchstens zehn Prozent der Gewinne, die man zu Sowjetzeiten kassiert hatte. Gigantische Vermögenswerte waren somit im Grunde zu einer Belastung geworden.

Gleichzeitig beliefen sich die noch aus sowjetischen Darlehen stammenden Staatsschulden der Mongolei gegenüber Russland auf insgesamt zehn Milliarden Dollar. Das Land war natürlich zu arm, um diese Schulden zu begleichen, und die russischen Behörden ließen sich immer wieder darauf ein, diese einfach abzuschreiben. Dabei könnte man meinen, dass ausstehende Schulden bei Verhandlungen zu gewissen Themen als geeigneter Hebel dienen können, um der eigenen Position Nachdruck zu verleihen. In unserer Botschaft war man sich einig, dass die Schulden nur deswegen trotzdem abgeschrieben wurden, weil die mongolischen Unterhändler den russischen ein »großzügiges Angebot« gemacht hatten – mit anderen Worten: Es war Schmiergeld geflossen.

Die Beziehungen der Mongolen zu ihren Nachbarn

In der mongolischen Gesellschaft sind antichinesische Gefühle stark ausgeprägt, was vor allem darauf zurückzuführen ist, dass die Mongolei mehr als 300 Jahre lang unter chinesischer Herrschaft stand. Die Volksrepublik China wird von vielen Mongolen als Bedrohung für die mongolische Staatlichkeit wahrgenommen. Gleichzeitig sind chinesische Investitionen seit jeher die wichtigste Finanzierungsquelle des Landes.

Zu Russland haben die Mongolen ein besseres Verhältnis, da die gemeinsame Geschichte nicht ganz so »traumatisch« verlaufen ist. Während der Sowjetzeit war die Mongolei einer der engsten Verbündeten der UdSSR, die wiederum großen Einfluss auf dieses Land ausübte. In mancher Hinsicht war dieser Einfluss eher negativ, etwa in den 1930er-Jahren, als es in der Mongolei – nach sowjetischem Vorbild – zu massenhaften Repressionen, Zwangskollektivierung und ähnlichen Dingen kam. Nach dem Zweiten Weltkrieg erhielt die Mongolei jedoch beträchtliche Hilfsleistungen von der Sowjetunion, die nicht nur die bereits erwähnten Industrieanlagen aus dem Boden stampfte, sondern auch beim Städte- und Straßenbau sowie bei der Errichtung von Krankenhäusern und Schulen half.

Die kulturelle Nähe zu Russland ist auch heute noch bis zu einem gewissen Grad erhalten, nicht zuletzt dank der guten Beziehungen zu den Burjaten, die von den Mongolen als nächstverwandte in Russland lebende Volksgruppe angesehen werden.

Ulaanbaatar versucht jedoch, nicht erneut in Abhängigkeit von Moskau zu geraten. Bereits in den 1990er-Jahren entwickelte man das – noch heute die mongolische Außenpolitik prägende – Konzept des »dritten Nachbarn«: Man knüpfte bewusst Beziehungen zu Ländern des Westens, die Ulaanbaatar helfen sollten, den Einfluss Russlands und Chinas zu verringern.

Kohle und Gold im Überfluss, aber kein Interesse

Die Mongolei ist überaus reich an Bodenschätzen. Sie verfügt über fast alles, von Kohle, Öl und Uran bis hin zu Seltenen Erden. Vermutlich ist eine große Zahl von Vorkommen noch nicht einmal entdeckt worden.

Zweifellos wäre eine Beteiligung an der Erschließung dieser Vorkommen für Russland in jeder Hinsicht von Vorteil. Mit solchen Projekten könnten wir nicht nur direkte Gewinne erzielen, sondern die eigene Position in der Mongolei stärken und gleichzeitig die bilateralen Beziehungen ausbauen.

Botschafter Samoilenko – das sei anerkennend gesagt – ließ nichts unversucht, um Moskaus Interesse für die Mongolei zu wecken. Ziemlich bald wurde jedoch klar, dass er damit kaum Erfolg hatte, nicht einmal als die Mongolen die Erschließung einer der weltgrößten Kohlelagerstätten namens »Tawan-Tolgoi« international ausschrieben. Interesse an dem Projekt bekundeten Südkorea, die USA und vor allem China, da sich die besagten Vorkommen in unmittelbarer Nähe zur chinesischen Grenze befanden.

Den Mongolen widerstrebte es jedoch, ein so attraktives Filetstück den Chinesen zu überlassen. Es bedurfte zahlreicher Briefe unseres Botschafters, um Moskau zu bewegen, die Ausschreibung nicht vollkommen zu ignorieren, sondern RZD daran teilnehmen zu lassen. RZD bildete daraufhin ein gemeinsames Konsortium mit etwa 20 südkoreanischen Unternehmen und reichte ein eigenes Angebot ein. Auch das chinesische Bergbauunternehmen China Shenhua Energy, der amerikanische Kohlegigant Peabody Energy und einige andere Unternehmen beteiligten sich an der Ausschreibung.

Im Verlauf des Verfahrens änderte die Regierung in Ulaanbaatar ständig ihre Position. Mal versuchte sie die Höhe der von den ausländischen Unternehmen eingeforderten Anteile zu revidieren, mal sprach sie sich dafür aus, die Bodenschätze des Landes ganz zu verstaatlichen. Aufgrund dieses Durcheinanders zog RZD, das ohnehin nur widerwillig an der Ausschreibung teilgenommen hatte, sein Angebot wieder zurück. Kurzfristig schien stattdessen der Konzern En+ des russischen Oligarchen Oleg Deripaska einsteigen zu wollen, doch auch sein Interesse an der mongolischen Kohle erlosch bald darauf wieder. Es war deutlich zu erkennen, dass der russische Staat über keine Strategie verfügte, um die Kooperation mit der Mongolei weiterzuentwickeln und unsere Positionen dort zu stärken.

Hier spielt erneut die extreme Zentralisierung unseres Landes sowie die Personalisierung der Macht eine Rolle. Sämtliche wichtigen Entscheidungen werden nahezu im Alleingang von einem einzigen Mann getroffen: Putin. Und da ihn persönlich vor allem daran gelegen ist, die

Ukraine zu kontrollieren und die Vereinigten Staaten »in ihre Schranken zu weisen«, bläst der Beamtenapparat unisono ins gleiche Horn. Für die Mongolei dagegen hat sich Putin noch nie wirklich interessiert – also wird ihn das Außenministerium nicht mit einer »Lappalie« wie der Strategie der russisch-mongolischen Beziehungen belästigen. Die Politik gegenüber der Mongolei und anderen »nichtprioritären« Ländern bleibt somit gänzlich den Departements des Außenministeriums überlassen, die ihrerseits auch nicht gerade vor Initiative strotzen, sondern lieber mit dem Strom schwimmen.

Eine direkte Folge daraus ist, dass das in der Mongolei eingesetzte Personal nicht sorgfältig ausgesucht wird: Meist sind es ehemalige Regionalbeamte, die an ihrem Stammsitz ausgesiebt und dann zum Beispiel in ein Nachbarland wie die Mongolei »verbannt« werden.

Der damalige Generalkonsul in Erdenet Alexander Migalkin ist hierfür ein treffendes Beispiel. Einst Minister für Außenbeziehungen der russischen Provinz Jakutien, war er sicherlich nicht zum Diplomaten berufen worden, weil er ein besonders fähiger Beamter war. Seine drögen Gesprächsnotizen und Telegramme strotzten nur so von gedanklicher Inkohärenz, aber das schien ihn nicht zu stören – Hauptsache, er konnte sich vor seinen Vorgesetzten in Moskau selbst beweihräuchern. Hier ein typisches Beispiel einer solchen Gesprächsnotiz:

ГЕНЕРАЛЬНОЕ КОНСУЛЬСТВО
РОССИЙСКОЙ ФЕДЕРАЦИИ
В ЭРДЭНЭТЕ, МОНГОЛИЯ

Экз.№ 1
Исх.№ 178
« 08 » мая 2008 г.

Из дневника
Мигалкина А.В.

22.05.0

Это моя запись после долгого перерыва посвящена проведению праздника Победы советского народа в Великой Отечественной войне – 9 мая.

Февральские монгольские праздники, а затем подготовка и проведение выборов заняли основное мое время. Вчера состоялась инаугурация Президента России.

Какие мысли пришли во время просмотра инаугурации Президента России?

То, что на выборах в Государственную Думу и на выборах Президента России на нашем избирательном участке пришли и проголосовали все зарегистрированные граждане Российской Федерации на наш взгляд говорит о том, что была проведена большая работа с избирателями и они выразили кредит доверия работникам Генконсульства.

Мы итоги нашей работы не ощутили, была выражена благодарность председателю избиркома, который мог заняться только организационными вопросами. Не умаляя его заслуги мы бы хотели отметить от имени Центризбиркома тех, которые внесли конкретную и значимую лепту по участию на выборах избирателей, работников Генконсульства и наших помощников. Тех, которые внесли достойный вклад на участие и выборы за кого "должны были" голосовать. Мы-то знаем, кто работал с избирателями и добился их доверия. На наш взгляд, и организационная, и работа с избирателями это работа всего коллектива Генконсульства, не только избиркома, более того мы не ощутили значимость работы избиркома. Однако о выборах и итогах выборов напишу в политотчете.

7 мая меня пригласили на праздник песен, организованный в связи с выходом на заслуженный отдых учителя русского языка и литературы Л.Уранчимэг.

Как нам сказали, по монгольским законам на пенсию учителя-женщины выходят в 60 лет, но Л.Уранчимэг в свои 55 лет по состоянию здоровья написала заявление и выходит на пенсию. Знаю и уважаю ее за скромную, но системную и плодотворную педагогическую деятельность. Она участвовала практически во всех наших мероприятиях, посвященных российской тематике и изучению русского языка. Она была учительницей русского языка и литературы. У нее готовые выставки, например, посвященная городам России, тематика разнообразная и красочно-доступная для восприятия. Это различные открытки, сувениры и т.д. Она по-настоящему, умело пропагандирует русский язык и литературу. Следует отметить, что ее учащиеся постоянно занимают призовые места на олимпиадах, конкурсах аймака и Монголии.

Конкурс песни провели под девизом "Милые сердцу русские песни". Участие приняли ученики школьного комплекса "Орхон". Это ученики школ "Эрдэнэт ", "Орхон", "Баян Ундур", "Наран". Концерт начали с исполнения ансамблем старшеклассников песни "День Победы". В конкурсе приняли участие школьники с 1-го по 11-й класс. Еще раз убедился таланту монгольских детей к пению. Были сильные голоса и очень грамотно пели. Чаще всего исполнялись песни современных российских авторов. Победители были награждены памятными подарками семьи г-жи Уранчимэг.

На конкурсе и в чествовании г-жи Уранчимэг приняли участие начальник Управления образования Орхонского аймака г-жа Ариунаа и ее коллеги, работники управления и гости с других школ, в основном учителя русского языка и литературы школ аймака.

Понимая значение русского языка в установлении дружественных отношений Монголии и России Генеральное консульство РФ в г.Эрдэнэт свое усилие системно направляет на поддержку местных учителей русского языка и литературы.

ГЕНЕРАЛЬНЫЙ КОНСУЛ **А.В.МИГАЛКИН**

GENERALKONSULAT
DER RUSSISCHEN FÖDERATION IN ERDENET,

MONGOLEI 8. Mai 2008

Aus dem Tagebuch von A. W. Migalkin

Diese Niederschrift, die ich nach langer Pause anfertige, ist der Durchführung der Feierlichkeiten zum Tag des Sieges des sowjetischen Volkes im Großen Vaterländischen Krieg – dem 9. Mai – gewidmet.

Die mongolischen Februarfeiertage sowie die anschließende Vorbereitung der Wahlen haben die meiste Zeit in Anspruch genommen. Gestern fand die Amtseinführung des Präsidenten Russlands statt. Welche Gedanken sind mir dabei durch den Kopf gegangen?

Dass bei den Wahlen zur Staatsduma sowie bei der Wahl des Präsidenten Russlands sämtliche hier gemeldeten Bürger der Russischen Föderation in unser Wahlbüro kamen und abstimmten, zeugt nach unserer Ansicht davon, dass mit den Wählern hervorragend gearbeitet wurde und dass sie den Mitarbeitern des Generalkonsulats einen Vertrauenskredit entgegengebracht haben.

Wir selbst haben von unserer Arbeit nicht profitiert. Dank erhalten hat allein der Vorsitzende des Wahlkomitees, obwohl er nur organisatorische Dinge erledigt hat. Ohne seine Verdienste schmälern zu wollen, hätten wir im Namen des Zentralen Wahlkomitees eher jene erwähnt, die einen konkreten und bedeutsamen Beitrag zur Wahlbeteiligung geleistet haben. Und die dafür gesorgt haben, dass derjenige gewählt wurde, für den man abstimmen ›musste‹. Wir wissen ja, wer mit den Wählern gearbeitet und ihr Vertrauen gewonnen hat. Unserer Ansicht nach ist sowohl die organisatorische Arbeit als auch die Arbeit mit den Wählern die Leistung des gesamten Kollektivs des Generalkonsulats, nicht nur des Wahlkomitees, mehr noch, die Bedeutung der Arbeit des Wahlkomitees ist nicht wirklich spürbar gewesen. […]

Am 7. Mai war ich zu einer Liederfeier anlässlich der Pensionierung der Lehrerin für russische Sprache und Literatur L. Urantschimeg eingeladen. […] Der Liederwettbewerb fand unter der Devise ›Russische Lieder, die das Herz erfreuen‹ statt. […] Das Konzert begann mit der Darbietung des Liedes ›Tag des Sieges‹ durch ein Ensemble von Schülern der höheren Klassen. […] Ich konnte mich erneut vom gesanglichen Talent der mongolischen Kinder überzeugen. Die Sieger wurden mit Erinnerungsgeschenken der Familie von Fr. Urantschimeg ausgezeichnet. […]

Im Bewusstsein der Bedeutung der russischen Sprache für den Aufbau freundschaftlicher Beziehungen zwischen der Mongolei und Russland unternimmt das Generalkonsulat der RF in der Stadt Erdenet systematische Anstrengungen, die Lehrer für russische Sprache und Literatur vor Ort zu unterstützen.

[Unterschrift] A. W. Migalkin, Generalkonsul

In diesem Dokument lässt Migalkin ziemlich unverhohlen seine Enttäuschung darüber durchblicken, dass sich Moskau offenbar nur beim örtlichen Wahlleiter (seinem Stellvertreter) für die Durchführung der Wahlen bedankt hat, nicht aber bei Migalkin selbst. Dabei hat er doch dafür gesorgt, »dass derjenige gewählt wurde, für den man abstimmen musste«! Auch scheut er sich nicht zu erwähnen, dass das Generalkonsulat aktiv Wahlkampf betrieben hat, eigentlich ein strafbares Vergehen. Mit großem Aplomb berichtet Migalkin weiter von der Abschiedsfeier einer Russischlehrerin. Für erwähnenswert hält er, dass er sich bei der Feier offenbar sehr wohl gefühlt hat – sicherlich wird man ihn dort nach mongolischer Tradition gut verpflegt und mit Getränken versorgt haben. Offenbar ist er zudem der Ansicht, dass schon allein seine Anwesenheit ausreicht, um seine Unterstützung für die Russischlehrer in Erdenet zum Ausdruck zu bringen. Ein Leichtes also, Moskau zu versichern, dass er diese Art von Unterstützung auch weiterhin regelmäßig leisten werde.

Partnerschaft ohne Strategie

Unsere Politik gegenüber der Mongolei kam mir von Anfang an merkwürdig vor. So wurde zum Beispiel 2009 während des Staatsbesuchs von Präsident Medwedew in Ulaanbaatar ein Vertrag zur gemeinsamen Erschließung von Uranvorkommen in einer östlichen Provinz der Mongolei unterzeichnet. Sogar ein Joint Venture mit dem Namen »Dornod-Uran« sollte dort entstehen. Doch dann stellte sich heraus, dass dieser Vertrag nur zustande gekommen war, weil man während des Staatsbesuchs grandiose gemeinsame Zukunftspläne präsentieren wollte. Die Unterzeichnung war also ein rein formaler Akt gewesen. Sergej Kirijenko, Generaldirektor der russischen Staatsholding Rosatom und somit Chef des gesamten russischen Nuklearsektors, war damals nur auf Drängen der russischen Präsidialverwaltung nach Ulaanbaatar geflogen. Tatsächlich war Rosatom gar nicht in der Lage, das mongolische Uran abzubauen, da die Holding mit ihren vielen Uranprojekten in Afrika mehr als ausgelastet war. Wenig überraschend also, dass Rosatom seit der Unterzeichnung jenes ominösen Vertrags keinerlei konkrete Maßnahmen zur Erschließung des mongolischen Urans ergriffen hat.

Obwohl bei dem Staatsbesuch auch eine Erklärung über eine strategische Partnerschaft mit der Mongolei unterzeichnet wurde, sind die dort angeführten Ziele bis heute nur hohle Phrasen und fromme Wünsche geblieben. Sowohl in der russischen Regierung als auch in der Präsidialverwaltung und den übrigen an der außenpolitischen Entscheidungsfindung beteiligten Gremien war damals (und ist im Grunde noch immer) die Haltung vorherrschend, dass Beziehungen zu einem Land nur dann zu unterhalten oder gar auszubauen sind, wenn sie kurzfristig zählbaren wirtschaftlichen Nutzen bringen. Diese Fixierung auf den schnellen Erfolg ist wohl auf die geschäftlichen Erfahrungen der 1990er-Jahre zurückzuführen.

Die politischen Akteure, die in Russland damals ihre Karriere begonnen hatten (unter anderem auch Wladimir Putin), waren es gewohnt, dass sich jede Investition innerhalb von drei bis sechs Monaten amortisierte und dabei Gewinne von Dutzenden, ja sogar mehreren Hundert Prozent abwarf. Auf diese Weise wurden in den ersten Jahren des neuen Russlands enorme Vermögen angehäuft – mit unlauterer Privatisierung von Staatseigentum, aber auch mit Erpressung und anderen Vergehen. Seither ist diese Unternehmergeneration von der Wirtschaft in den Staatsdienst gewechselt und hat die vertrauten Arbeitsmethoden und Effizienzkriterien einfach mitgebracht.

Welche Interessen die Botschaft vertritt

Botschafter Samoilenko brauchte nicht lange, um zu begreifen, dass er in der Mongolei für den russischen Staat so gut wie nichts erreichen konnte: Dazu fehlten klar definierte Ziele von oben, an die man entsprechende Strategien hätte andocken können. Die logische Konsequenz war, dass er sich für die spezifischen Interessen konkreter Personen einzusetzen begann – genauer gesagt, für den staatlichen russischen Eisenbahnkonzern RZD. Ich hatte den starken Eindruck, dass sich Samoilenko nach Beendigung seines Turnus in der Mongolei eine Sinekure in diesem Staatsunternehmen erhoffte.

Der Botschafter war jedoch nicht der einzige, der im Eisenbahnsektor tätig war. Auch der Repräsentant des RZD-Konzerns in der Mongolei, ein gewisser Wladimir Morosow, schien sich dringend vor seiner Moskauer Führung profilieren zu müssen und darauf aus zu sein, den eigenen Einfluss im Konzern zu steigern. Regelmäßig kam Morosow in die Botschaft, um mit Samoilenko stundenlang in dessen Büro zu beraten. Von Zeit zu Zeit trat Morosow dann auf den Gang hinaus und telefonierte, sodass wir seine lauten und emotional geführten Gespräche im ganzen Stockwerk hören konnten. Sowohl Morosows derber Straßenjargon als auch sein Tonfall verrieten seine Sozialisierung in den »wilden Neunzigern«, der Zeit des ungezügelten Manchester-Kapitalismus in Russland.

Man möchte meinen, dass staatseigene Unternehmen stets im Interesse ihres Haupteigners – des Staates – handeln sollten. In Wirklichkeit handeln sie aber oft so, als wären sie Privatunternehmen, kümmern sich also ausschließlich um ihren Profit, genießen aber weiterhin sämtliche Vorzüge ihres Sonderstatus. So kann RZD, eines der größten Verkehrsunternehmen der Welt, das in Russland zudem eine Monopolstellung besitzt, im Falle wirtschaftlicher Schwierigkeiten immer auf die Unterstützung der russischen Regierung setzen.

An der Spitze der Russischen Eisenbahnen stand damals ein alter Bekannter und ehemaliger KGB-Kollege Putins: Wladimir Jakunin. Bekannt wurde er vor allem dadurch, dass er, wie Alexej Nawalnys Investigativ-Team seinerzeit herausfand, in seinem Haus einen eigenen Lagerraum für Pelzmäntel einrichtete sowie eine ganze Reihe »nicht deklarierter« Vermögensgegenstände besaß, die auf seine Söhne und andere Personen eingetragen waren. Auch scheint er eine geradezu manische Leidenschaft für das »Herabkommen des Heiligen Feuers« – eine rituelle Zeremonie zum orthodoxen Osterfest – zu empfinden.

Nicht weiter verwunderlich ist also, dass dieser Kollege Putins, eine der Stützen seines Regimes, die Interessen Russlands mit den Interessen der ihm unterstehenden Staatsholding in eins setzte und die Interessen der Staatsholding mit seinen eigenen. Diesem politischen Schwergewicht zu widersprechen hätte wohl nur Putin selbst vermocht, den aber die Beziehungen zur Mongolei wie erwähnt kaum interessierten. Und so verfügten weder das Außenministerium noch die russische Botschaft über irgendwelche Möglichkeiten, die Entscheidungen von RZD zu beeinflussen.

Jakunin ist der Prototyp des Putin'schen Feudalherrn, der von diesem die Russischen Eisenbahnen als »Pfründe« erhalten hat. Auch andere Oligarchen in Putins Feudalsystem – Igor Setschin (Rosneft), Alexej Miller (Gazprom), Sergej Tschemesow (Rostec) und andere – nutzen diese Staatsholdings in erster Linie als Mittel zur persönlichen Bereicherung und zur Stärkung ihrer Position in der informellen Machthierarchie. Das operative Geschäft ihrer Unternehmen ist für sie von geringem

Interesse: Etwaige Verluste werden keinesfalls aus ihren persönlichen Taschen, sondern stets aus dem Staatshaushalt gedeckt.

Was ist Soft Power wert

Soll man ein Land nennen, das seine »Soft Power« besonders erfolgreich einsetzt, fallen einem natürlich zunächst die Vereinigten Staaten ein. Auch in Russland war nicht unbemerkt geblieben, dass sich unsere Nachbarländer nach dem Zerfall der Sowjetunion meist an den Vereinigten Staaten orientierten, was angeblich mit dieser geheimnisvollen »sanften Kraft« zusammenhing. Niemand in der russischen Führung wusste so recht, was es damit auf sich hatte, aber vor allem im Außenministerium diskutierte man auf einmal nur noch über mögliche Soft-Power-Strategien unseres Landes. Wie so oft eignete man sich auch in diesem Fall eine klangvolle westliche Worthülse an, ohne zu überlegen, was eigentlich dahintersteckte.

Die alten Sowjetkader des Außenministeriums waren nur »Hard Power« gewohnt; Soft Power dagegen klang in ihren Ohren wie ein Oxymoron, wie das Gegenteil von Macht. Dass es dabei darum ging, im Ausland ein attraktives Russland-Image zu fördern, begriffen sie nicht.

Bei einem Empfang stellte sich mir die regionale Direktorin des Programms der Vereinten Nationen für menschliche Siedlungen (UN-HABITAT) vor. Sie sprach von einer möglichen Kooperation zur Verbesserung der sanitären Bedingungen sowie der Wasser- und Stromversorgung in den Armenvierteln von Ulaanbaatar. Sie sei gerade auf der Suche nach Geldgebern, die Rede war von etwa einer Million Dollar.

Als größte Stadt der Mongolei erlebt Ulaanbaatar einen ständig wachsenden Zuzug von Menschen, die auf ein »besseres Leben« in der Hauptstadt hoffen. Zumeist sind diese Menschen relativ arm und können sich keine normale Wohnung in der Stadt leisten. Also stellen sie einfach am Stadtrand ihre Jurten auf, wodurch sich sämtliche Außenbezirke Ulaanbaatars mit der Zeit in riesige Jurtenviertel verwandelt haben. Deren Bevölkerung ging schon damals in die Hunderttausende, und der Lebensstandard war dort entsprechend niedrig.

Das Hauptproblem einer Jurte ist ihre Beheizung. Selbst Sommernächte können frostig sein, ganz zu schweigen vom Winter mit minus 40 Grad. Was die Frage aufwirft, welchen Brennstoff man verwenden soll. In einem holzarmen Land wie der Mongolei werden Jurten traditionell mit *kisjak* (getrocknetem Dung) beheizt. Da dieser in den Städten jedoch nicht zur Verfügung steht, greift man hier meist auf Kohle zurück. Bei der Verbrennung von Kohle entsteht jedoch eine Menge Ruß – einer der Gründe für den extremen Wintersmog über Ulaanbaatar.

Da sich die ärmsten Bevölkerungsteile in Ulaanbaatar keine Kohle leisten können, verwenden sie zum Heizen jeglichen halbwegs brennbaren Müll, darunter auch alte Autoreifen und Plastikflaschen. Während der Heizperiode ist die Luft von Ulaanbaatar also noch zusätzlich durch chemische Verbrennungsrückstände belastet.

Ein weiteres Problem der Jurtenviertel bestand schon länger darin, dass sie kaum Trinkwasser- und Stromanschlüsse besaßen, auch Kanalisation und Müllabfuhr waren dringend verbesserungsbedürftig. All das war mit großem Aufwand und hohen Kosten verbunden, wofür die mongolische Regierung die Unterstützung durch andere Länder benötigte.

Ich war der Ansicht, dass es dem Image Russlands sicherlich zugutekäme, wenn sich unser Land in der Mongolei an entsprechenden UN-Hilfsprojekten beteiligte. Einmal mehr würden wir damit unsere Bereitschaft demonstrieren, unseren mongolischen Nachbarn mit konkreten Maßnahmen zu helfen. Nicht zuletzt würde dadurch die viel diskutierte »Soft Power« Russlands gestärkt.

Ich stellte ein Informationspaket mit konkreten Vorschlägen und Zahlen zusammen und legte es dem Botschafter vor. Dieser hörte sich meine Ausführungen geduldig an und sagte dann: »Aussichtslos. In Moskau wird man so einem Projekt niemals zustimmen.«

Das Thema Soft Power war damit vom Tisch. Und die traurige Wahrheit ist, dass der Botschafter vollkommen recht hatte. Je mehr man in

Russland über dieses Thema schwadronierte, desto offensichtlicher wurde, dass niemand wirklich begriff, was Soft Power eigentlich war und wie man sie sinnvoll einsetzen konnte. Mit gesellschaftlichen Organisationen als unabhängigen Akteuren zu kooperieren, passte einfach nicht ins Weltbild der Kremlbewohner. Diese waren von der Vorstellung überzeugt, in jedem Land gebe es eine strenge Hierarchie mit den Machthabern an der Spitze, die über alle anderen herrschten und diese kontrollierten. NGOs oder andere zivilgesellschaftliche Vereinigungen, die eine eigene Agenda verfolgen, kommen darin nicht vor. Es bringt also nichts, mit diesen Gruppierungen zusammenzuarbeiten – man muss immer erst mit den Regierungen reden.

Es kam sogar vor, dass russische Vertreter auf Kontakte mit der parlamentarischen Opposition im Gastland verzichteten – es hätte ja sein können, dass unsere »Freunde« in der aktuellen Regierung daran Anstoß nahmen. Dabei sind solche Oppositionskontakte überaus wichtig, wenn man dauerhaft normale Beziehungen zur Staatsführung unterhalten will: In einem demokratischen Staat ist ja nicht ausgeschlossen, dass die Opposition irgendwann an die Macht gewählt wird. In Russland dagegen, wo die Option eines Machtwechsels de facto nicht existiert, wird die Opposition nicht als gleichwertiger und notwendiger Gesprächspartner wahrgenommen. Wenn sich offizielle Repräsentanten anderer Staaten mit russischen Oppositionellen treffen, fasst Moskau das jedes Mal als Versuch auf, sich gegen die russische Regierung zu verbünden. Genau daher kommt auch die Tendenz russischer Politiker, sich jeglicher Kontakte zur Opposition anderer Länder zu enthalten – mit Ausnahme des Westens: Hier fördert die russische Regierung sogar den Kontakt zu prorussischen Vertretern, um die Stabilität der westlichen Gesellschaften von innen heraus zu erschüttern.

Ein anschauliches Beispiel für diese Art von Politik war jene blinde Unterstützung Moskaus für den ukrainischen Präsidenten Viktor Janukowitsch, dem man damals mit vielen Milliarden Dollar unter die Arme griff – wie wir heute wissen, ohne Erfolg. Das für Russland überraschende und überaus peinliche Ende von Janukowitschs präsidialer

Karriere hat dennoch nicht dazu geführt, dass man in den Zirkeln der Macht die Fehlerhaftigkeit des eigenen Vorgehens eingesehen hätte.

Die Flugverbotszone über Libyen und die letzte Chance des Außenministeriums auf eine eigene Meinung

Im Frühjahr 2011 breitete sich der Arabische Frühling, ausgehend von einem Volksaufstand in Tunesien, auf andere Länder des Nahen Ostens und Nordafrikas aus. In Libyen begann der Aufstand gegen das Regime von Muammar al-Gaddafi.

Die Meinungen der russischen Regierungsbehörden hierzu waren geteilt. Das Außenministerium vertrat einen »realpolitischen« Standpunkt: Unsere Beziehungen zu Gaddafi waren gut, es gab Vereinbarungen über den Abbau von Bodenschätzen, folglich war seine Absetzung nicht in unserem Interesse. Der russische Botschafter in Libyen Wladimir Wassiljewitsch Tschamow verteidigte in mehreren Telegrammen an Moskau die Notwendigkeit, Gaddafi zu unterstützen, da andernfalls die Gefahr bestand, lukrative Verträge im Wert von mehreren Milliarden Dollar zu verlieren. In einem letzten Telegramm, das er unmittelbar vor Verabschiedung der UN-Resolution 1973 schrieb, verglich er eine Zustimmung zu dieser Resolution mit einem Verrat an den nationalen Interessen Russlands. Im Gegensatz dazu argumentierte Präsident Medwedew ebenso wie die Europäer, Gaddafi sei ein Diktator, und nun, da sich das Volk gegen ihn erhoben habe, müsse man die einfachen Menschen unterstützen.

Wichtig bei dieser Geschichte ist, dass der Botschafter sich nicht scheute, seinen Standpunkt so klar und unmissverständlich wie möglich darzulegen. Das Telegramm landete auf dem Schreibtisch des Präsidenten, der es natürlich als Kritik an seiner Person auffasste. Putin – zu jenem Zeitpunkt noch Ministerpräsident Russlands – hielt sich bewusst zurück. Gekränkt reagierte Medwedew auf Tschamows Einlassungen nach dem Motto: »Ein Botschafter, der die Meinung des Präsidenten nicht teilt, hat im Amt des Botschafters nichts zu suchen.« Tschamow hatte wohl auf Unterstützung durch die Führung des Außenministeriums gehofft, doch wagte es niemand, auf direkte Konfrontation zu Medwedew zu gehen. Und so wurde Tschamow wenige Tage später von seinem Posten abberufen – ein in der Praxis des russischen Außenministeriums nahezu einmaliger Fall.

Zu einer Entlassung kam es jedoch nicht. Stattdessen wurde der »aufmüpfige« Botschafter einfach auf einen weniger auffälligen Posten im Zentralapparat versetzt. Als Medwedew ein paar Jahre später den Präsidentensessel wieder für Putin räumte, durfte auch Tschamow erneut als Botschafter ins Ausland gehen, diesmal nach Mauretanien, wo er bis zu seiner Pensionierung im Jahr 2021 Dienst tat.

Auch wenn die Führung des Außenministeriums – bereits unter der Leitung von Sergej Lawrow – Medwedews Optimismus nicht teilte, stellte sie sich in dieser Situation nicht gegen die oberste Staatsführung, sondern ließ sich wie gewohnt vor deren Karren spannen. In meinen Augen gab das Außenministerium damit endgültig preis, was immer es bis zu diesem Moment noch an Eigenständigkeit besessen hatte. Es war nunmehr zu einem rein technischen Organ geworden, das niemals seine eigene Meinung äußert, wenn diese nicht mit der Meinung der obersten Staatsführung übereinstimmt.

Hätte Lawrow seine abweichende Position damals durch einen Rücktritt verdeutlicht und wären ihm seine Stellvertreter darin gefolgt, so wäre dies eine Demarche von hoher Symbolkraft gewesen. Sie hätte gezeigt, dass Russlands Diplomaten selbst unter schwierigen Umständen professionell und prinzipienfest handeln – und nicht als rückgratlose »Talking Heads« jede noch so idiotische Entscheidung der Führungsebene unterstützen. Aber dazu kam es nicht. Ich diskutierte diesen Fall mit einem Freund, der damals in Washington arbeitete. Im Laufe unserer Korrespondenz brachte er es an einer Stelle auf den Punkt: »Lawrow ist Diplomat – aber manchmal muss man Profi sein.«

Die Unterstützung der Flugverbotszone führte damals zur Niederlage Gaddafis und zum anschließenden Zerfall Libyens, das seither nicht wieder zu einem wirklich einheitlichen Staat zusammengewachsen ist. Die darauffolgenden enormen Flüchtlingsbewegungen, nicht zuletzt nach Europa, haben gezeigt, dass auch die Europäer ihre Politik im Grunde nicht wirklich reflektiert haben. Auch wenn ich für das Regime von Oberst Gaddafi nie auch nur die geringste Sympathie hegte, scheint mir aus heutiger Sicht doch offensichtlich, dass Interventionen dieser Art wesentlich sorgfältiger bedacht werden müssen.

Ich bin überzeugt, dass Gaddafis ruhmloses Ende bei Putin bleibenden Eindruck hinterlassen hat. Putin muss damals die Überzeugung gewonnen haben, dass man jegliche Versuche der Auflehnung gegen die Macht im Keim ersticken muss – und, mehr noch, jegliche Versuche unterbinden, solche Auflehnung zu unterstützen. Ich vermute, dass Putin genau deswegen Baschar al-Assad in Syrien unterstützt: um zu verhindern, dass der Westen nach und nach sämtliche Diktaturen der Welt beseitigt, bis irgendwann er selbst, Putin, an der Reihe ist.

Das Ende der liberalen Jahre Medwedews

Inzwischen vollzogen sich auch in Russland deutliche Veränderungen. Spätestens 2011 war klar, dass Medwedews Kurs der »Liberalisierung« zu Ende ging. Die liberalen Kreise der russischen Gesellschaft verstanden schon damals, dass eine Rückkehr Putins das Ende des freien Denkens einläuten würde. Tatsächlich lief die weitere Entwicklung des Landes darauf hinaus, immer mehr Attribute der Sowjetmacht wiederherzustellen. So mancher kremlfreundliche Ideologe sprach sogar von der Schaffung einer »UdSSR 2.0«, oder, um Lenins altes Diktum zu paraphrasieren: »UdSSR 2.0 – das ist Putins Macht plus die Smartphonisierung des gesamten Landes«. Im Grunde ging es dabei um einen altbewährten Tauschhandel: Macht gegen Komfort.

Die allgemeine Stimmung fand übrigens auch in der Popkultur ihren

Ausdruck. So hörten viele meiner Kollegen in der Botschaft die Songs des Liedermachers Wassja Oblomow (eigentlich: Wassili Gontscharow), der auch heute noch die gesellschaftlichen Probleme unseres Landes auf satirische Weise thematisiert. Schon damals besang er Korruption, Vetternwirtschaft, Willkür und Gewalt seitens der Polizei. Bemerkenswert natürlich, dass diese regimekritischen Lieder bei so vielen Staatsbeamten großen Anklang fanden.

Ein weiterer sehr beliebter humorvoll-bissiger Liedermacher ist Semjon Slepakow, der sich sogar immer mal wieder traut, Seitenhiebe gegen Putin und dessen Anti-Korruptions-Rhetorik auszuteilen – innerhalb der Grenzen des Erlaubten natürlich. Auch ihn hatten viele Mitarbeiter unserer Vertretung damals auf ihrer Playlist.

Die von massiven Fälschungen begleiteten Parlamentswahlen im Dezember 2011 lösten ebenso massive Proteste aus. Diese konzentrierten sich in Moskau hauptsächlich auf den Bolotnaja-Platz und dauerten den ganzen Winter 2011/2012 an – die größten Proteste der gesamten Amtszeit Putins. Anfangs schien es noch, als könnten sie das Regime zwar nicht zu Fall bringen, aber doch zu deutlichen Zugeständnissen bewegen. Tausende von Menschen versammelten sich im Zentrum Moskaus, angeführt von sämtlichen führenden Oppositionellen, darunter Boris Nemzow, Alexej Nawalny, der damals vom Blogger zum Politiker wurde, und Garri Kasparow.

Aus der Ferne habe ich damals all diese Ereignisse aufmerksam verfolgt, mit dem Herzen auf der Seite der Demonstranten. Auch mein Schwager, der Mann meiner Schwester, ging damals zum Bolotnaja-Platz. Anfangs hatte auch ich das Gefühl, dass sich nun vielleicht etwas ändern, etwas bewegen würde, denn die Behörden machten einen aufgeschreckten Eindruck. Über mehrere Monate hinweg gab es kaum Reaktionen auf die Proteste, sowohl Medwedew als auch Putin kommentierten das Geschehen eher zurückhaltend, die Polizei agierte insgesamt mit großer Vorsicht. Im Lauf des Frühjahrs wurden dann aber doch zunehmend Demonstrationen gewaltsam aufgelöst, und nach der berühmten Massenkundgebung am 6. Mai 2012 wurden gegen eine ganze Reihe von Teilnehmern Strafverfahren eröffnet, die heute als »Bolotnaja-Prozesse«

bekannt sind. Spätestens zu diesem Zeitpunkt war die Protestbewegung im Wesentlichen zerschlagen.

Auch wenn die Opposition damals all diese Menschen gegen Willkür und Wahlfälschungen auf die Straße gebracht hat, bot sie der Bevölkerung keine positive Agenda, die von den breiten Schichten der Gesellschaft verstanden wurde, geschweige denn diese überzeugte. Wofür demonstrierten sie eigentlich? Was wollten sie am Ende erreichen? Zwar war es ihnen gelungen, der Macht einen gehörigen Schrecken einzujagen, doch gab es damals kein schlüssiges Aktionsprogramm, mit dem man die Regierung weiter hätte unter Druck setzen und ihr Zugeständnisse abringen können. Und als diese aus ihrer Schockstarre erwachte, schlug sie mit aller Härte zurück.

Die Opposition hat damals eine entscheidende Sache nicht berücksichtigt: Es ist in Russland einfach unglaublich schwer, Massenkundgebungen zu mobilisieren, weil die Mehrheit der Bevölkerung kein Interesse an Politik hat. Dieses Interesse hat ihr der Staat über Jahre hinweg gezielt abgewöhnt. Während Putins erster Amtszeit hatte wachsender Wohlstand die Menschen eingelullt: Wozu die Dinge im Auge behalten, wenn doch scheinbar alles gut lief? Politik war doch ein schmutziges Geschäft, in dem sich sowieso nur einer auskannte: Wladimir Wladimirowitsch Putin mit seiner blütenreinen Weste. Später kam dann die Angst vor Repressionen hinzu: Zwar waren diese anfangs noch gemäßigt und sporadisch, aber vor dem Hintergrund der vorangegangenen liberalen Jahre durchaus ernst zu nehmen.

Das Problem jeglicher Proteste in Russland ist bis heute, dass die überwältigende Mehrheit der russischen Bevölkerung die Folgen von Putins politischen Abenteuern nicht am eigenen Leib verspürt, allen Sanktionen und anderen Maßnahmen zum Trotz. Natürlich bemerken alle den Preisanstieg, und es ist deutlich schwieriger geworden, nach Europa zu reisen. Auch westliche Automarken sind weniger leicht zu bekommen, aber die chinesischen sind sowieso billiger. Und statt nach Europa fliegt man jetzt eben nach Dubai oder Thailand – auch keine schlechte Alternative. Ganz zu schweigen davon, dass sich viele Menschen in Russland ohnehin niemals ein Importauto oder eine Reise ins Ausland leisten könnten: Weniger als 20 Prozent der Bevölkerung besitzen überhaupt einen Reisepass.

Bis heute sind Millionen Menschen in Russland nicht in der Lage, Fakten zu vergleichen und zu begreifen, dass die gesellschaftlichen und wirtschaftlichen Probleme unseres Landes eine direkte Folge der Putin'schen Politik sind.

Was man über Putins Herrschaft wissen muss

An dieser Stelle ist es mir wichtig zu betonen, dass Putin als Person den Russen – sowohl der einfachen Bevölkerung als auch dem Beamtenapparat – deutlich weniger Angst einflößt als seinerzeit Stalin, Hitler oder andere Diktatoren. So gibt es um Putin keinen klassischen Personenkult: Porträts des Präsidenten hängen nicht an öffentlichen Plätzen, weder Städte noch Straßen sind nach ihm benannt (außer vielleicht in Tschetschenien) und sein Geburtstag wird nicht als Feiertag begangen. Sicherlich hat das auch mit dem eher unsicheren Charakter des Präsidenten zu tun, dem öffentlichkeitswirksame Sympathiebekundungen meist sichtlich unangenehm sind.

Putins Verhaltensmuster ist nicht das eines orientalischen Herrschers. Vielmehr sieht er sich als eine Art Nikolaus I., als »Gendarmen Europas« und »wahren Europäer«, als Hüter echter Werte wie Orthodoxie, Autokratie und Nationalität. Dieses noch aus dem 19. Jahrhundert stammende Rollenmodell des »Europäers der alten Schule« ist auch der Grund, warum sich Putin heute von Europa so enttäuscht, ja gekränkt gibt: Anstelle der »guten alten Imperien« sieht er überall nur Schwächlinge, die sich auf der einen Seite »Migranten und anderen Minderheiten beugen«, ihm aber gleichzeitig ständig Knüppel zwischen die Beine werfen, während er ein ebensolches europäisches Imperium klassischen Musters nachzubauen versucht.

Putin ist nicht Stalin. Seine Macht beruht nicht auf Angst, sondern auf der Verlagerung von Verantwortung: Der Präsident trifft alle Entscheidungen – ein Privileg, das ihm seine Entourage nur allzu gern überlässt. So können sie sich in ihrem eigenen Handeln darauf berufen, nur die »Befehle des Präsidenten« zu befolgen. Diese Tendenz zur kollektiven Verantwortungsverweigerung setzt sich natürlich konsequent bis zur untersten Hierarchiestufe fort: »Ich bin nur ein kleines Rädchen. Meine Aufgabe ist es, die Entscheidungen meiner Vorgesetzten auszuführen. Die werden schon wissen, was sie tun.«

Wahlen in der Botschaft

Auch in der Botschaft in Ulaanbaatar verliefen die Wahlen der Jahre 2011/2012 nicht ohne gewisse Auswüchse. So erging im Vorfeld der Parlamentswahlen aus Moskau an alle Botschaften die Anweisung, auch im Ausland die maximale Wahlbeteiligung sicherzustellen. Dabei ging es explizit um die Wahlbeteiligung, nicht darum, die Mehrheit für die Partei Einiges Russland zu garantieren. Es gab also keine Anweisung, für irgendjemanden Wahlkampf zu betreiben oder die Ergebnisse so anzupassen, dass am Ende die »richtigen Zahlen« erreicht wurden. Offensichtlich war man sich im Machtapparat bereits im Vorfeld ziemlich sicher, wer gewinnen würde, und hielt daher zusätzliche Anstrengungen nicht für erforderlich. Die maximale Wahlbeteiligung war wiederum notwendig, um den gesamten Wahlprozess zu legitimieren.

Der Botschafter gab die Anweisung des Zentrums an den Gesandten-Botschaftsrat weiter. Weder Samoilenko noch Schmanewski interessierten sich für den Ablauf der Wahlen, aber die Anweisungen des Zentrums waren natürlich bis aufs letzte Komma auszuführen, damit man bei der Moskauer Obrigkeit nicht unangenehm auffiel.

Zwischen mir und meiner Frau kam es damals zu einem ideologischen Konflikt: Sie erklärte, sie werde diesmal nicht wählen gehen, weil sie die Wahlen für unfair halte und diese durch ihre Teilnahme legitimieren würde. Eine solche Auffassung war unter Menschen, die Putins Rückkehr ins Präsidentenamt ablehnten, ziemlich verbreitet. Ich fand jedoch eine andere Sichtweise plausibler: Wenn sich weniger Menschen an der Wahl beteiligten, kämen am Ende die meisten Stimmen aus Putins Kernwählerschaft. Außerdem erleichterte man durch das eigene Fernbleiben den Wahlfälschern, unbemerkt zusätzliche Stimmzettel einzuwerfen oder andere Manipulationen vorzunehmen. Je größer dagegen die Wahlbeteiligung, desto schwieriger wurde es, die Ergebnisse zu fälschen. Ich hielt daher eine Protestwahl für angebracht: Letztlich war es egal, welche Kandidaten man wählte, solange man nicht für Einiges Russland – und damit für Putin – stimmte. Je weniger Stimmen sie bekämen, desto mehr würden sie fälschen müssen, was wiederum der Gesellschaft die Unregelmäßigkeit dieser Wahl noch deutlicher vor Augen führen würde.

Schlussendlich kamen meine Frau und ich überein, dass sie nicht zu Wahl gehen würde, ich aber schon.

Wahlrecht oder Wahlpflicht?

Nach Schließung der Wahllokale zählte die Wahlkommission die Stimmen aus. Wie sich herausstellte, hatten sich ganze drei Personen aus der Botschaft nicht an der Wahl zur Staatsduma beteiligt: meine Gattin, die ihr unmittelbar unterstellte Schreibkraft – eine etwa 20-jährige völlig apolitische Frau, die am Wahltag wegen des schlechten Wetters nicht auf die Straße gehen wollte – sowie die Frau eines anderen Mitarbeiters, deren Kind erkrankt war. Von der Moskauer Anweisung in Sachen Wahlbeteiligung erfuhren die einfachen Mitarbeiter übrigens erst am Tag nach der Wahl, denn Schmanewski hatte niemanden von uns informiert – wohl in der Annahme, wir alle seien genauso felsenfest überzeugt wie er, dass wir als Staatsbedienstete nicht nur berechtigt, sondern verpflichtet seien zu wählen. Und nun stellte sich also heraus, dass mindestens drei Personen anderer Meinung waren. Eigentlich kein Anlass zu großer Aufregung – schließlich hatte Moskau zwar eine hohe, aber sicher keine hundertprozentige Wahlbeteiligung von uns gefordert.

Dennoch kam es zum Skandal. Die drei Nichtwählerinnen (die man anhand der Registrationslisten schnell identifiziert hatte) wurden zu Einzelgesprächen einbestellt, woraufhin die Schreibkraft und die Frau des anderen Mitarbeiters sogleich einknickten und versprachen, an der bevorstehenden Präsidentenwahl im März auf jeden Fall teilzunehmen – sie hätten die Dumawahl auch nur verpasst, weil ihnen deren Bedeutung nicht klar gewesen sei.

Meine Frau dagegen erklärte, sie habe die erste Wahl bewusst boykottiert und werde auch an der zweiten nicht teilnehmen. Offenbar zum ersten Mal in seinem Leben mit derart unerhörtem Dissens konfrontiert, sah sich der Gesandte-Botschaftsrat herausgefordert, auf die politischen Ansichten meiner Frau einzuwirken. Was ihm dabei an Argumenten fehlte, machte er durch Lautstärke wett. Seine gebrüllte Tirade zog sich eine ganze Weile hin, sodass schon bald die ganze Botschaft wusste, dass meine Frau offenbar eine von »Nawalnys Schlampen« war. Am Ende drohte Schmanewski damit, unser beider Aufenthalt im Land vorzeitig zu beenden und seine Beurteilung unserer Arbeit mit dem Vermerk »unzuverlässig« zu versehen.

Als Schmanewski begriff, dass er bei meiner Frau auf Granit biss, beschloss er zu handeln: Telefonisch erkundigte er sich in der Personalabteilung des Außenministeriums, wie mit einer Mitarbeiterin umzugehen sei, die der Heimat durch Nichtteilnahme an der Dumawahl einen »Dolchstoß in den Rücken« versetzt habe. Die Personalabteilung riet dem Gesandten-Botschaftsrat, auf keinen Fall auch nur irgendetwas zu unternehmen, wenn er nicht selbst Unannehmlichkeiten bekommen und vorzeitig in Ruhestand versetzt werden wolle.

Nach dieser Abfuhr versuchte es Schmanewski auf die psychologische Tour, genauer gesagt mit strafendem Schweigen. Obwohl meine Frau ihm in der Regel mehrmals täglich Dokumente zur Unterschrift ins Büro brachte, wechselte er nun kein Wort mehr mit ihr.

Nach einigen Wochen beschloss ich zu intervenieren, denn je näher die Präsidentschaftswahl rückte, desto unangemessener verhielt sich Schmanewski. Zudem hatten inzwischen auch andere Kollegen – offenbar in Schmanewskis Auftrag – damit begonnen, auf meine Frau Druck auszuüben, indem sie ihr zuredeten: »Wozu brauchst du all diese Unannehmlichkeiten? Was kostet es dich, zur Wahl zu gehen? Mach doch einfach, was die Leitung will.« Ich ging also direkt zum Botschafter, um die Angelegenheit zu klären. Samoilenko tat so, als wisse er von nichts, obwohl ihm das Thema ganz offensichtlich unangenehm war. Mit gespieltem Erstaunen sagte er: »Keine Ahnung, warum sich Schmanewski so auf Ihre Frau eingeschossen hat. Ignorieren Sie den Mann doch einfach – jeder hier weiß, dass er ein Idiot ist.«

Das Gespräch mit dem Botschafter brachte nichts. Nach wie vor schneite jeden Tag irgendeiner der Mitarbeiter ins Büro meiner Frau herein und redete ihr beiläufig ins Gewissen, sie solle doch zur Wahl gehen. Ich vermute, dass damals kein einziger von den Botschaftsangehörigen wirklich begriffen hat, warum sich meine Frau so hartnäckig dem Willen der Obrigkeit widersetzte: Es ging ihr ums Prinzip und nun sogar noch mehr.

Heute bin ich der Ansicht, dass ich dem Beispiel meiner Gattin hätte folgen und die Präsidentschaftswahl hätte boykottieren sollen. Damals war mir aber meine politische Einstellung ebenso wichtig wie die Solidarität innerhalb unserer Familie. Ich erinnere mich nicht mehr, für wen ich am Ende gestimmt habe – wahrscheinlich für Sjuganow, den Chef der Kommunisten. Natürlich zweifelte weder ich noch sonst jemand daran, dass Putin bereits im ersten Wahlgang gewinnen würde.

Am Ende hat meine Frau als einzige in der gesamten Botschaft nicht an der Präsidentschaftswahl teilgenommen. Wir wurden deshalb aber weder entlassen, noch degradiert, noch bekamen wir schlechte Beurteilungen. Der »Idiot« Schmanewski wechselte noch drei Monate kein Wort mit ihr, Samoilenko dagegen – dem die Wahlen im Widerspruch zu seinen sonstigen Aussagen auf einmal erstaunlich viel bedeuteten – blockierte sie dagegen »nur« einen Monat lang. Dann wurde den beiden das ständige Anschweigen offenbar doch zu langweilig, und ihr Verhalten normalisierte sich wieder.

Inkompetenz und Indifferenz

Hatte es die Botschaftsleitung mit dem Diensteifer bei den Wahlen eindeutig übertrieben, so schien sie in anderen – für die russisch-mongolischen Beziehungen eigentlich viel wichtigeren – Angelegenheiten an einer ordentlichen Amtsführung deutlich weniger interessiert zu sein.

In diesem Winter kam es in der Mongolei zu einem sogenannten *dsud* – einem schweren Mangel an Tierfutter. Bei diesem für diese Region typischen Phänomen gefriert der Schnee zu einer steinharten Kruste, die weder Schafe noch Ziegen, Kühe oder Pferde mit ihren Hufen durchstoßen können, um zur Grasdecke zu gelangen. Die Folge ist, dass das Vieh massenhaft verendet. Am Straßenrand stößt man dann immer wieder auf vereiste Tierkadaver oder von Aasfressern abgenagte Skelette.

Ulaanbaatar bat die Weltgemeinschaft um Futterlieferungen, und auch Moskau versprach, einen Zug mit Getreide loszuschicken. Die Lieferung war für Februar angekündigt, erreichte Ulaanbaatar aber aus unerfindlichen Gründen erst im Mai. Der Botschafter ließ es sich nicht nehmen, den Zug gemeinsam mit der mongolischen Staatsführung feierlich und mit großem Medienrummel in Empfang zu nehmen. Aber nicht nur war es nun längst zu spät – im Frühjahr war ja kein Frost mehr zu befürchten –, sondern bei der Entladung der Waggons stellte sich auch noch heraus, dass das Getreide, das sich dort von Februar bis Mai befunden hatte, von Schädlingen befallen worden und somit nicht mehr als Futtermittel zu gebrauchen war.

Dass dieser tragische Fall von Inkompetenz irgendjemanden in unserer Botschaft betroffen machte, kann ich leider nicht behaupten.

Ein Käfer im Ameisenhaufen

Die Ankunft des neuen Leiters der außenpolitischen Gruppe sorgte im Frühsommer 2012 für ein wenig Bewegung im Botschaftssumpf. Botschaftsrat Tschernenko hatte zu diesem Zeitpunkt bereits die Heimreise angetreten. Er war mit dem Botschafter nie zurechtgekommen, nicht zuletzt wegen seiner Vorliebe für Hochprozentiges. Bei seinen »Meetings« mit befreundeten »Nachbarn«, die nicht selten bereits frühmorgens in seinem Büro begannen, genehmigte er sich im Laufe eines Tages mitunter solche Mengen, dass er gegen Feierabend wie ein Häufchen Elend wirkte.

Zur allgemeinen Beruhigung sei gleich gesagt, dass Tschernenkos feuchtfröhliche Leidenschaft ihm nicht geschadet hat. 2018 wurde er als Generalkonsul in seine Lieblingsstadt Shenyang versetzt. Glück gehabt, kann man da nur sagen.

Samoilenko dagegen missfiel nicht nur Tschernenkos Alkoholsucht, sondern auch dessen mangelnder Arbeitseifer. Also machte er sich auf die Suche nach Ersatz. Da sich aber anfangs niemand fand und Tschernenko die Leitung der außenpolitischen Gruppe entzogen wurde, war ich fast ein ganzes Jahr mir selbst überlassen. Schließlich konnte Samoilenko einen Kollegen für den Posten gewinnen, den er noch aus Kambodscha kannte: Sein wahrer Nachname tut hier nichts zur Sache – wir alle sprachen ihn ohnehin immer nur mit seinem französischen Spitznamen »Serge« an.

Als ich Serge am Flughafen abholte, bot er mir noch im Auto das »Du« an und erwies sich auch sonst als überaus kontaktfreudiger und neugieriger Mensch. Da ich einen arbeitsfreien Tag hatte, machten wir, nachdem er seine Wohnung bezogen und sich ein wenig frisch gemacht hatte, einen gemeinsamen Spaziergang durch die Stadt. Ich erzählte meinem neuen Vorgesetzten vom Leben in der Mongolei, und er berichtete von seinen Erfahrungen. Wie sich herausstellte, hatte er einen faszinierenden Lebensweg hinter sich.

Nach dem Abschluss eines Studiums als Militärdolmetscher für Khmer hatte Serge beim Militär gedient und war als Teil des sowjetischen Kontingents im Rahmen der UN-Friedensmission UNTAC von 1991 bis 1993 in Kambodscha gewesen. Anschließend wurde er an die russische Botschaft in Phnom Penh versetzt, wo er mehrere Jahre als Zweiter Sekretär arbeitete. Über Freunde und Bekannte aus der UN-

TAC-Mission schloss er sich dann der UN-Friedensmission in Osttimor an. Die UN-Friedensmissionen müssen es ihm damals angetan haben, denn er arbeitete anschließend lange in Afrika, unter anderem in der Zentralafrikanischen Republik, in Äthiopien, Eritrea sowie im Kongo. Schließlich wurde er zum stellvertretenden Leiter der UN-Mission im afghanischen Herat berufen, wo er vier Jahre lang tätig war und einen mehrere Stunden dauernden Angriff der Taliban auf die Mission überlebte. Während unseres Spaziergangs bemerkte er: »Ein seltsames Gefühl, durch eine Stadt zu gehen und nicht mit einer Schießerei rechnen zu müssen.«

Außerdem erfuhr ich bei dem Gespräch, dass Serge immer noch Abgeordneter des Moskauer Gagarinski-Bezirks war – und, wie sich sofort herausstellte, eindeutig oppositionelle Überzeugungen vertrat. Auf meine Frage: »Du hast also deine Wähler in Moskau im Stich gelassen?«, entgegnete er, er könne die Anfragen seiner Wähler genauso gut per Internet beantworten und an die Stadtverwaltung weiterleiten. »Warum aber soll ich in Moskau bleiben, wenn ich als Bezirksabgeordneter nicht bezahlt werde?«

Wie er berichtete, gab es durchaus Bezirksabgeordnete, die mit diesem Amt Geld verdienten: In der Regel waren dies Kollegen der Mehrheitspartei Einiges Russland, aber auch Vertreter anderer Parteien kamen mit etwas Glück in den Genuss von »Prämien«. Und das funktionierte so: Im Anschluss an jede Stadtratswahl wurden die neuen Volksvertreter von Mitarbeitern des Bürgermeisters aufgesucht, die ihnen großzügige Angebote unterbreiteten: Man sei bereit, ihnen ordentliche Beträge zu bezahlen (die Rede war von mehreren Millionen Rubel jährlich), wenn sie sich im Gegenzug als loyal erwiesen. Offenbar gab es viele, die diesem Deal zustimmten.

Serge brachte frischen Wind in unseren verstaubten Botschaftsalltag, indem er einige Praktiken einführte, die er bei den Vereinten Nationen erlernt hatte. Er schloss sogleich eine ganze Reihe von Bekanntschaften im diplomatischen Korps, erstellte Unmengen von Gesprächsnotizen und hob sich mit seinem »prowestlichen«, unabhängigen Auftreten deutlich von allen anderen Diplomaten ab. Ich führte ihn in die Botschaftsabläufe ein und machte ihn mit der Welt der Mongolei bekannt, sodass wir uns recht gut anfreundeten.

Schon bald sollte sich Serge als eine Art »Käfer im Ameisenhaufen« (nach dem berühmten Roman der Brüder Strugatzki) erweisen, der die verknöcherten Strukturen der Botschaft aufzubrechen versuchte. Anfangs amüsierten sich viele der Mitarbeiter über sein unkonventionelles Verhalten, reagierten dann aber zunehmend irritiert. Besonders sein Wunsch, stets neue Kontakte zu knüpfen – vor allem zu Bürgern anderer Länder, Expats und Vertretern des diplomatischen Korps – erregte bei den Kollegen wenn nicht Misstrauen, so doch Unverständnis. In der Regel hatte man doch maximal vier oder fünf Bekannte, mit denen man mehr oder weniger erfolgreich zusammenarbeitete – warum sollte man noch mehr wollen? Ich habe diese Verschlossenheit meiner Kollegen nie verstanden, schließlich sollte man gerade als Diplomat einen möglichst großen Bekanntenkreis pflegen.

Worin besteht der Auftrag eines Diplomaten? Letztlich doch vor allem darin, sich einen möglichst wahrheitsgetreuen Eindruck vom Geschehen im jeweiligen Gastland zu machen. Dafür braucht es ein möglichst weitverzweigtes Netzwerk an Bekanntschaften und Kontakten in den unterschiedlichsten Bereichen: natürlich in der Regierung des Gastlands, in den Ministerien, die sich mit deinen Fachgebieten befassen, aber auch in Nichtregierungsorganisationen, in der Medienwelt und so weiter. Je kleiner der Kreis von Informationsquellen, desto geringer die Chancen einer ausgewogenen, überprüften Meinungsbildung. Ich hatte allein im mongolischen Außenministerium etwa zehn bis zwölf ständige Kontakte und insgesamt vielleicht 20. In meiner Zeit in Genf, in der ich bereits ein höheres Amt bekleidete, stand ich regelmäßig mit etwa 40 ausländischen Kontakten im Austausch.

Den Mitarbeitern unserer Botschaft in Ulaanbaatar schien dieser Ansatz jedoch fremd zu sein. Viele von ihnen waren tatsächlich überzeugt, dass nahezu alle Ausländer in der Mongolei Spione seien. Manche behaupteten sogar allen Ernstes, jeder, der als »Tourist« in die Mongolei einreise, sei in Wahrheit für ausländische Geheimdienste tätig. Eine gewaltige, kaum vorstellbare Menge von Spionen musste sich da in diesem Land tummeln, bei jährlich über 1,5 Millionen Touristen! Es ist schon ein Armutszeugnis, wenn erwachsene Menschen – und dann auch noch Diplomaten, die doch eigentlich über mehr Informationen verfügen sollten als die Allgemeinheit – an solchen Unsinn glauben und diesen dann auch noch verbreiten. Damals empfand ich diese Ansichten als Kuriosität – heute gehören sie in Russland zum Mainstream.

Lohnt sich ein Rechtsstreit mit dem Ministerium?

Noch vor seiner Abreise in die Mongolei hatte sich Serge an der Russischen Akademie für Volkswirtschaft und öffentliche Verwaltung in einen zweijährigen Studiengang »Master of Public Administration« eingeschrieben. Er erhoffte sich wohl, dadurch nützliche Kontakte zu knüpfen und seiner politischen Karriere als Bezirksabgeordneter neuen Schwung zu verleihen. Sein Studienplan beinhaltete mehrere Präsenzprüfungen in Moskau. Als der erste Prüfungszeitraum näher rückte, reichte Serge einen Antrag auf Studienurlaub ein. Laut russischem Arbeitsgesetzbuch ist ein Arbeitgeber verpflichtet, dem Arbeitnehmer für etwaige Prüfungen Studienurlaub zu gewähren, wobei dieser Urlaub nicht vom gesetzlichen Grundurlaub des Arbeitnehmers – damals etwa 40 Tage – abgezogen werden darf. Der Botschafter unterschrieb den Antrag, und Serge flog nach Moskau.

Während Serge sich also im Steinbruch der Wissenschaft betätigte, rechnete die Buchhalterin der Botschaft nach und kam zu dem Schluss, es gehe doch zu weit, dass man einen Ersten Sekretär nicht nur seinen gesetzlichen, sondern auch noch einen zusätzlichen Urlaub »abfeiern« lasse. Diese Bedenken teilte sie Samoilenko mit, der daraufhin seine Freigebigkeit bereute. Daraufhin wurde die Urlaubsanordnung neu formuliert: Serge befand sich nun nicht mehr im Studienurlaub, sondern im gesetzlichen Grundurlaub. Sowohl Samoilenko als auch die Buchhalterin vergaßen dabei jedoch, dass diese Änderung der Zustimmung des Arbeitnehmers bedurfte. Besser gesagt: Sie vergaßen es nicht, sondern gingen einfach davon aus, dass ein Arbeitnehmer keine eigene Meinung besaß. Einen Arbeitnehmer mit eigener Meinung, so etwas gab es nicht – und auf die allermeisten Mitarbeiter der Botschaft traf dies auch zu. Nicht aber auf Serge!

Zurück in Ulaanbaatar erfuhr Serge natürlich, dass man die Urlaubsanordnung in seiner Abwesenheit überarbeitet hatte, und beschloss der Sache erst einmal auf den Grund zu gehen. Sowohl die Buchhalterin als auch der Botschafter erklärten scheinheilig, ein Masterstudium berechtige nicht zu einem Studienurlaub. Als Serge daraufhin auf Verfügungen des Bildungsministeriums hinwies, die dieses Recht belegten, entgegnete man ihm ungerührt: »Das Außenministerium hat seine eigenen Gesetze.« (Ein Lieblingssatz so einiger unserer Vorgesetzten.) Fast jeder andere hätte an Serges Stelle wahrscheinlich die Segel gestrichen, und die Angelegenheit wäre erledigt gewesen. Serge aber zog vor Gericht.

Erwartungsgemäß verlor das Außenministerium den Prozess gegen Serge. Wie üblich erschienen keine Ministeriumsvertreter zur Gerichtsverhandlung, wodurch das Urteil automatisch zugunsten des Klägers ausfiel. Das Gericht ordnete an, dass Serge eine Entschädigung erhalten müsse und die Anordnung, seinen Studienurlaub durch Grundurlaub zu ersetzen, aufzuheben sei. Die Wahrheit hatte gesiegt. Und doch: Obwohl Serge nach all seinen Brennpunkt-Einsätzen eigentlich auf eine etwas ruhigere Laufbahn im Außenministerium spekuliert hatte – immerhin war er nun schon in seinen späten Vierzigern –, sah er sich nun genötigt, sich neu zu orientieren. Hast du einmal das Außenministerium verklagt, kannst du deine Sachen packen. Trittst du für deine Rechte ein und weigerst dich, Ungerechtigkeit zu akzeptieren, bist du für die russländische Diplomatie nicht mehr zu gebrauchen. An dieser Stelle greift die berüchtigte »negative Selektion«. Oder wie eine literarische Figur der Brüder Strugatzki sagt: »Kluge Leute brauchen wir nicht. Wir brauchen Gläubige.«

Muss man sich da noch über die Unterwürfigkeit der russischen Diplomaten und ihren Mangel an Selbstachtung wundern?

Serge blieb noch bis zum Ablauf seines Zweijahresvertrags in Ulaanbaatar. Da niemand an einer Verlängerung interessiert war, kehrte er nach Moskau zurück. Natürlich gab es im Außenministerium angeblich gerade keine »freien Stellen«, dabei hätte ihn Iwan Soltanowski, der Chef des Departements für gesamteuropäische Zusammenarbeit, gern zu sich geholt. Doch selbst der Leiter dieser keineswegs unbedeutenden Abteilung, die immerhin für die Beziehungen zur Europäischen Union, zur NATO, zur OSZE und anderen multilateralen Strukturen in Europa zuständig ist, konnte gegen die absurde Personalpolitik des Ministeriums nichts ausrichten. Am Ende konnte Soltanowski Serge nur einen Posten im Rahmen der OSZE-Sonderbeobachtungsmission im Donbass anbieten. Serge nahm an – das Leben in der Frontzone war ihm ja von seinen vielen UN-Missionen vertraut.

Im Juni 2013 endete dann auch meine eigene Dienstzeit in der Mongolei, und ich nahm Abschied vom Land des ewig blauen Himmels. In Moskau wartete eine neue Aufgabe auf mich.

5 RÜSTUNGSFRAGEN UND PROPAGANDA

AUSFUHRKONTROLLE UND TRÄGERTECHNOLOGIEN – DER MAIDAN UND DIE FOLGEN – CHEMISCHE UND BIOLOGISCHE WAFFEN

MOSKAU (2013–2019), DEPARTEMENT FÜR NICHTVERBREITUNG UND RÜSTUNGSKONTROLLE (DNKW) DES RUSSISCHEN AUSSENMINISTERIUMS, ALS ERSTER SEKRETÄR UND BOTSCHAFTSRAT

Zurück in Moskau

Gut ein Jahr vor Ende meines Einsatzes in der Mongolei begann ich mich ernsthaft mit meinem weiteren beruflichen Werdegang zu befassen. Kurz zuvor hatte ein guter Freund eine Stelle im Departement für Sicherheits- und Abrüstungsfragen (DWBR) angetreten, also bat ich ihn herauszufinden, ob es dort noch weitere freie Stellen gab. Ich hatte Glück: Nach Vorstellungsgesprächen mit dem stellvertretenden Direktor des Departements Alexander Deineko sowie mit Abteilungsleiter Sergej Federjakow wurde ich am 8. Juli 2013 als Erster Sekretär in der Abteilung für Ausfuhrkontrolle eingestellt.

Die Mitarbeiter im Team waren alle noch recht jung, und entgegen der im Außenministerium verbreiteten Meinung, das DWBR sei eine finstere Behörde, in dem nur »Stiefel« – also ehemalige Militärs – das Sagen hätten, war die Arbeitsatmosphäre dort weder bürokratisch noch sonst irgendwie angespannt.

Dass in diesem Departement ehemalige Mitarbeiter des Verteidigungsministeriums arbeiteten, war nicht verwunderlich, schließlich musste bei Rüstungskontrollfragen das Militär ohnehin einbezogen werden.

2014 wurde das DWBR durch das neu geschaffene Departement für Nichtverbreitung und Rüstungskontrolle (DNKW) ersetzt. Der Grund für die Umbenennung war, dass das Thema Abrüstung längst nicht mehr auf der Tagesordnung stand, während Fragen der Nichtverbreitung von Massenvernichtungswaffen und der Rüstungskontrolle zunehmend an Bedeutung gewannen.

UN-Resolution 1540

Gleich zu Beginn musste ich mich mit einem wichtigen Dokument auseinandersetzen, das der UN-Sicherheitsrat am 28. April 2004 einstimmig angenommen hatte. Bis heute verpflichtet die Resolution 1540 als einziges universell rechtsverbindliches Dokument alle UN-Mitgliedsstaaten, wirksame Maßnahmen zu ergreifen, damit Terroristen oder andere unbefugte Personen oder Organisationen nicht in den Besitz von Massenvernichtungswaffen oder deren Trägersystemen kommen. Die Resolution ist ein elementarer Bestandteil der internationalen Regelungen für die Nichtverbreitung von Massenvernichtungswaffen sowie insbesondere deren Trägersysteme, in erster Linie ballistischer Raketen, Marschflugkörper und Drohnen.

Ich hatte gerade erst in der Abteilung für Ausfuhrkontrolle zu arbeiten begonnen, als wir Anfragen aus Kirgistan und Tadschikistan erhielten, die uns um technische Unterstützung im Rahmen der Resolution 1540 baten. Dabei ging es um die Ausstattung ihrer Grenzkontrollpunkte mit Detektoren für Strahlung, Chemikalien und biologische Toxine sowie um Hilfe beim Aufbau landesweiter Früherkennungssysteme für schädliche Mikroorganismen und Chemikalien. Explizit wurde hier um »Hilfe« gebeten, das heißt, all diese Dinge sollten unentgeltlich zur Verfügung gestellt werden.

Im Prinzip war dies nichts Ungewöhnliches: Nicht jeder Staat kann es sich leisten, die erforderliche Ausrüstung zu Marktpreisen zu erwerben. Die unentgeltliche Bereitstellung solcher Geräte ist da oft der einfachste und effektivste Ausweg.

Wir waren der Ansicht, dass unsere Hilfe für diese beiden Länder nicht nur unserer eigenen Sicherheit zugutekommen würde – je zuverlässiger unsere Nachbarn ihre Grenzen kontrollierten, desto weniger Kopfschmerzen hatten wir –, sondern dass dadurch auch unsere Beziehungen mit Bischkek und Duschanbe gestärkt würden. Wir würden ja nicht nur einfach Detektoren liefern, sondern die Geräte auch installieren, einrichten und dem Personal vor Ort die Bedienung erklären müssen. Die Bediener müssten zudem regelmäßig geschult werden, was uns einen eigenen Kommunikationskanal zu den kirgisischen und tadschikischen Kollegen eröffnete. Diese würden nach russischen Normen und auf der Basis russischer Prozessdokumentationen arbeiten. Nicht zuletzt wäre durch Ersatzteillieferungen und ähnliche Serviceleistungen eine sanfte russische Präsenz in der Region gesichert.

Da aus politischer Sicht keinerlei Nachteile zu erkennen waren, begannen wir bei den entsprechenden Stellen – dem Verteidigungsministerium, dem Industrie- und Handelsministerium, bei Rosatom und anderen – die Möglichkeiten für eine solche Unterstützung auszuloten, wobei wir deren Zweckmäßigkeit stets ausführlich begründeten.

Ein paar Wochen später erhielten wir Antwort: Ja, das sei eine gute Idee, man sei durchaus bereit, Bischkek und Duschanbe mit den erforderlichen Geräten zu versorgen, diese zu installieren, die Schulungen durchzuführen – aber nicht unentgeltlich!

Tatsächlich scheiterte es am Geld. Die zuständigen Dienststellen waren nicht einmal bereit, jene Geräte zur Verfügung zu stellen, die ohnehin in ihren Lagern verstaubten. Eine Klärung der Angelegenheit wäre damals nur auf höchster Regierungsebene möglich gewesen, ein Aufwand, der sich auch Sicht meiner Vorgesetzten nicht lohnte. Weder Kirgistan noch Tadschikistan haben damals Hilfe von uns erhalten.

Wie wir später erfuhren, haben sich sowohl Bischkek als auch Duschanbe damals an die Europäische Union gewendet – und dort tatsächlich Unterstützung erhalten. Was von uns dann natürlich als typisches Beispiel für die »unfreundliche Politik« der EU dargestellt wurde, die angeblich versuche, Russland aus seiner »traditionellen Einflusssphäre«

zu verdrängen. Wer aber so eine »Einflusssphäre« behalten will, muss sich schon ein wenig anstrengen und auch gewisse Kosten tragen. Es bringt nichts, sich einfach zurückzulehnen und zu erwarten, dass sich alles schon irgendwie von selbst regeln wird.

Trägertechnologien: russische vs. westliche Kontrollansätze

Neben der UN-Resolution 1540 hatte ich noch einen weiteren Haupt-Tätigkeitsbereich: das sogenannte »Trägertechnologie-Kontrollregime«, kurz MTCR. Dabei handelt es sich um einen informellen Zusammenschluss von 35 Staaten, der Aus- und Einfuhrstandards für sowohl zivil als auch militärisch nutzbare Güter (»Dual-Use-Güter«), insbesondere im Bereich Trägersysteme, unbemannte Luftfahrzeuge sowie deren Komponenten, festlegt.

Die Arbeit des MTCR stützt sich auf drei Hauptbereiche. Das wichtigste Dokument ist der Technische Anhang, eine Liste aller Dual-Use-Güter und -Technologien, die bei der Entwicklung von Trägersystemen für Massenvernichtungswaffen verwendet werden können. Alle sechs Monate trifft sich das sogenannte Technical Experts Meeting (TEM) an wechselnden Orten, um über etwaige Änderungen (Bearbeitungen, Ergänzungen, Streichungen etc.) des Technischen Anhangs zu diskutieren.

Die zweite Säule der Ausfuhrkontrolle sind die Bereiche Genehmigung und Rechtsdurchsetzung. Die Erteilung von Ausfuhrgenehmigungen ist ein behördenübergreifender Prozess. In Russland sind daran in erster Linie Experten des Föderalen Dienstes für Technik- und Ausfuhrkontrolle (FSTEK), des Föderalen Dienstes für militärisch-technische Zusammenarbeit (FSTWK) und des russischen Außenministeriums beteiligt.

Im dritten Teil des Regimes – dem »politischen Segment« – kommen schließlich die großen Bosse zum Zug. Diese treffen sich in einer eigenen Gruppe für den Informationsaustausch, die dann nahtlos in die MTCR-Plenarsitzung übergeht. Dort diskutieren die Delegationen die wichtigsten Herausforderungen für die internationale Sicherheit im Hinblick auf das Kontrollregime, berichten über ihre Bemühungen zur Bewältigung dieser Herausforderungen und so weiter.

Im postsowjetischen Russland geht man mit dem Thema Ausfuhrkontrolle grundsätzlich anders um als in westlichen Ländern: Für den Westen ist das in erster Linie ein wirtschaftspolitisches Instrument, um Technologieexporte in andere Länder zu kontrollieren und damit die eigenen Wettbewerbsvorteile zu sichern. Die russische Diplomatie dagegen hat in der Ausfuhrkontrolle von Anfang an ein rein politisches Instrument zur Nichtverbreitung von Massenvernichtungswaffen gesehen.

Zu Sowjetzeiten war eine Ausfuhrkontrolle als solche nicht existent: Da sich die Wirtschaft ohnehin vollständig in Staatsbesitz befand, wurden sämtliche Ein- und Ausfuhrentscheidungen vom Staat getroffen und Exporte von staatlichen Stellen durchgeführt. Nach dem Zerfall der Sowjetunion musste ein Ausfuhrkontrollsystem somit erst neu aufgebaut werden. Da Russland aber von der UdSSR einen gewaltigen militärisch-industriellen Komplex geerbt hat, der weitgehend in staatlichem Besitz geblieben ist, unterscheidet sich unser System grundlegend von dem der westlichen Länder, wo die meisten, wenn nicht gar alle Hersteller von militärischen oder Dual-Use-Gütern privatwirtschaftliche Unternehmen sind, die sich ihre Außenhandelsgeschäfte bei staatlichen Behörden genehmigen lassen müssen.

Dieser Unterschied erklärt auch, warum die politischen Positionen bei unseren Gesprächen zur Ausfuhrkontrolle oft so weit auseinanderlagen. Dabei erschien mir die Einstellung der meisten westlichen Länder durchaus vernünftig: Wenn es ihnen wichtig war, dass bestimmte Güter oder Technologien nicht in die Hände von Wettbewerbern gelangten, sollten diese auf die Kontrolllisten gesetzt werden. Wenn dagegen eine Technologie ohnehin schon weit verbreitet war, betrachteten diese Länder es als sinnvoll, die Ausfuhrkontrolle zu lockern, um ihren Herstellern und Exporteuren das Leben zu erleichtern. Diese Ausfuhrkontrollpolitik folgte also einem Bottom-Up-Ansatz, beginnend bei den Bedürfnissen und Interessen der Hersteller und Unternehmen bis hinauf zu den Regierungsbehörden, die diese Anforderungen formalisierten und dann in den verschiedenen Formaten multilateraler Ausfuhrkontrolle durchzusetzen versuchten.

Schwere Drohnen

Ein besonders treffendes Beispiel für diesen westlichen Ansatz war der Versuch der USA, beim Technical Experts Meeting des MTCR in Reykjavik 2018 die Ausfuhr von schweren Drohnen zu erleichtern. Auf dem dynamisch wachsenden Drohnenmarkt waren schon damals auch Hersteller aus Ländern tätig, die nicht am MTCR teilnahmen, insbesondere China, Israel und die Vereinigten Arabischen Emirate. Diese hatten natürlich wesentlich weniger Probleme beim Export ihrer Produkte. Amerikanische Produzenten dagegen mussten stets Ausfuhrgenehmigungen beantragen und benötigten dafür sogar entsprechende Bescheide von höchster behördlicher Ebene. Unter dieser Ausdehnung des Genehmigungsverfahrens litt natürlich ihre Wettbewerbsfähigkeit, und so überraschte es nicht, dass dieses Thema auch auf unserer Tagesordnung stand.

Die Argumentation der Amerikaner lautete, kurz gefasst: Je schneller ein Trägersystem, desto gefährlicher ist es. Und da schwere Kampfdrohnen vom Typ Predator oder Reaper deutlich langsamer fliegen als ballistische Raketen oder Marschflugkörper, sollten die Ausfuhrkontrollen für sie verringert werden.

Fast alle anderen Delegationen reagierten auf den US-Vorstoß verhalten: Es wurden Befürchtungen laut, ein solcher Schritt könne die doch ziemlich spezifischen Parameter des MTCR unnötig verwässern. Auch unsere Delegation äußerte Bedenken, ob der Parameter »Geschwindigkeit« wirklich stichhaltig sei.

Natürlich fliegt eine Überschallrakete viel schneller als eine Drohne – der Gegner hat also weniger Zeit, sie zu entdecken, ihre Flugbahn zu berechnen und zu versuchen, sie mit den verfügbaren Mitteln abzuschießen. Allerdings fliegt eine solche Rakete meist in großer Höhe, ist also aufgrund des geringeren Luftwiderstands leichter auffindbar. Zudem erhöht sich bei Überschallgeschwindigkeit der Treibstoffverbrauch, was sich auf die Reichweite dieser Raketen auswirkt.

Ein Unterschall-Marschflugkörper kann dagegen aufgrund seiner relativ geringen Geschwindigkeit auch in niedrigerer Höhe fliegen, sogar 40 bis 50 Meter über dem Boden. Für gegnerische Radarsysteme ist er somit nur schwer zu entdecken. Die deutlich höhere Reichweite dieser Raketen ermöglicht es zudem, sie außerhalb des Radius der gegnerischen Luftabwehr starten zu lassen. Zusätzlich erschwert wird das Abfangen durch die hohe Manövrierfähigkeit dieser Raketen, zumal sie heutzutage auch mit Störsendern oder Tarnkappentechnik ausgestattet werden können.

Die Geschwindigkeit war somit nach unserer Ansicht kein belastbarer Indikator für die Gefährlichkeit eines Trägersystems.

Das Beispiel zeigt, dass die Amerikaner den Interessen ihrer Rüstungsindustrie in der Regel mehr Beachtung schenken als dem Risiko der Verbreitung sensibler Technologien. In dem damaligen Fall hatten jedoch selbst die amerikanischen Verbündeten kein Verständnis für dieses Gebaren, sodass ihr Vorschlag keine Mehrheit fand.

Eine merkwürdige Anweisung, die niemand hinterfragt

Die russische Vorgehensweise nimmt dagegen die Bedürfnisse der Hersteller kaum in den Blick. Über die Jahre hinweg habe ich den Eindruck gewonnen, dass bei Weitem nicht alle russischen Hersteller und Exporteure von Dual-Use-Gütern überhaupt wissen, dass es Ausfuhrkontrollsysteme gibt, geschweige denn wie diese funktionieren und was man tun muss, um den mit ihnen verbundenen Aufwand zu minimieren. Und da die russische Wirtschaft weder als politisches Subjekt eine Rolle spielt noch irgendein Mitbestimmungsrecht besitzt, werden ihre Belange auf Regierungsebene kaum wahrgenommen. Folglich orientiert sich die russische Diplomatie bei der Ausfuhrkontrollpolitik in erster Linie an ihren eigenen Vorstellungen davon, wie sich die Nichtverbreitung von Komponenten von Massenvernichtungswaffen oder Dual-Use-Gütern wirksamer gewährleisten lässt.

Bei der MTCR-Plenarsitzung in Rom im Oktober 2013 wurde die Aufnahme von einer Reihe von Chemikalien in den Technischen Anhang diskutiert. Bei dieser Gelegenheit sollten auch wir einen eigenen Vorschlag einbringen, doch bereits bei der Vorbereitung zu dieser Veranstaltung – noch in Moskau – war mir in unseren Unterlagen eine ziemlich seltsame Anweisung der Leitung aufgefallen: »Wenn es irgendwelche Fragen zu unserem Vorschlag gibt, ziehen Sie ihn aus der Diskussion zurück.« Was sollte das? Bei einem neuen Vorschlag war es doch logisch, nein, unvermeidlich, dass die anderen Parteien Fragen hatten.

Als bei der Plenarsitzung die anderen Teilnehmer tatsächlich begannen, an dem einen oder anderen Punkt nachzufragen und um Klärung zu bitten, antwortete unser Delegationsleiter nur: »Vielen Dank, Herr Vorsitzender, wir ziehen unseren Antrag zurück.«

Das Plenum reagierte verblüfft, manche Teilnehmer lachten sogar verlegen – für unsere Delegation eine absolute Blamage. Wir vermittelten den Eindruck, als sei Russland, eine der führenden Raketen- und Raumfahrtnationen, nicht in der Lage, einen eigenen, möglicherweise durchaus sinnvollen Vorschlag zu begründen.

Warum die Leitung uns diese seltsame Anweisung gegeben hatte, habe ich nie herausgefunden.

Mangelnde Sprachkenntnisse und die Folgen

Die Situation bei den MTCR-Plenarsitzungen wurde auch dadurch erschwert, dass die Arbeitssprache Englisch war, unsere technischen Experten jedoch bis auf wenige Ausnahmen keine Fremdsprachen beherrschten. Darin unterschieden wir uns grundlegend von allen anderen Delegationen, deren Experten sich in gutem Englisch über Fachthemen unterhalten konnten. Die Kommunikation fiel daher meist mir selbst oder meinen Diplomatenkollegen zu, während unsere Fachleute neben uns saßen und nur dann etwas beitragen konnten, wenn es zu Missverständnissen kam. Das Ganze verkomplizierte die Situation erheblich, denn wir Diplomaten mit unserem eher geisteswissenschaftlichen Hintergrund gerieten natürlich schnell ins Schwimmen, wenn es um unsymmetrisches Dimethylhydrazin, Ammoniumnitrat oder Pyrobolzen für das Abtrennen von Trägerraketenstufen ging.

Die Schwierigkeiten mit dem Englischen brachten bisweilen groteske Probleme für die russische Wirtschaft mit sich: So kam im Jahr 2016 vom russischen Ausfuhrkontrolldienst FSTEK der Vorschlag, einen Stoff namens Polybutadien-Acrylsäure bzw. Polybutadien-Acrylnitril (abgekürzt PBAA und PBAN), der zur Produktion von Feststoffraketentreibstoffen dient, von der MTCR-Liste zu streichen, denn es gebe für dieses Material auch eine ganze Reihe von zivilen Anwendungen.

Wir sagten zu, diese Initiative zu unterstützen und erläuterten bei der nächsten Sitzung den Vorschlag des FSTEK. Die anderen Delegationen behaupteten jedoch, sie könnten keine Beispiele für zivile Anwendungen des genannten Stoffes finden. Als Beweis für unsere These demonstrierten wir ein russisches Chemielehrbuch aus den Fünfziger- oder Sechzigerjahren, in dem die Verwendung des Stoffes bei der Herstellung von Autoreifen und Schuhsohlen beschrieben wurde.

Mir war natürlich peinlich, dass wir keinen aktuelleren Beleg vorweisen konnten, und so kamen mir erste Zweifel: Warum fanden die Experten aus den USA und Deutschland – beides Länder mit nicht gerade rückständiger chemischer Industrie – nirgends Beispiele für die zivile Verwendung von PBAA und PBAN? Auf meine Bedenken erhielt ich von unseren Fachleuten die lapidare Antwort: »Entweder irren sich die Amerikaner, oder sie behaupten das nur, um uns zu ärgern.«

Beim nächsten Treffen brachte ich unsere These erneut vor – und erhielt von unseren amerikanischen und europäischen Kollegen dieselbe schulterzuckende Reaktion: Man sei nicht in der Lage, unsere Anwendungsbeispiele mit den in der MTCR-Liste genannten Stoffen übereinzubringen. Schließlich beschloss ich, der Sache selbst auf den Grund zu gehen, und fand mit einer einfachen Internetrecherche heraus: Was wir all die Jahre aus der MTCR-Liste hatten streichen wollen, war nicht Polybutadien-Acrylnitril, sondern *Acrylnitril-Butadien* (abgekürzt NBR), ein tatsächlich völlig unbedenklicher Kautschuk, der natürlich nichts auf der Liste zu suchen hatte!

Noch aus dem Sitzungssaal rief ich Alexander Serdjuk an, den Leiter der Abteilung Raketentechnologie des FSTEK, und berichtete ihm von meiner peinlichen Entdeckung. Serdjuk entgegnete, die Bezeichnung »Acrylnitril-Butadien-Kautschuk« tauche explizit in einem Dekret des Präsidenten auf. Wie sich herausstellte, hatten russische Hersteller die ganze Zeit über Exportlizenzen für ein Schuhsohlenmaterial beantragt – und das alles nur, weil jemand die MTCR-Kontrollliste an dieser Stelle falsch ins Russische übersetzt hatte. Offenbar war aber auch keiner der Gummihersteller jemals auf die Idee gekommen, bei den Behörden nachzufragen, warum sie für ihr Erzeugnis so eine strenge Ausfuhrlizenz benötigten.

Ausfuhrkontrolle und die Krimfrage

Mitte März 2014 fand in Dubai eine weitere mehrtägige Ausfuhrkontrollkonferenz statt, organisiert vom US-amerikanischen Programm für Ausfuhrkontrolle und Grenzsicherheit (EXBS) zusammen mit den Vereinigten Arabischen Emiraten. Für die Reise- und Unterbringungskosten sowie das Tagegeld wären eigentlich die Ausrichter der Konferenz aufgekommen, doch wandte Vizeaußenminister Sergej Rjabkow ein, die Großmacht Russland dürfe sich nicht von den USA finanzieren lassen; wir sollten jeder privat für die Kosten aufkommen. Am Ende stimmten wir zumindest der Kostenübernahme für das Hotel zu, den Rest mussten wir selbst bezahlen. Zerknirscht nahmen wir dies zur Kenntnis, aber was konnten wir schon ausrichten gegen den Patriotismus und das Großmachtgehabe eines stellvertretenden Ministers?

Exakt zur selben Zeit, Mitte März 2014, kam es zu den Ereignissen auf der Krim. Von meinem Hotelzimmer in Dubai aus verfolgte ich live auf CNN, wie Putin den Beitritt der Halbinsel zu Russland mit seiner Unterschrift besiegelte. Für viele Russen war dies ein historisches Ereignis, denn sie waren der Ansicht, die Krim sei während der Sowjetzeit zu Unrecht an die Ukraine abgetreten worden.

Bereits in diesem Augenblick wusste ich: Die Krim ist nur der Anfang. Als nächster Schritt würde der Einmarsch in die Ukraine und – mindestens – die Annexion des »linksufrigen« (also östlich des Dnepr gelegenen) Landesteils folgen, der traditionell als prorussisch gilt und von einer großen Zahl russischsprachiger Menschen bewohnt ist. Welchen strategischen Sinn hatte es, sich nur die Krim einzuverleiben? Es war nur logisch, dass darauf weitere größere Schritte folgen mussten.

Wie jedoch die weiteren Ereignisse zeigten, wollte sich – trotz grundsätzlicher Sympathie – zunächst niemand in der Ostukraine Russland wirklich anschließen oder zumindest konkrete Schritte in diese Richtung unternehmen. Meines Erachtens machte sich auch hier ein sowjetisches Erbe bemerkbar: Diese Menschen waren einfach nicht gewohnt, selbst Entscheidungen zu treffen und unabhängig zu handeln. Über Generationen hinweg war ihnen eingebläut worden, immer nur still zu sitzen und »den Kopf unten zu halten«. Sicher, man war im Osten der Ukraine und auf der Krim nicht besonders glücklich, immer wieder Aufrufe zur Beschränkung oder gar zum Verbot der russischen Sprache oder ähnliche nationalistische Ideen seitens marginaler Gruppen der ukrainischen Politik zu vernehmen – was natürlich auch von der russischen Propaganda aufgegriffen wurde. Auch die als »Maidan«-Aufstand bekannt gewordenen Massenproteste gegen Präsident Janukowitsch in Kyjiw,die unter dem Motto der »westlichen Wahl der Ukraine« stattfanden und schließlich mit Janukowitschs Flucht endeten, wurden nicht von allen Ukrainern einhellig unterstützt. Doch blieb der Osten insgesamt zunächst passiv und musste daher – noch im selben

Jahr 2014 – erst von »höflichen Menschen«, von Igor »Strelkow«-Girkins »Freiwilligen« sowie von anderen Kontingenten der selbst ernannten Republiken Luhansk und Donezk gewaltsam »motiviert« werden.

Die abenteuerliche Angliederung der Krim an Russland nahm ich wenig begeistert zur Kenntnis. Als einzig positiven Effekt verzeichnete ich damals vermehrte patriotische Gefühle in der Gesellschaft – und einen entsprechenden Anstieg der Popularität Putins, der die Krim »in ihren Heimathafen« zurückgebracht hatte. Die negativen Folgen dagegen lagen auf der Hand: Erstens galt es nun, zweieinhalb Millionen neue Bürger in unseren Staat zu integrieren. Wir würden eine Menge Geld in ihre Renten und Sozialleistungen und in die Infrastruktur investieren müssen. Geld, das damit für andere dringend hilfsbedürftige Regionen wie den Nordkaukasus, Sibirien und den Fernen Osten nicht mehr zur Verfügung stand.

Zweitens war es offensichtlich, dass die internationale (vor allem westliche) Reaktion nicht zu unseren Gunsten ausfallen würde. Ich rechnete mit öffentlicher Kritik und Wirtschaftssanktionen, was wir angesichts ohnehin geringer Wachstumsraten zu diesem Zeitpunkt nicht gebrauchen konnten. In der Diskussion mit meinen Kollegen vertrat ich den Standpunkt, wir hätten besser daran getan, die Unabhängigkeit der Krim anzuerkennen und mit ihr ein Kooperations- und Hilfsabkommen zu schließen, so wie seinerzeit mit Abchasien und Südossetien. Die Reaktion des Westens wäre natürlich in jedem Fall negativ ausgefallen, aber eine schamlose Annexion ist doch etwas anderes als die Unterstützung von Unabhängigkeit und Selbstbestimmung. Hier hätten wir stets auf den Präzedenzfall Kosovo verweisen und fragen können, warum die Kosovo-Albaner ihre Unabhängigkeit verdienen, aber die Abchasen, Osseten und die Krim-Bevölkerung nicht? Ein solches Szenario hätte unserem Präsidenten aber nicht jenen Ruhmesglanz des »Sammlers der russischen Erde« verliehen, und der berühmte »Krim-Konsens« in der russischen Gesellschaft (mit seiner Betonung der Großmachtambitionen und der heiligen Mission Russlands) wäre kaum zutage getreten. Es lag jedoch auf der Hand, für welche Handlungsoption sich Moskau entscheiden würde: Putin und seine Entourage waren viel mehr am eigenen Machterhalt interessiert als an den Zukunftsaussichten ihres Landes.

Die russische Führung ist schon immer der Meinung gewesen: Was die Amerikaner können, können wir schon lange! Auch wir sind eine Großmacht und haben Atomwaffen! Es ist dieser Komplex aus einerseits Hass und Abneigung gegen den Westen und andererseits leidenschaftlicher Überhöhung desselben – der Wunsch, in allem so zu sein wie er –, der die russische Politik bis heute bestimmt. Das Säbelrasseln und die Militäroperationen der USA in den 1990er- und 2000er-Jahren schürten sowohl den Neid als auch die Ambitionen der Moskauer Führung. Wir wollten uns selbst behaupten, wollten es uns und der Welt – und eben vor allem den Vereinigten Staaten – zeigen, dass wir das alles auch können. Die Inbesitznahme der Krim war dafür die ideale Gelegenheit.

Während einer Mittagspause der Dubaier Ausfuhrkontrollkonferenz ging ich in einen Park, um frische Luft zu schnappen. Sofort wurde ich von Delegierten aus einigen GUS-Ländern umringt – jungen Leuten aus Kasachstan, Kirgistan und Tadschikistan. Besorgt fragten sie: Was passiert da auf der Krim? Was ist mit Russland und der Ukraine? Ich spürte deutlich ihre Besorgnis, dass Russland offenbar gerade dabei war, sich ukrainisches Staatsgebiet einzuverleiben, denn natürlich projizierten sie dasselbe Geschehen sofort auf ihre eigenen Länder. Wenn der Kreml wollte, würde er etwa in Bezug auf Kasachstan leicht einen ähnlichen Vorwand für eine »militärische Sonderoperation« finden. Ich antwortete freimütig, ich wisse auch nicht mehr, als mir die Fernsehbilder in meinem Hotelzimmer verrieten – da ich mich nicht mit der Ukraine befasste, musste mich niemand auf dem Laufenden halten. Ich kann mir allerdings gut vorstellen, wie die mit den bilateralen Beziehungen zu unserem Nachbarland befassten Kollegen im »Zweiten Departement GUS-Länder« (2DSNG) damals rotierten. Auch wenn sie mit großer Wahrscheinlichkeit zu diesem Zeitpunkt kaum mehr über die Geschehnisse wussten.

Die weitere Entwicklung in der Ukraine – die gescheiterten Versuche, einen prorussischen Aufstand in den östlichen Regionen anzuzetteln, sowie die schlecht getarnte russische Militärintervention durch »Freiwillige« und »Separatisten« der Volksrepubliken Donezk und Luhansk führten zu einer weiteren Verschlechterung der Beziehungen mit dem Westen. Die Vereinigten Staaten und die Europäische Union verhängten neue Sanktionen, die in erster Linie mein eigenes Fachgebiet betrafen: den Handel mit Dual-Use-Gütern. Praktisch alle Kontrolllisten sowohl des MTCR als auch des Wassenaar-Abkommens und der Australischen Gruppe (zweier weiterer Zusammenschlüsse in diesem Bereich) verwandelten sich nun in Sanktionslisten, und es wurde immer schwieriger, diese Produkte legal zu erwerben.

Die Auswirkungen der Sanktionen auf die russische Rüstungsindustrie und strategische Wirtschaftsbereiche

Ich befasste mich nun immer detaillierter mit den Themen der Ausfuhrkontrolle und der Nichtverbreitung von Massenvernichtungswaffen. Dabei kam ich zwangsläufig in direkten Kontakt mit Menschen, die in der russischen Rüstungsindustrie tätig waren – und zwar nicht mit Managern oder anderen Führungskräften, die von der komplexen Technik oft kaum etwas verstanden, sondern mit Ingenieuren, Verfahrenstechnikern und Konstrukteuren. Gerade die Gespräche mit diesen wahren Experten führten mir vor Augen, wie sehr der tatsächliche Entwicklungsstand unserer Rüstungsindustrie sich von den markigen Erklärungen der Kommandoebene unterschied. Damals gab es im russischen Fernsehen ja kaum eine Nachrichtensendung, in der nicht eine neue militärische Entwicklung gepriesen wurde, und natürlich existierte »auf der ganzen Welt nichts Vergleichbares«.

Wie ich bald feststellen musste, war die tatsächliche Situation beklagenswert. Aufgrund der verhängten Sanktionen sah sich Russland gezwungen, eine Politik der sogenannten »Importsubstitution« zu verkünden: Sämtliche notwendigen Komponenten mussten nun in Russland hergestellt werden. In meinem Umfeld schätzte man die Erfolgsaussichten dieses »Importersatzes« von Anfang an auf null: Wenn wir es in den 14 Jahren unter Putin nicht geschafft hatten, entsprechende Produkte zu entwickeln, warum sollte es uns jetzt auf einmal gelingen?

Offenbar ging die russische Führung davon aus, dass die negative Reaktion des Westens und die Sanktionen nicht lange andauern würden: Sobald »die da« sich ausgetobt hätten, würden sie schon wieder zur Ruhe kommen. Westliche Unternehmen wollten doch weiterhin in Russland einen schnellen Rubel verdienen, und die Aussicht auf einen Abbruch solch günstiger Beziehungen konnte die Kapitäne der westlichen Wirtschaft kaum erfreuen. Die meisten von uns hatten das Gefühl, die westliche Geschäftswelt werde so viel Druck auf ihre Regierungen ausüben, dass diese die Sanktionen mit der Zeit schon aufweichen und dann irgendwann aufheben würden. Natürlich ließen wir uns dabei von dem berühmten – Lenin zugeschriebenen – Satz leiten: »Die Kapitalisten werden uns noch selbst den Strick verkaufen, an dem wir sie aufhängen.« Weit verbreitet war die Überzeugung, die berühmten »westlichen Werte« dienten doch nur als Deckmantel für das kapitalistische System mit seiner Verabsolutierung des Profits, und auch ich selbst glaubte eine Zeit lang, der Westen werde irgendwann schon erkennen, dass die Sanktionen nicht die gewünschte Wirkung zeigten.

Doch zunächst taten sie es durchaus: Die enorme Abhängigkeit der russischen Wirtschaft und Rüstungsindustrie von importierten Komponenten, Maschinen, Ersatzteilen und Materialien führte nun zu drastischen Engpässen. Es wurde zunehmend schwieriger, den Bedarf für die Ausstattung unserer Streitkräfte zu decken. Wir mussten nach Lösungen suchen, um die Sanktionen zu umgehen.

Ein Kollege von Roskosmos erzählte uns damals, ihr Hauptproblem sei der Mangel an modernen Hochpräzisions-Werkzeugmaschinen. »Wir können solche Maschinen nicht selbst herstellen, und an die Maschinen, die wir jetzt brauchen, kommen wir aufgrund der Sanktionen nicht ran. Also müssen wir sie uns ›auf andere Weise‹ besorgen.«

An dieser Situation hat sich bis heute nichts geändert. Höchstens, dass die Sanktionen heute noch viel häufiger – und vielleicht auch deutlich effizienter – umgangen werden.

In der zweiten Jahreshälfte 2014 wurde unsere Abteilung damit beauftragt, die Möglichkeiten eines Erwerbs strahlenresistenter Elektronik aus Südostasien zu prüfen. Die Länder dieser Region sind ja bedeutende Hersteller und Exporteure solcher Produkte und haben sich den westlichen Sanktionen nicht angeschlossen. Allerdings ist strahlenresistente Elektronik nicht nur für den sicheren Betrieb von Weltraumtechnik wie etwa Satelliten und Raumschiffen notwendig, sondern findet auch im militärischen Raketenbau Anwendung, etwa bei Mehrfachsprengkörpern ballistischer Raketen, die während ihres Fluges zeitweise die Erdatmosphäre verlassen.

Unsere Anfragen bei den diplomatischen Vertretungen südostasiatischer Länder verliefen enttäuschend: Offiziell war niemand bereit, uns entsprechende Elektronikbauteile zu liefern, da es sich dabei um patentgeschützte amerikanische Lizenzprodukte handelte, deren Wiederausfuhr eine Genehmigung seitens der USA erfordert hätte.

Die Abhängigkeit der russischen Industrie von ausländischen Komponenten und Materialien beschränkte sich nicht nur auf den Werkzeugmaschinenbau. Auch strategische Bereiche waren direkt davon betroffen.

Die USA haben beispielsweise jahrelang versucht, das Ausfuhrkontrollregime auf Hilfsmittel zur Überwindung von Raketenabwehrsystemen (sog. *Penetration aids*) auszuweiten, wogegen wir uns wehrten, weil wir befürchteten, dieser Schritt könne zu Beschränkungen oder einem Verbot der Einfuhr von Materialien für diese Hilfsmittel führen.

Eine ähnliche Situation entstand rund um die Frage, inwieweit der Export unbemannter Flugapparate zu kontrollieren sei, die leichter als Luft sind – also von Aerostaten, Luftschiffen, Ballons und so weiter. Die westlichen Länder waren der Ansicht, das MTCR müsse sich auf jegliche fliegenden Drohnen erstrecken, egal ob diese nun schwerer oder leichter als Luft waren. Russland wiederum argumentierte, der Name

Missile Technology Control Regime (wörtl. »Raketentechnologie-Kontrollregime«) schließe Ballons, Luftschiffe und dergleichen a priori aus.

Natürlich kam auch in diesem Punkt vor allem unsere Befürchtung zum Ausdruck, dass eine Aufnahme von Drohnen der Kategorie »Lighter than Air« in das MTCR-Ausfuhrkontrollsystem zwangsläufig die Ausfuhr von Materialien für solche Systeme beschränken würde. Drohnenwerkstoffe sind noch heute eine Achillesferse der russischen Industrie, die sie in 20 Jahren unter Putin nicht losgeworden ist – allen schon fast rituellen Beschwörungen zum Trotz, Russland werde sich durch Importsubstitution »wieder von den Knien erheben«.

Auch ohne die Regeln des MTCR hatten die seit 2014 von den westlichen Ländern verhängten Sanktionen den Einkauf von Dual-Use-Gütern und -Technologien für uns zunehmend erschwert. Der FSTEK und andere russische Behörden waren jedoch offenbar der Meinung, dass diese Sanktionen nur eine vorübergehende Maßnahme seien und in absehbarer Zukunft wieder aufgehoben würden. Die Kontrolle durch das MTCR betrachtete man dagegen als strategische, also längerfristige Angelegenheit.

Und dennoch wirkte Präsident Obamas Behauptung, die Sanktionen hätten die russische Wirtschaft »zerfetzt«, lächerlich übertrieben. Nicht einmal heute, im Jahr 2023, zwingen die – um ein Vielfaches umfangreicheren – Sanktionen Russlands Wirtschaft in die Knie. Wie hätte dies in den Jahren 2014 und 2015 mit den damaligen, auf wenige Sektoren begrenzten Maßnahmen gelingen können? Zumal jene Sanktionen es gestatteten, betroffene Güter aus früher geschlossenen Verträgen weiterhin zu liefern. Noch bis vor Kurzem hat beispielsweise der Rüstungskonzern Thales Wärmebildkameras für Panzer nach Russland geliefert.

Die Führung unseres Landes hegte damals die Hoffnung, Donald Trump werde als US-Präsident den russlandfeindlichen Kurs beenden und zu »Business as usual« zurückkehren. Der US-Kongress beschloss jedoch unmittelbar nach Trumps Wahlerfolg, die Befugnisse des Präsidenten hinsichtlich einer Veränderung des Sanktionskurses in Bezug auf Russland einzuschränken. Ein erstes Anzeichen, dass es wohl nicht ganz so lief wie gedacht. Wenig später wurde klar, dass Russland vergebens auf Trump gehofft hatte.

Mike aus Atlanta

Kurz nach meiner Rückkehr aus Dubai flogen meine Frau und ich in den Urlaub, um Freunde zu besuchen, die in der russischen Botschaft in Uruguay arbeiteten. Wir hatten die Reise lang geplant und uns bereits im Herbst günstige Tickets für die Strecke Moskau-New York-Atlanta-Buenos Aires gekauft. (Von Buenos Aires aus fuhren wir weiter nach Montevideo, wo wir unsere Freunde trafen.) Anfang April machten wir uns dann auf die Rückreise nach Moskau.

Der Nachtflug von Buenos Aires nach Atlanta dauerte gut zehn Stunden, und bei der Ankunft waren wir entsprechend müde. Wir standen gerade am Check-in für den Anschlussflug nach New York, als plötzlich ein schlanker bärtiger Mann um die 35 mit beginnender Glatze zu uns trat. Er fragte mich: »Arbeiten Sie für das russische Außenministerium?« – »Ja.« – »Ich würde gern mit Ihnen sprechen. Treten wir einen Schritt zur Seite.«

Wir entfernten uns ein wenig. »Möchten Sie etwas frühstücken?« »Nein, danke. Was kann ich für Sie tun?« – »Ich denke, Sie können sich vorstellen, für wen ich arbeite.« – »Okay«, entgegnete ich, »nehmen wir an, ich weiß Bescheid«, obwohl ich immer noch ziemlich im Dunkeln tappte, ob er das FBI, die CIA oder eine ganz andere Behörde meinte. Und natürlich fragte er mich sogleich, was es mit der Krim auf sich habe.

Ich muss zugeben, dass mich die Frage überraschte. Im Grunde war, was die Krim anging, alles klar: Der Anschluss an Russland war vollzogen, sämtliche Erklärungen hierzu abgegeben. Ich antwortete, die Krim falle nicht in mein Aufgabengebiet. »Wenn Sie wissen, dass ich für das russische Außenministerium arbeite, und mich am Flughafen ausfindig gemacht haben, wissen Sie vielleicht auch, dass ich mich mit den Themen Nichtverbreitung und Ausfuhrkontrolle befasse. Wenn Sie über die amerikanisch-russischen Beziehungen in diesem Bereich sprechen wollen, diskutiere ich mit Ihnen gern jegliche Fragen, die Sie interessieren. Zur Krim dagegen verfüge ich nur über dieselben Informationen, die Sie aus den allgemein zugänglichen Quellen kennen.«

Mein Gegenüber reagierte betrübt, wir kehrten zum Check-in zurück. Zum Abschied versicherte er, wenn meine Frau und ich jemals wieder in den USA seien und irgendwelche Probleme hätten, könnten wir uns jederzeit an ihn, Mike, wenden. Kontaktinformationen hinterließ er keine.

Zurück in Moskau ging ich zu dem zuständigen Vorgesetzten meiner Abteilung und berichtete ihm von dem seltsamen Gespräch. Gelassen antwortete er, solche Kontaktaufnahmen seien völlig normal, aber natürlich müsse er dies der Form halber den »zuständigen Mitarbeitern« melden. Damit war die Sache auch schon erledigt.

Um was für eine Art von Aktion es sich damals handelte, ist mir bis heute schleierhaft. Durchaus möglich, dass ich irgendeinem Mitarbeiter eines amerikanischen Nachrichtendienstes in Atlanta beim Routine-Check der Passagierlisten aufgefallen war, auch wenn ich mich schon frage, woher sie mich kannten. Und dann hatten sie einfach beschlossen, die Gelegenheit beim Schopf zu packen – allerdings, wie ich finde, auf ziemlich plumpe Art.

Ausfuhrkontrolle in Sachen Ukraine

Nachdem sich die Beziehungen zur Ukraine verschlechtert hatten, fielen nun fast alle Lieferungen von Industriegütern in dieses Land unter die sogenannte »Catch-All-Klausel«, mussten also einer umfassenden verwendungsbezogenen Exportkontrolle unterzogen werden. Grund dafür war die Tatsache, dass selbst harmloseste Produkte wie zum Beispiel Autoreifen auch für militärische Zwecke verwendet werden können. Mit anderen Worten: Nicht mehr die Güter selbst wurden kontrolliert, sondern bestimmte Arten von Geschäften. Der Handelsumsatz zwischen Russland und der Ukraine war jedoch schon immer gigantisch: Tausende von Unternehmen standen miteinander in engen wirtschaftlichen Beziehungen, russische Unternehmen vergaben Aufträge in der Ukraine und umgekehrt. Ab der zweiten Jahreshälfte 2014 wurde unsere Abteilung mit Anträgen auf Ausfuhrgenehmigungen für Reifenlieferungen in die Ukraine förmlich überschwemmt. Jedes dieser Geschäfte betraf Zehntausende von Reifen, die zuvor ganz normal an ukrainische Verbraucher verkauft worden waren, was – abgesehen von den üblichen Zollformalitäten – keinerlei Kontrolle erforderte.

Gleich zu Beginn des Maidan waren in Russland Stimmen laut geworden, dass wir den Handel mit diesem – uns nun feindlich gesinnten – Land komplett einstellen sollten. Wer so sprach, hatte natürlich jegliches Gefühl für die Realität verloren oder betrieb einfach nur PR um jeden Preis. So ein abrupter Abbruch der Handelsbeziehungen hätte eine große Zahl russischer Unternehmen an den Rand des Ruins getrieben, schließlich war gerade die Ukraine einer der wichtigsten Absatzmärkte für viele russische Produkte.

Bei den vielen ressortübergreifenden Treffen zur Ausfuhrkontrolle in die Ukraine wurden aber auch nüchternere Ansichten geäußert. So war damals zum Beispiel gerade das Transportflugzeug An-148 in Entwicklung, ein gemeinsames russisch-ukrainisches Projekt, das später auch für russische Militärtransporte verwendet werden sollte. Gebaut wurde es in Russland, aber eine Reihe von Komponenten stammten aus der Ukraine. Etliche Fachleute argumentierten damals, wenn wir wollten, dass dieses Flugzeug auch in Zukunft gebaut werde, müssten wir weiterhin mit den Ukrainern kooperieren.

Noch anschaulicher illustriert dies die Entwicklung rund um das Motorenwerk »Motor-Sich« in Saporischschja. Dieses ist das einzige Werk in einer ehemaligen Sowjetrepublik, das Turbomotoren herstellt, die in allen Hubschraubern sowjetischer und russischer Bauart zum Einsatz kommen. Infolge der drastischen Verschlechterung unserer Beziehungen stand zu befürchten, dass Motor-Sich uns keine Motoren mehr verkaufen würde, was früher oder später die gesamte russische Hubschrauberflotte lahmzulegen drohte. Zudem hatte Motor-Sich seine Produktpalette auf Russland ausgerichtet – beispielsweise lieferte es seine Motoren an die Helikopterhersteller Mil und Kamov – und würde ohne uns den Löwenanteil seiner Aufträge verlieren. Deshalb hat Motor-Sich auch bis zuletzt mit russischen Partnern zusammengearbeitet, und das, obwohl auch in der Ukraine noch während des Maidan der Abbruch jeglicher Beziehungen mit Russland – vor allem im Verteidigungssektor – gefordert worden war. In dieser Zeit sind viele Anträge auf Lizenzen und Ausfuhrgenehmigungen für dieses Unternehmen über unsere Abteilung gelaufen. Obwohl manche Behörden gelegentlich die Stirn runzelten, wurden fast alle Lieferungen genehmigt.

Dieser vernunftbetonte Ansatz wurde jedoch nicht immer beibehalten. So wurden beispielsweise die Kontakte zu Sorja-Maschprojekt in Mykolajiw, dem wichtigsten Hersteller von Gasturbinen-Schiffsmotoren, vollständig abgebrochen. Es gab schlicht die Anweisung unserer Regierung, jegliche Exportgeschäfte mit diesem Unternehmen zu blockieren. Folglich stand die russische Marine bald ohne Antriebe da, sodass im Saturn-Motorenwerk in Rybinsk innerhalb kürzester Zeit eine eigene Produktion aufgezogen werden musste. Wobei dies noch eines der wenigen Beispiele mehr oder weniger erfolgreicher Importsubstitution ist. Ein weiteres Beispiel könnte die Errichtung einer Produktion von Hubschraubertriebwerken des Herstellers Motor-Sich durch die russische AO Klimow werden.

Die US-Raketenabwehr, die Wurzel allen Übels

Um Russlands internationale Sicherheitspolitik mit den Facetten der Nichtverbreitung, Abrüstung, Rüstungskontrolle und strategischen Stabilität zu verstehen, muss man wissen, was sie antreibt: nämlich die Einsicht oder zumindest leise Ahnung unserer Führung, dass Russland nicht länger eine Groß- oder Supermacht ist, wie es die Sowjetunion einst war. Die Wirtschaft ist dramatisch geschrumpft, der Einfluss auf andere Staaten hat abgenommen, ehemalige Verbündete und Vasallen sind in das Lager des einstigen Feindes übergelaufen. Der Großmachtstatus und die damit verbundenen Attribute sind jedoch das Letzte, was die verarmte Bevölkerung mit ihrer rauen Lebenswirklichkeit ein wenig versöhnen kann: »Ja, wir leben schlecht, aber wir sind immer noch eine von allen gefürchtete Großmacht«, lautet das Mantra des aktuellen Gesellschaftsvertrags. Das wichtigste, ja das einzige Mittel, um diesen Status zu verteidigen und mehr Respekt von der Weltgemeinschaft einzufordern, ist das von der UdSSR übernommene, gigantische Atomwaffenarsenal. Und natürlich der ständige Sitz im UN-Sicherheitsrat, der dem Land die Möglichkeit gibt, Beschlüsse dieses Gremiums zu blockieren, sodass sich keine Fragen entscheiden lassen, ohne Russland zu berücksichtigen.

Das Atomwaffenarsenal als solches ist dabei gar nicht entscheidend – auch wenn es einem natürlich ein gewisses »Gewicht« verleiht, fast die Hälfte aller Atomsprengköpfe der Welt zu besitzen. Wichtiger ist, dass wir dadurch in der Lage sind, unserem »potenziellen Gegner« (sprich: den Vereinigten Staaten) einen nicht hinnehmbaren Schaden zuzufügen. Bereits in den 1970er-Jahren war jene berüchtigte nukleare Parität erreicht worden: Die beiden nuklearen Supermächte waren nun in der Lage, sich gegenseitig physisch zu vernichten. Dies brachte sie zu der Einsicht, dass Normen und Regeln zur Rüstungskontrolle und Abrüstung entwickelt werden mussten. Eine Schlüsselrolle spielte dabei der ABM-Vertrag von 1972, in dem beide Staaten darauf verzichteten, landesweite Raketenabwehrsysteme zu entwickeln. Der Vertrag gestattete nur die Einrichtung eines Systems in einem einzigen Gebiet. Die UdSSR richtete ein solches Raketenabwehrsystem um Moskau herum ein, die USA planten, damit ihre Raketenbasis im kalifornischen Vandenberg zu schützen.

Der ABM-Vertrag garantierte ein ziemlich hohes Maß an gegenseitiger Verwundbarkeit im Falle eines nuklearen Angriffs. Es war somit unmöglich, die Nuklearstreitkräfte der anderen Seite vollständig zu zerstören, folglich hatte man selbst nicht hinnehmbare Schäden zu befürchten.

Auf dieser Grundlage kam es in jenen Jahren zu einem weiteren Abbau der Spannungen in der Welt.

Als jedoch in den 1990er- und 2000er-Jahren Russlands Anteil an der Weltwirtschaft auf 1,5 Prozent des globalen Bruttoinlandsprodukts schrumpfte (weniger als ein Zehntel des einstigen Anteils), erwiesen sich die Atomwaffen als einziges verbleibendes Mittel, die eigenen Interessen durchzusetzen. Folglich wurde die Wahrung der nuklearen Parität oder »strategischen Stabilität« (wie dieser Zustand später genannt wurde) zum wichtigsten außenpolitischen Ziel der russischen Führung.

Der Ausstieg der USA aus dem ABM-Vertrag im Jahr 2001 brachte Moskau in eine schwierige Lage. Washingtons erklärte Absicht war es, ein globales Raketenabwehrsystem aufzubauen, da Nordkorea und Iran angeblich Atomwaffen und ballistische Raketen entwickelten, die die Vereinigten Staaten in Zukunft bedrohen könnten. Für weitere Nervosität sorgten die Pläne zur Stationierung von Radaranlagen und Abfangraketen in Osteuropa. Moskau interpretierte dies alles unzweideutig als Bestreben der USA, sämtliche Fesseln abzulegen und im Nuklearbereich jene entscheidende Überlegenheit zu erlangen, die es ihnen erlauben würde, mit Russland aus ganz anderer Perspektive zu sprechen. Die nicht wenigen, noch zu Sowjetzeiten traumatisierten Paranoiker in Putins Umfeld sahen darin sogar den Versuch, Russland als »zivilisatorischen Konkurrenten des Westens« endlich zu erobern, zu versklaven oder zu vernichten.

Diese Sorge um die Wahrung der nuklearen Parität wurde weiter befeuert, als die USA ihre »Demokratisierungsbemühungen« im Jugoslawienkrieg 1999 sowie bei den Invasionen in Afghanistan und im Irak verstärkten. Die »bunten Revolutionen« und der Arabische Frühling waren schließlich der letzte Tropfen: Nun war der Kreml endgültig überzeugt, dass die USA ihn im Fadenkreuz hatten und dass das verhasste State Department hinter all den Protesten und der Unzufriedenheit in Russland steckte. Folglich musste die nukleare Parität um jeden Preis gewahrt werden, damit die USA bloß nicht auf die Idee kämen,

Russland mit Gewalt zu »demokratisieren«, wie sie es mit Afghanistan, dem Irak oder Libyen getan hatten.

In diesem Licht ist auch die damalige Generallinie der russischen Diplomatie zu sehen, die darin bestand, die USA mit allen verfügbaren Mitteln am Bau der Raketenabwehr zu hindern. Dies erklärt unsere überaus zweideutige Politik gegenüber den Raketenprogrammen Irans und Nordkoreas, unsere ständigen Versuche, die dort herrschenden Regime zu beschönigen und zu beweisen, dass weder iranische noch nordkoreanische Raketen irgendeine Bedrohung für die Vereinigten Staaten darstellten oder darstellen konnten, die amerikanischen Argumente für eine eigene Raketenabwehr somit unhaltbar und offensichtlich antirussischer Natur seien, und Washington auf diese Systeme besser verzichten solle. Für die Moskauer Strategen war der »Verzicht auf Raketenabwehrsysteme« gleichbedeutend mit dem »Verzicht auf die Absicht, die ›legitime‹ Präsidentschaft Putins zu stürzen«. Da weder die Vereinigten Staaten noch die NATO, wie wir heute wissen, einen solchen Kurs verfolgten, konnten sie diesen natürlich auch nicht aufgeben. Hier prallten Weltanschauungen aufeinander, die auf a priori divergierenden Postulaten beruhten. Die russische Führung war von der wesenhaften Heimtücke des Westens überzeugt. Die Konfrontation mit den USA und Westeuropa begann sich zu verschärfen.

Nordkoreanische Interkontinentalraketen

Im Rahmen des Informationsaustauschs auf MCTR-Ebene berichteten die Mitarbeiter unserer Abteilung regelmäßig über den aktuellen Stand der Raketenprogramme Pakistans, Nordkoreas, Israels und des Iran. Bei unseren Präsentationen zu Israel ging es vor allem darum, möglichst verklausuliert auf die westliche Unterstützung für Tel Aviv hinzuweisen und unseren Partnern zu verstehen zu geben, dass Israels Raketenprogramm Anlass zur Sorge geben könne. Bei Pakistan und vor allem bei Iran und Nordkorea schlugen wir dagegen einen deutlich milderen

Ton an. Die pakistanischen Raketen interessierten uns wenig, Nordkorea und der Iran dafür umso mehr. Auch hier war Russlands Sicherheitspolitik vor allem geprägt von der Angst vor den Plänen der USA, ein globales Raketenabwehrsystem aufzubauen. Da die Amerikaner ihre Absichten mit der Bedrohung durch Raketen aus Pjöngjang und Teheran begründeten, bestand die Aufgabe der russischen Diplomatie darin, diese Rhetorik zu widerlegen. So legten wir unter anderem Informationsmaterial vor, in dem postuliert wurde, dass die Raketenprogramme dieser Länder eher unterentwickelt seien, kaum Potenzial besäßen und keinesfalls die ihnen zugeschriebene Bedrohung darstellten. Dies sollte der amerikanischen Propaganda den Boden entziehen.

Vor jeder Sitzung forderten wir von den entsprechenden russischen Behörden aktuelle Informationen über die Raketenprogramme dieser Länder an und fassten diese Angaben dann in einem Abschlussbericht zusammen.

Besonders heftig verteidigten wir bei diesen Gelegenheiten die Demokratische Volksrepublik Korea. Diese war im Bereich des Raketenbaus weiter fortgeschritten. So argumentierten wir insbesondere in den Jahren 2015 bis 2017, dass »das ballistische Raketenarsenal Nordkoreas auf Technologien aus den 1960er-Jahren basiert. [...] Die tatsächlichen Raketenfähigkeiten der Demokratischen Volksrepublik Korea bestehen derzeit aus einem Arsenal veralteter ballistischer Raketen mit einer maximalen Reichweite von bis zu 1300 Kilometern. Diese können nur Nachbarstaaten bedrohen, die von Pjöngjang als Gegner betrachtet werden.«

Noch im Frühjahr 2017 verlas mein Vorgesetzter Federjakow diese Thesen, die auf Informationen aus unseren eigenen Behörden stammten. Bereits im Juli 2017 berichteten die Medien von einem erfolgreichen Test einer neuen nordkoreanischen Rakete mit der Typenbezeichnung Hwasong-14. Experten zufolge hatte diese eine Reichweite von 6000 bis 8000 Kilometern, entsprach also den Kenndaten einer ballistischen Interkontinentalrakete (zu denen laut russisch-amerikanischen Verträgen alle Raketen mit einer Reichweite über 5500 Kilometern zählen). Im November desselben Jahres testete Pjöngjang dann sogar noch die Hwasong-15 mit einer geschätzten Reichweite von 10 000 bis 13 000 Kilometern.

Die Entwicklung solcher Raketen, selbst in einem wissenschaftlich hoch entwickelten Land, dauert Jahre. Die Hwasong-Tests widerlegten also nicht nur unsere ständigen Beschwörungen, Nordkorea könne keine Raketen entwickeln, die nukleare Sprengköpfe bis auf US-Staatsgebiet transportieren könnten, sondern ließen auch erhebliche Zweifel an der Zuverlässigkeit unserer Quellen und der Kompetenz unserer Geheimdienste aufkommen.

Michail Surabow und der Maidan

2017 flog ich erneut dienstlich nach Kyjiw, zum ersten Mal seit 2014 – und bislang auch zum letzten Mal. In der ukrainischen Hauptstadt fand ein regionaler Workshop zur UN-Resolution 1540 statt.

Die Anreise nach Kyjiw, früher ein knapp einstündiger Direktflug von Moskau, erfolgte nun über Minsk: Sämtliche Direktverbindungen zwischen unseren Hauptstädten waren längst eingestellt worden. Eine weitere Absurdität, die wir Putins Einmischung in die inneren Angelegenheiten der Ukraine zu verdanken hatten.

Von dem Workshop durfte ich keine wichtigen Erklärungen oder Enthüllungen erwarten, geschweige denn irgendwelche Entscheidungen. Die Arbeitssprachen waren Ukrainisch und Englisch: Die meisten Redner vertraten ukrainische staatliche und zivilgesellschaftliche Organisationen und trugen auf Ukrainisch vor, sprachen aber sonst miteinander auf Russisch, sogar in meiner Anwesenheit. Meinen Vortrag musste ich jedoch auf Englisch halten. Im Anschluss gab es einige Wortmeldungen aus dem Publikum, die man bei uns als »antirussisch« bezeichnen würde. Es ging dabei um die Atomanlagen auf der Krim. Ich habe mich damals nicht auf die Polemik eingelassen, da dies keinen praktischen Nutzen, sondern nur unnötigen Streit mit den Ukrainern gebracht hätte, und ich bin kein Freund von sinnlosen Wortgefechten.

Im Widerspruch zu unserer Propaganda, die unsere Bevölkerung mit einer grassierenden »Russophobie« in der Ukraine in Angst und Schrecken versetzt, ist mir persönlich bei meinem Aufenthalt nirgends eine russenfeindliche Stimmung entgegengeschlagen. Der Service und die Verpflegung im Hotel waren ausgezeichnet, und auf den Straßen hörte ich die Menschen ausschließlich Russisch sprechen, nur manchmal mit leicht südlichem Akzent.

Nach dem Ende des Pflichtprogramms traf ich mich mit einem alten Bekannten namens Iwan, der in der russischen Botschaft arbeitete. Bei unserer Tour durch die besten Bierlokale Kyjiws unterhielten wir uns natürlich auch über unsere Politik gegenüber der Ukraine. Vor allem interessierte mich, welchen Eindruck mein Kollege von unserem Botschafter Michail Surabow gewonnen hatte, der zur Zeit des Maidan 2014 in Kyjiw tätig gewesen war.

Michail Surabow ist in Russland verhasst, aber inzwischen erinnert sich kaum noch jemand an ihn. Als Chef des russischen Rentenfonds und später Minister für soziale Sicherung wurde er angesichts der zunehmenden sozialen Schieflage im Land unweigerlich zur Zielscheibe von Kritik aus verschiedensten Richtungen. 2009 folgte dann die überraschende Ernennung zum Botschafter in Kyjiw.

Seit Anfang der Neunzigerjahre sind die Botschafterposten in Kyjiw und Minsk – unseren nächsten Nachbarn – in der Regel nicht mit Berufsdiplomaten, sondern mit politischen Funktionären besetzt worden. Von diesen Menschen, die über umfassende Erfahrungen in Regierungs- oder Parteiämtern beziehungsweise in der Wirtschaft verfügten, erhoffte man sich den Aufbau guter informeller und geschäftlicher Beziehungen zu den ukrainischen und belarussischen Kollegen. Vor Surabow hatte mit dem ehemaligen russischen Premierminister Viktor Tschernomyrdin acht Jahre lang ein politisches Schwergewicht den Botschafterposten in Kyjiw bekleidet. Surabow hingegen hatte bis dahin noch nie mit Außenpolitik zu tun gehabt. Insofern war seine Ernennung eine Überraschung.

Wie mir Iwan berichtete, entpuppte sich Surabow allen öffentlichen Vorbehalten zum Trotz als überaus fähiger Botschafter: Der studierte

Mathematiker, der unter anderem zu Entscheidungsalgorithmen geforscht hatte, setzte sich, so Iwan, mit dem politischen Leben in der Ukraine akribisch auseinander und erkannte anhand seiner mathematischen Modelle lange vor dem Maidan, dass soziale Unruhen in der Ukraine sowie eine Annäherung des Landes an die Europäische Union unausweichlich waren. Seine Ansichten übermittelte er auch mehrfach schriftlich an das Zentrum. Einige Monate vor dem Maidan flog er sogar persönlich nach Moskau, um die Entscheidungsträger von der Notwendigkeit einer Kurskorrektur zu überzeugen. Leider, seufzte Iwan, sei Surabow dort auf taube Ohren gestoßen. Moskau wusste offenbar besser über die Geschehnisse in der Ukraine Bescheid als jemand, der ständig in Kyjiw lebte und arbeitete. Man lachte Surabow sogar aus und warf ihm Alarmismus und Panikmache vor. Ich fürchte, eine andere Reaktion war nicht zu erwarten gewesen, schließlich berichteten andere Behörden stets nur Positives: die überwältigende Mehrheit der Ukrainer liebe Russland und Janukowitsch und misstraue dem Westen, der Europäischen Union und der NATO.

Als ehemaliger Minister und Präsidentenberater hatte Surabow Zugang zur höchsten Führungsebene, im Unterschied übrigens zu den meisten anderen russischen Botschaftern. Und doch gelang es ihm damals nicht, die Staatsführung von der Fehlerhaftigkeit ihrer Politik zu überzeugen. Was uns aus heutiger Sicht nicht weiter verwundert: Nicht einmal die negativen Erfahrungen des Jahres 2014 konnten einen Sinneswandel im Kreml herbeiführen.

Ich musste an ein Treffen mit dem Vizedirektor des Zweiten Departements der GUS-Staaten (2DGUS) denken, das auch für die Kontakte zu Belarus zuständig ist. Er referierte im Jahr 2015 über den Stand unserer Beziehungen zu Minsk. Bei der anschließenden Diskussion fragte ich, ob es irgendwelche Szenarien für den Fall gebe, dass sich Ereignisse wie der Kyjiwer Maidan-Aufstand in Belarus wiederholten. Seine Antwort verblüffte mich: »Präsident Lukaschenko ist an der Macht, und wir haben ausgezeichnete Beziehungen zu ihm. In Belarus wird nichts passieren. Wozu also brauchen wir Szenarien?«

Marija Sacharowa

Für die Informationspolitik des russischen Außenministeriums ist das Departement für Information und Presse (DIP) zuständig. Es ist direkt dem Außenminister unterstellt, was beweist, welch hohen Stellenwert dieser der Pressearbeit beimisst. Ich habe mehrere Pressechefs miterlebt – allesamt erfahrene Diplomaten, aber grottenschlechte Rhetoriker, die ihre Erklärungen und Kommuniqués in schablonenhafter Beamtensprache verlasen, todlangweilige Pressemitteilungen publizierten und sich in allen Belangen blass und geistlos präsentierten. Gerade wir jüngeren Mitarbeiter wünschten uns eine lebendigere, straffere Kommunikation, die dem Zeitalter von IT und Internet Rechnung trug. Unsere Bitten sollten erhört werden – jedoch in einer Weise, die unsere kühnsten Erwartungen übertraf.

Als Marija Sacharowa 2015 zur Direktorin des DIP ernannt wurde, hatte Russland bereits unumkehrbar einen konfrontativen antiwestlichen Kurs eingeschlagen. Warum die Wahl auf Sacharowa fiel, ist mir nicht bekannt. Möglicherweise überzeugte die bis dahin völlig unbekannte Mitarbeiterin die Führung des Ministeriums mit ihrer Fähigkeit, einen PC einzuschalten, einen Browser zu öffnen und schlechte Gedichte auf Facebook zu veröffentlichen. Vielleicht lag es auch einfach im Trend, Frauen im Außenministerium zu fördern (beziehungsweise so zu tun, als ob man sie fördert). Wie dem auch sei: Die neue Direktorin ging sofort mit großem Eifer ans Werk und entwickelte sich innerhalb kürzester Zeit zum Medienstar. Es verging kein Pressebriefing, ohne dass Sacharowa nicht mit emotionalen Ausbrüchen, dilettantisch gefakter Besorgnis über das Schicksal der Welt und anderen Geschmacklosigkeiten aufwartete. Hinzu kamen die bereits erwähnten politischen Gedichte, Tanzauftritte in TV-Talkshows und andere Peinlichkeiten.

Sacharowas »Theater« hat durchaus eine gewisse Logik, denn auch im Außenministerium selbst haben sich die Prioritäten verschoben: Anstatt die Beziehungen zu anderen Ländern auf akzeptablem Niveau zu halten – seine eigentliche Aufgabe – fungiert es heute nur noch als

Teil der staatlichen Propagandamaschine. Sacharowas Äußerungen zur Lage in der Ukraine sowie zur »russophoben« Politik der USA und der NATO sind meist gespickt mit spöttischen und verächtlichen Kommentaren, auch vor Pöbeleien schreckt sie nicht zurück. Auch ausländische Staatsoberhäupter beleidigt sie gern: So machte sie einmal sogar eine (angeblich »ironisch« gemeinte) abfällige Bemerkung über ein Foto des russlandfreundlichen (!) serbischen Präsidenten Aleksandar Vučić, das diesen bei einem Empfang im Weißen Haus zeigt. Putin selbst sah sich genötigt, sich für die Taktlosigkeit seiner »Diplomatin« zu entschuldigen. Konsequenzen für Sacharowa selbst hatte die Angelegenheit jedoch nicht.

Diese Art von »Informationspolitik« sorgte innerhalb des Ministeriums für kontroverse Diskussionen. Sacharowa gilt auch heute noch vielen Mitarbeitern als niveaulose Ignorantin, deren Wirken als Pressesprecherin das Image der russischen Diplomatie schwer beschädigt hat. Für anhaltende Verwunderung sorgt zudem, dass die Führungsebene des Außenministeriums auf Sacharowas Entgleisungen überhaupt nicht reagiert. Offenbar trifft ein derartiges Benehmen auf Zustimmung bei jener Person, auf die die russische Diplomatie heute im Grunde ihr ganzes Tun und Reden ausgerichtet hat: Wladimir Putin.

Dass Marija Sacharowa ihre Social-Media-Kanäle, sei es Facebook oder Telegram, ausschließlich auf Russisch betreibt, beweist, dass sich die Pressesprecherin des Außenministeriums letztlich nur an die russische Öffentlichkeit wendet. Für ein positives Image Russlands im Ausland zu sorgen interessiert sie nicht; ihre Hauptaufgabe sieht sie darin, den Russen das »richtige« Bild der staatlichen Politik einzutrichtern.

»Der am Ursprung steht«

Wie sehr das Beispiel Marija Sacharowas damals Schule machte, zeigt das Verhalten des Departementdirektors Wladimir Jermakow. Ich erwähne dies, weil dieser Mann gleichsam prototypisch für jeden russischen Beamten steht, der bereitwillig jegliche Anweisung der Obrigkeit ausführt und seinen gedankenlosen Gehorsam auch noch als höchste Professionalität ansieht.

Nachdem er 2018 die Leitung über unsere Abteilung übernommen hatte, erzählte Jermakow bei jeder sich bietenden Gelegenheit, er persönlich habe das russische Ausfuhrkontrollsystem in den frühen Neunzigerjahren überhaupt erst aus der Taufe gehoben – noch heute frage ihn die Leitung des FSTEK immer mal wieder um Rat. Das wiederholte er so oft, dass wir ihm in der Abteilung den Spitznamen »Der am Ursprung steht« verpassten.

Auch erinnerte Jermakow seine Umgebung gern daran, dass er einst Rose Gottemoeller – die spätere US-Vizeaußenministerin und stellvertretende NATO-Generalsekretärin – in die Grundlagen der Nichtverbreitung und Rüstungskontrolle eingeführt hatte, somit also auch am Ursprung der amerikanischen Abrüstungspolitik stand. Als schließlich der stellvertretende US-Außenminister Christopher Ford die Leitung der amerikanischen Ausfuhrkontrolle übernahm, stellte sich heraus, dass Jermakow ihn angeblich ebenfalls ausgebildet hatte. Bei dieser Gelegenheit habe er den Amerikanern ganz nebenbei noch richtiges Englisch beigebracht. Es gibt im russischen Außenministerium nur sehr wenige Diplomaten, von denen man sagen kann, dass sie fließend Englisch sprechen. Jermakow gehört, bei allem Respekt, nicht dazu.

»Der am Ursprung steht« hatte eine ganz eigene Vorstellung von Diplomatie: Seine Reden vor dem Ersten Ausschuss der UN-Generalversammlung würzte er gern mit Aussagen folgender Art: »Ihr alle, die ihr die USA und den Westen unterstützt, seid doch nichts als Lakaien. Schwächlinge und Pappnasen seid ihr. Und deshalb müsst ihr uns unterstützen.« Und dann empörte er sich jedes Mal, warum all diese

»Schwächlinge«, die er soeben in aller Öffentlichkeit gedemütigt hatte, sein Land nicht unterstützten.

Wann immer sich Jermakow mit Japanern traf, hielt er es für seine Pflicht, sie daran zu erinnern, wer die Atombomben auf Hiroshima und Nagasaki abgeworfen hatte. »Wie könnt ihr überhaupt mit den Amerikanern reden?«, fügte er dann unter demonstrativem Seufzen hinzu. Die Japaner hüllten sich in Schwiegen, offensichtlich unangenehm berührt, was dem Leiter der russischen Delegation aber nicht weiter peinlich war.

Wie man Telegramme geschickt akzentuiert

Angesichts ausbleibender außenpolitischer Durchbrüche wurde mir immer klarer, dass sich die Situation nur ändern ließ, wenn man den Konfrontationskurs aufgab. Dieser hatte weder unserem Land noch der Gesellschaft etwas gebracht und stand dem Wachstum und der Entwicklung der russischen Wirtschaft im Weg. Auch etliche meiner Kollegen waren zu der Erkenntnis gekommen, dass sich die ganze Konfrontation mit dem Westen letztlich nur auf den Wunsch der russischen Führungsriege zurückführen ließ, die eigene Macht zu sichern und die wachsende Unzufriedenheit im Land zu unterdrücken. Das außenpolitische Paradigma des Landes beruhte dabei auf der rein subjektiven Wahrnehmung ebenjener Führungsriege, die überall Verschwörungen des Westens am Werk sah und daher mit geradezu messianischem Sendungsbewusstsein Russlands einzigartige Zivilisation zu retten versuchte. Dabei hatte diese »Zivilisation« der Welt nichts zu bieten außer der Ablehnung des westlichen Gesellschaftsmodells, Machtwillkür, allgegenwärtiger Korruption und fehlenden Rechten und Spielregeln für die Wirtschaft. Am meisten erstaunte mich, dass die herrschenden Eliten dies tatsächlich nicht zu begreifen schienen. Stattdessen bildeten sie sich ein, ihr Kreuzzug gegen die westliche Hegemonie genüge, um die Mehrheit der Welt unter dem russischen Banner zu versammeln. Eine Rolle spielte dabei auch die irrige Vorstellung, dass die ganze Welt nach russischem Muster funktioniere.

Schon merkwürdig, dass gerade jene Menschen, die doch mit allen Mitteln im Westen Fuß zu fassen versuchten, dort Immobilien, Villen, Schlösser und gigantische Yachten erwarben und ihre Kinder auf die teuersten westlichen Schulen und Universitäten schickten – dass gerade diese Menschen ernsthaft glaubten, die Vereinigten Staaten und Westeuropa seien letztlich genauso gestrickt wie Russland, eben nur mit etwas mehr Ordnung, etwas mehr Menschenrechten und etwas schöneren Städten. Ansonsten sei alles genauso: Jeder sei käuflich (was nicht ganz unwahr ist), auch Gerichtsentscheidungen ließen sich mit Geld beeinflussen, die Regierungen kontrollierten alles und jeden, unabhängige Strukturen an der Basis seien völlig ausgeschlossen, und jegliche Proteste würden von den Eliten angezettelt. Dabei versäumte sie es aber, ihre Argumentation bis zu Ende zu denken: Wenn der Lebensstandard in Europa tatsächlich so viel höher war und man sich dort so viel wohler fühlte – vielleicht war dort dann doch nicht alles genauso wie in Russland? Vielleicht machten die dort ja doch etwas anders?

Aber zurück zur Diplomatie: Je schwieriger es für uns in diesem Umfeld wurde, wirkliche Erfolge vorzuweisen, desto mehr blähte sich der Stil unserer Telegramme an das Zentrum. Gleich an welcher Veranstaltung unsere Abteilung teilnahm, in unseren Berichten stand am Ende stets ein »weiterer grandioser Sieg der russischen Diplomatie«.

Die außenpolitische Lage verschlechterte sich zusehends, es wurde immer schwieriger, unsere Interessen wirkungsvoll zu vertreten. Die schwindende Verhandlungsmacht der russischen Diplomatie ließ die Rhetorik der Diplomaten immer nachdrücklicher werden, zunehmend fanden nun auch innerhalb Russlands verbreitete Propagandafloskeln Verwendung, die unsere ausländischen Partner zwar wenig beeindruckten, sich aber gut für Berichtstelegramme eigneten.

Je düsterer sich die tatsächliche Lage darstellte, desto mehr Tricks mussten wir anwenden, um sie in günstiges Licht zu rücken. Immer häufiger ging es darum, die »Akzente richtig zu setzen«, also darum, Misserfolge und Probleme als unwichtig darzustellen und dafür unseren eigenen Handlungen und Aussagen mehr Gewicht zu verleihen. Zur

Steigerung der Aussagekraft reicherte man das bis dato eher zurückhaltende Vokabular des Außenministeriums mit »kräftigeren« Wörtern und Wendungen an. Immer häufiger tauchten in unseren Berichten Begriffe wie »Russophobie«, »westliche Hegemonie« und andere Propaganda-Klischees auf.

Dabei wurde der eigentliche Informationsgehalt dieser Telegramme keineswegs verfälscht: Es gab weder offensichtliche Lügen noch Verdrehungen von Tatsachen und dergleichen. Wer zwischen den Zeilen las, begriff genau, wie es um die Dinge wirklich stand. Die zumeist wenig erfreulichen Fakten wurden durch Unwesentliches großzügig kaschiert, mit reichlich propagandistischem Vokabular versehen und mit einer positiven Prognose abgeschlossen, um den eigentlichen Adressaten unserer Depeschen – angefangen von den Direktoren unserer Departements bis hin zum Präsidenten – das Gefühl zu vermitteln, dass die Dinge trotz aller Schwierigkeiten und Fallstricke im Großen und Ganzen gar nicht so schlecht waren.

Die vernünftigsten Köpfe im Außenministerium wussten genau, dass wir niemals wirkliche Erfolge auf diplomatischem Gebiet erzielen würden, solange das oben erwähnte, offenkundig fehlgeleitete außenpolitische Paradigma des Landes (die Verschwörungserzählung vom »schädlichen Einfluss« des Westens) in dieser Form weiterbestand. Doch hätte kein Minister, kein Botschafter, nicht mal ein einfacher Berater des DNKW so etwas jemals in einem Telegramm formuliert. Er wäre sofort entlassen worden, wegen »fehlenden Verständnisses für die Ziele und Aufgaben der Diplomatie«. Und nach dem 24. Februar 2022 hätte man ihn höchstwahrscheinlich staatsfeindlicher Aktivitäten beschuldigt.

Außerdem: Selbst die vernünftigsten Köpfe – und davon gibt es immer noch einige im russischen Außenministerium – waren damals unfähig sich einzugestehen, dass Putin und sein Gefolge aus purem Egoismus handelten – und dazu auch noch irrten. »Unmöglich, dass die da oben solche Dummheiten begehen! Da steckt sicher irgendein raffinierter Plan dahinter«, war damals – und ist noch heute – die Überzeugung vieler Kollegen.

Es ging also darum, an den eigenen Texten so zu feilen, dass man nicht den Zorn der Leitung auf sich zog. Anstatt »Wir konnten unsere Partner nicht überzeugen, unsere Bedingungen zu akzeptieren«, schrieb man also: »Wir arbeiten weiterhin aktiv und mit Nachdruck mit unseren Partnern zusammen«. Konnten unsere Partner unsere Initiative nicht unterstützen, weil sie mit ihrem Inhalt nicht einverstanden waren, so schrieb man: »Offensichtlich stehen unsere Partner unter starkem Druck seitens der westlichen Länder unter Führung der USA, die unserer Initiative feindlich gegenüberstehen. Washington bemüht sich weiterhin vergeblich, eine antirussische Koalition zu bilden.«

Der Ausdruck »Machenschaften des State Departments« war dabei eine rhetorische Allzweckwaffe, mit der sich so gut wie alles erklären ließ. Wenn ein Gesprächspartner keinen Kontakt aufnahm, schrieb man: »Er fürchtet wachsenden Druck aus Washington.« Hatte man den eigenen Standpunkt nicht überzeugend vermitteln können, so hieß es: »Die Gesprächspartner nahmen unsere Argumente mit großer Aufmerksamkeit entgegen und räumten am Rande der Konferenz vertraulich ein, man könne uns nicht offen zustimmen, da man unter größtem Druck seitens des Weißen Hauses stehe.«

Die Skripal-Affäre

Mit dem Giftanschlag auf den ehemaligen Doppelagenten Sergej Skripal und dessen Tochter Julija im Vereinigten Königreich im Jahr 2018 verschärfte sich die Konfrontation zwischen Russland und dem Westen ein weiteres Mal. Auch hier sahen wir uns genötigt, positiv gefärbte Telegramme ans Zentrum zu schreiben.

Sicher, im Grunde war es vollkommen unklar, warum man Sergej Skripal überhaupt hatte vergiften müssen: Als Kollaborateur des britischen Geheimdienstes entlarvt und inhaftiert, kam er ein paar Jahre später im Austausch gegen russische Spione frei. Womit doch eigentlich alle gegenseitigen Ansprüche geregelt waren – warum sollte Russland also einen Ex-Agenten töten, der längst niemanden mehr interessierte?

Die Kampagne, mit der die russische Seite ihre Unschuld zu beweisen versuchte, geriet dann jedoch so bizarr und aggressiv, dass man sich fragen musste, ob wir wirklich nichts mit der ganzen Sache zu tun hatten. Ich dachte an all die Versionen, die man 2014 nach dem Abschuss der malaysischen Boeing über dem Donbass gehört hatte: Mal war es die ukrainische Luftabwehr gewesen, mal ein Flugzeug der ukrainischen Luftwaffe – nicht nur irgendeines, sondern eine Su-25, die es wie durch ein Wunder in zivile Luftfahrthöhen geschafft hatte –, mal erfand man einen spanischen Fluglotsen, der angeblich ukrainische Militärflugzeuge in der Nähe der Boeing beobachtet hatte. Wären wir damals wirklich unbeteiligt gewesen – wozu hätten wir dann eine unglaubwürdige Version nach der anderen produzieren sollen? Zumal dies auch noch schlecht koordiniert war: So wurde die Version mit dem Kampfflugzeug eine Zeit lang als die wahrscheinlichste dargestellt, dann aber völlig unvermittelt durch die Geschichte mit der ukrainischen Buk-M1-Rakete abgelöst, und das auch noch ausgerechnet vom Almaz-Antey-Konzern, dem Entwickler ebenjenes Buk-Luftabwehrsystems.

Im Fall Skripal waren wir uns ähnlich uneinig: Mal hatten die verdächtigten Petrow und Boschirow nichts mit uns zu tun, dann wieder schon, aber nicht so, wie die Briten sagten. Mal waren die beiden rein zufällig und privat in Salisbury gewesen. Dann aber doch nicht zufällig, sondern weil sie als Touristen unbedingt die Turmspitze der Kathedrale von Salisbury sehen wollten. Einige »benachbarte« Kollegen meinten, die beiden seien zwar »unsere Leute«, hätten sich aber in einer ganz anderen, absolut legalen Angelegenheit im Vereinigten Königreich befunden und wären von den Briten »reingelegt« worden. Die Versionen der Geschehnisse häuften sich schließlich so sehr, dass die ursprüngliche Behauptung, wir hätten damit überhaupt nichts zu tun, einfach nicht mehr stimmen konnte.

Die Verwendung des giftigen Kampfstoffs der Nowitschok-Gruppe wurde daraufhin von der Organisation für das Verbot chemischer Waffen (OPCW) in Den Haag untersucht. Somit stand besonders der russische Botschafter in den Niederlanden – und zugleich Ständiger Vertreter Russlands bei der OPCW – Alexander Schulgin im Mittelpunkt der Aufmerksamkeit. Da er davon ausgehen konnte, dass seine Telegramme bis in die höchste Ebene weitergeleitet wurden, versuchte dieser erfahrene Diplomat nicht etwa – wie es seiner Rolle entsprochen hätte – zu deeskalieren oder nach vertretbaren Auswegen zu suchen, sondern verfiel in billigste Propagandarhetorik, die in ihrem hysterischen Tonfall an Marija Sacharowa erinnerte. Dabei wusste er offenbar genau, dass gerade diese Art der Informationsdarstellung in Moskau am besten ankommen würde. So scheute er sich nicht, von »Feinden« zu sprechen, beschrieb ausführlich, mit welchem Heldenmut er sich gegen die Vertreter des Westens gestellt und jegliche Versuche, Russland pauschal zu beschuldigen, unterbunden hatte. Bisweilen hatte ich das Gefühl, einen Leitartikel der *Prawda* aus den Dreißigerjahren über Stalins Prozesse zu lesen. »Zertretet die Schlange!«, wäre eine durchaus passende Überschrift für Schulgins Statusberichte aus Den Haag gewesen.

Während er auf diese Weise die westlichen Länder verunglimpfte, vergaß Schulgin natürlich nicht, sämtliche Ereignisse für uns so positiv wie möglich aussehen zu lassen. Ein »Klassiker« war dabei dieses Argument: Wenn von den 191 Mitgliedern der OPCW 80 Staaten für eine antirussische Resolution gestimmt hatten und 15 dagegen, so bedeutete dies doch, dass 86 Staaten eigentlich für Russland waren! Sie hätten einfach nur Angst, dies offiziell zuzugeben, so Schulgin, weil sie unangenehme Konsequenzen seitens Washingtons und Londons befürchteten, »hinter den Kulissen« aber seien sie alle gleichermaßen um unser Land besorgt und wünschten ihm nur das Beste.

Trotz ihrer absoluten Unhaltbarkeit kam Schulgins schräge Arithmetik in Moskau gut an. Zu dringlich war dort offenbar der Wunsch, sich überzeugen zu lassen, dass unsere Position nach wie vor stark und unser Kurs richtig sei.

Angesichts von Schulgins Erfolg überboten sich nun auch andere Botschafter mit ähnlichen Telegrammen. Von überallher versicherte man uns, man habe »hart«, »entschlossen« und »unzweideutig« jegliche »Versuche des Westens unterbunden«, »unsere Partner unmissverständlich vor der Unzulässigkeit eines solchen Verhaltens gewarnt« und so weiter. Wenn ich dies las, wusste ich manchmal nicht, ob ich über den ganzen Zirkus eher lachen oder mir doch eher Sorgen machen sollte, wohin uns diese dumpfe, aggressive Rhetorik noch führen würde. Inzwischen rief jedes zweite Telegramm bei mir ungläubiges Kopfschütteln hervor.

Es ist mir wichtig zu betonen, dass die Verfasser solcher Berichte mehrheitlich durchaus keine Kriegstreiber waren, die den »heimtückischen Westen« aus tiefster Seele hassten. Weit gefehlt: Die meisten russischen Diplomaten sind intelligente, belesene und – was heute vielleicht seltsam erscheinen mag – durchaus angenehme Zeitgenossen. Von Sergej Lawrow wissen wir, dass er Lyrik schätzt und gelegentlich auch selbst Gedichte verfasst. Wassili Nebensja, heute Russlands meistgehasster Vertreter im UN-Sicherheitsrat, war bis zum Beginn des Ukrainekriegs für seinen Humor und seine leutselige Art bekannt. Auch der schon erwähnte, überaus intelligente Sergej Rjabkow genauso wie Botschafter Gennadi Gatilow, der in Genf ein Team vielversprechender junger Diplomaten um sich geschart hat, sind keineswegs geborene Monster, die von einem Atomkrieg träumen. Unter anderen Umständen hätten sie sich sicher für die Stärkung des internationalen Friedens und der Sicherheit einsetzen und zur Lösung vieler internationaler Probleme beitragen können. Doch das System, dem sie angehören, verlangt von ihnen ostentative Loyalität und Befolgung der von oben propagierten Narrative. Und je höher man hinaufkommt, desto härter werden die Anforderungen. Wer seinen weichen Chefsessel behalten will, muss sich anpassen. Das System, dem sie dienen und das sie stets kritiklos (oder zumindest ohne öffentlich Kritik zu äußern) hinnehmen, hat sie – freilich ohne dass sie sich groß widersetzt hätten – zu dem gemacht, was sie heute sind: Propagandisten des Krieges, Verbreiter von Lügen und Prediger von Gewalt. Alles nur, um ihren Chef nicht zu enttäuschen.

»Verkaufen, solange es sich verkauft«

Kaum waren 2014 die Sanktionen gegen Russland verhängt worden, dachte man bei uns über eine »spiegelbildliche Antwort« nach. »Stellen wir den Handel mit den Amerikanern einfach ganz ein!«, lautete nun fast jeder zweite Vorschlag, sowohl aus unserem Ministerium als auch von anderen Behörden. Als Erstes überlegten wir damals, die Lieferung von Raketentriebwerken an die USA einzufrieren.

Bereits in den Neunzigerjahren hatte das Unternehmen NPO Energomasch das Triebwerk RD-180 entwickelt, eine Variante des bis heute schubstärksten sowjetischen Raketentriebwerks RD-170. Hauptabnehmer waren die USA, die das RD-180 in ihren Atlas-Raketen einsetzten. Auch lieferten wir ihnen das Modell RD-181 für die erste Stufe der Antares-Trägerrakete. Diese amerikanischen Aufträge hatten Energomasch, den wichtigsten russischen Hersteller von Raketentriebwerken, in den 1990er- und frühen 2000er-Jahren buchstäblich vor dem Bankrott bewahrt, da dem russischen Staat damals schlicht die Mittel fehlten, um einzuspringen.

Wie wir herausfanden, hatten die USA inzwischen eine ziemlich große Reserve an Triebwerken angehäuft, die es ihnen ermöglichte, noch weitere drei bis vier Jahre lang Raketen zu starten. In dieser Zeit würden sie zweifellos auch die Entwicklung eigener Triebwerke vorantreiben und irgendwann unsere RD-180/181 gar nicht mehr benötigen. Mit einem Exportstopp hätten wir also nur an dem Ast gesägt, auf dem wir selbst saßen: Uns wären wichtige Einkünfte entgangen, ohne dass wir Amerika spürbaren Schaden zugefügt hätten.

Gegen eine Beendigung der Zusammenarbeit mit den Staaten war damals natürlich vor allem das Energomasch-Management, doch war für die Mehrheit der politischen Entscheidungsträger das oben genannte Argument überzeugend genug. Allein das Außenministerium wollte den Amerikanern das Leben so schwer wie möglich machen und schlug vor, von ihnen Garantien zu verlangen, dass mit unseren Triebwerken keine militärischen Satelliten – etwa zu Aufklärungszwecken – in die

Erdumlaufbahn gebracht würden. Da aber ohnehin praktisch die gesamte Nutzlast im Weltraum sowohl zivil als auch militärisch genutzt wird, konnte und wollte niemand solche Garantien geben. Zumal auch das Kontrollregime derartige Zusicherungen nicht verlangt. Dieser Plan war somit zum Scheitern verurteilt.

Unser Botschafter in Washington Sergej Kisljak ging in seinen Berichten trotzdem immer wieder auf dieses Thema ein. Jedes Mal, wenn er von einem neuen »unfreundlichen« Akt der Vereinigten Staaten berichtete, forderte er beharrlich, Möglichkeiten zu eruieren, die Zusammenarbeit mit den Amerikanern im Raumfahrtsektor auszusetzen oder ganz einzustellen. Oder zumindest den Verkauf von Raketentriebwerken einzustellen. Das zog sich so lange hin, bis Vizeaußenminister Sergej Rjabkow schließlich eines der Telegramme mit dem energischen handgeschriebenen Satz versah: »Der Beschluss lautet: Verkaufen, solange es sich verkauft!«

Einige Zeitgenossen haben damals jedoch versucht, diesen Ansatz auf den Verkauf ganzer Raketen auszuweiten. Von dem in Russland weithin bekannten Ingenieur Juri Solomonow – der an der Entwicklung sowohl der Interkontinentalrakete Topol als auch der U-Boot-gestützten ballistischen Rakete Bulawa beteiligt war – stammt beispielsweise die Idee, ausgemusterte Topol-Systeme an Länder der Dritten Welt zu verkaufen, die sie dann als Trägerraketen verwenden sollten. Vorbild für so eine zivile Konversion war ein russisch-ukrainischer Vertrag zum Umbau stillgelegter Wojewoda-Raketenkomplexe in Trägerraketen des Typs »Dnepr« – mit dem wichtigen Unterschied jedoch, dass diese nicht an andere Länder weiterverkauft wurden, sondern von russischen Weltraumbahnhöfen aus gestartet sind.

Wir im Außenministerium waren entsetzt: Solomonows Vorschlag verstieß nicht nur unmittelbar gegen die Grundsätze des MTCR, die dem Ingenieur offenbar nicht bekannt waren. Verbunden damit war auch ein hohes Risiko der Verbreitung ballistischer Technologie. Eine Atombombe zu bauen ist heutzutage nicht mehr so schwierig, und einige Staaten sind grundsätzlich in der Lage, dies in absehbarer Zeit zu tun. Zur Entwicklung eines effektiven und präzisen Trägersystems benötigt man dagegen wesentlich fortschrittlichere Technologien. Da es manche Entwicklungsländer mit dem Schutz von Technologien und mit der Ausfuhrkontrolle nicht so genau nehmen, ist keineswegs ausgeschlossen, dass das Wissen über den Bau einer Interkontinentalrakete in die falschen Hände gerät. Hier bestand also eine unmittelbare Gefahr der Verbreitung von Technologien für den Bau von Massenvernichtungswaffen. Zum Glück ist es uns damals gelungen, Solomonows Idee zu verhindern.

Die Abteilung wechseln oder wieder ins Ausland?

Immer häufiger hatte ich das Gefühl, dass Russlands Staatsordnung mit ihren verdorbenen Verwaltungsstrukturen, ihrem rücksichtslosen Raubbau an der Gesellschaft, der alltäglichen Korruption, den unverbindlichen Begrifflichkeiten und dem ständigen Selbstbetrug nicht mehr lange Bestand haben würde – nach historischen Maßstäben natürlich. 15 bis 20 Jahre würden die Reserven wohl noch ausreichen, dann aber würde das System zusammenbrechen und uns alle unter sich begraben.

Diesen Eindruck bestätigte auch meine Frau, die inzwischen beim Verband der Maschinenbauer Russlands (SojusMasch) arbeitete, dem vor allem Unternehmen der Rüstungsindustrie angehörten. Tonangebend bei SojusMasch war die Staatsholding Rostec, die nahezu den gesamten militärisch-industriellen Komplex des Landes kontrollierte. Meine Frau war oft durch das ganze Land gereist und hatte sich mit der Leitung des Panzerherstellers Uralwagonsawod in Nischni Tagil, von Russian Helicopters in Ulan-Ude und vielen anderen getroffen. Bei diesen vertraulichen Gesprächen hatten die Bosse große Probleme beklagt, in erster Linie den katastrophalen Fachkräftemangel sowie die technologische Rückständigkeit ihrer Unternehmen. Angesprochen auf die von der russischen Regierung mantraartig beschworene »Importsubstitution«, reagierten die Leute vor Ort mit müdem Lächeln.

Angesichts dieser ständigen Diskrepanz zwischen der Wirklichkeit und dem, was wir in unseren Dokumenten behaupteten, begriff ich, dass ich diesem heuchlerischen Dasein ein Ende setzen und den Beruf wechseln musste. Meine Frau teilte diese Meinung. Natürlich, wandte ich ein, war die Arbeit im Ministerium grundsätzlich interessant und gut bezahlt, sodass wir uns einen gewissen Komfort leisten konnten. Außerdem: Wer konnte schon einen Diplomaten außerhalb des Außenministeriums gebrauchen? Welche spezifischen Fertigkeiten hatte ich zu bieten? Es lag auf der Hand, dass ich in der Privatwirtschaft deutlich weniger verdienen würde. Keine sonderlich verlockende Aussicht.

Ich erwog eine erneute längere Auslandsmission. Zufällig suchte die Ständige Vertretung Russlands bei den Vereinten Nationen in Genf gerade einen Botschaftsrat, also bewarb ich mich für diesen Posten und erhielt schon bald die Bestätigung. Allerdings gab es dort keine freie Stelle für meine Frau, weshalb ich allein dorthin fahren musste.

Zur Vorbereitung dieser Mission wechselte ich von der Abteilung für Ausfuhrkontrolle in die Abteilung für multilaterale Abrüstung, die für ebenjene Themen zuständig war, mit denen sich auch die Ständige Vertretung befasste, vor allem die Triade aus Genfer Abrüstungskonferenz, Erstem Ausschuss der UN-Generalversammlung und Abrüstungskommission der Vereinten Nationen. Darüber hinaus verfolgte Genf die Entwicklung im Bereich der UN-Biowaffenkonvention, des UN-Waffenübereinkommens, der Abrüstungsaspekte des Atomwaffensperrvertrags und vieles mehr. Die Themenpalette war somit viel breiter und auch deutlich politischer als bei der Ausfuhrkontrolle.

Im Frühjahr 2019 – ich war gerade dabei, mich in die neuen Themen einzuarbeiten – bot man mir eine Abteilungsleitung im Departement für asiatisch-pazifische Zusammenarbeit (DAPC) an. Das war natürlich ein verlockendes Angebot für mich als Asienspezialisten, allerdings schien mir die Themenauswahl weitaus weniger spannend. Sicher, Russlands Teilnahme an Kooperationsformaten wie den BRICS-Staaten, der Shanghaier Organisation für Zusammenarbeit und anderen waren zuletzt immer häufiger als Schlüsselthemen unserer Außenpolitik präsentiert worden – im Sinne jener groß angekündigten »Wende nach Osten«, die in Wirklichkeit aber gar nicht vollzogen wurde. Hätte man es damit wirklich ernst gemeint, hätten entsprechende personelle Veränderungen folgen müssen: Man hätte zum Beispiel Sergej Lawrow, der seine gesamte berufliche Laufbahn bei den Vereinten Nationen verbracht hat und Asien weder kennt noch mag, durch einen Asienexperten ersetzen müssen – mit Erfahrung in China oder Indien. Nichts dergleichen war geschehen.

Übrigens habe ich mich bei informellen Gesprächen mit Freunden – unter anderem aus der Präsidialverwaltung – immer wieder erkundigt, warum man Lawrow nicht in den verdienten Ruhestand gehen lasse, worum er angeblich bereits mehrfach gebeten habe. Jedes Mal bekam ich zur Antwort: »Putin arbeitet eben sehr gern mit Lawrow zusammen.« Was auch nicht weiter verwunderte. Man arbeitet immer gern mit jemandem zusammen, der einem nie widerspricht und einen durch sein stilles Einverständnis und seinen tadellosen Ruf in dem Glauben bestärkt, dass man richtig handelt.

In all diesen Kooperationsformaten – seien es die BRICS-Staaten, die SCO, die G20, die APEC, das ASEAN Regional Forum oder die ostasiatischen Gipfeltreffen – glich Russland dem, was man bei uns einen »Hochzeitsgeneral« nennt: also einer Person, die viel redet, von der aber in Wirklichkeit kaum etwas abhängt. Ich hatte keine Lust, nur noch mehr Altpapier zu produzieren. In Genf dagegen versammelten sich Länder aus allen Regionen der Welt. Dort bot sich mir die Aussicht, ein besseres Verständnis für Weltpolitik zu entwickeln.

In der Abteilung für multilaterale Abrüstung machte ich mich näher mit den Themen der Genfer Abrüstungskonferenz vertraut. Besonders intensiv befasste sich unsere Abteilung mit Fragen der Biosicherheit im Kontext der UN-Biowaffenkonvention (BWK).

Biologische Waffen

Das internationale Recht im Bereich der biologischen Sicherheit basiert auf dem 1972 verabschiedeten Übereinkommen über das Verbot von biologischen Waffen und Toxinwaffen. Russland ist neben dem Vereinigten Königreich und den Vereinigten Staaten einer der drei Depositarstaaten des Übereinkommens. Darauf sind wir sehr stolz, auch wenn dies lediglich bedeutet, dass eines der drei Originalexemplare des Übereinkommens in Moskau aufbewahrt wird.

Obwohl auch die UdSSR bereits 1972 die Biowaffenkonvention unterzeichnet hat, kam in vielen westlichen Ländern immer wieder der Verdacht auf, dass die Sowjetunion weiterhin an der Entwicklung biologischer Waffen forsche. Bekanntlich wurde das Testgelände auf der Insel der Wiedergeburt (Ostrow Wosroschdenija) im Aralsee erst 1992 durch einen Erlass von Präsident Jelzin offiziell geschlossen und die gesamte Technik abgebaut.

Während meiner Einarbeitung versicherten mir die Kollegen, was die USA da über die Fortsetzung des militärischen Biowaffenprogramms in der UdSSR und im postsowjetischen Russland behaupteten, sei nichts als Lüge und Verleumdung. Ich hatte mich aber bereits in der Abteilung für Ausfuhrkontrolle mit der Australischen Gruppe – dem Ausfuhrkontrollregime für Chemikalien und biologische Substanzen – befasst und wusste, dass wir diesem Regime nur deshalb nie hatten beitreten können, weil wir uns weigerten, Informationen über die sowjetischen Biowaffenentwicklungen zur Verfügung zu stellen, worauf die USA und eine Reihe anderer Mitglieder der Gruppe aber bestanden. Das allein war schon verdächtig: Wenn wir nichts zu verbergen hatten, warum sollten wir darüber nicht informieren wollen?

Wenn man daran denkt, wie Russland zuletzt mit eigenen Chemiewaffen umgegangen ist – wir haben Nowitschok bereits erwähnt –, so ist nicht auszuschließen, dass derartige Entwicklungen auch im biologischen Bereich längst im Gange sind. Zudem lässt sich die stetig wachsende Furcht russischer Behörden – insbesondere der Geheimdienste –

vor westlichen Biowaffen natürlich auch mit der Sorge erklären, dass die Militärbiologen der NATO ihre russischen Kollegen in diesem Bereich übertreffen könnten.

Moskaus größte Angst ist ja, dass die USA in Russlands sogenannten »weichen Unterleib«, also in die Länder seiner »exklusiven« Einflusssphäre vordringen könnten. Unmittelbar nach dem Zerfall der UdSSR bestand in den Neunzigerjahren ein enormes Risiko, die Kontrolle über die sowjetischen Massenvernichtungswaffen und die damit verbundenen Technologien zu verlieren. Die Vereinigten Staaten und andere westliche Länder begannen, die neuen Staaten des postsowjetischen Raums beim Aufbau nationaler Kontrollsysteme zu unterstützen, insbesondere im Rahmen des 1991 verabschiedeten Nunn-Lugar Act. Dies führte dazu, dass in einigen GUS-Staaten – namentlich der Ukraine, Georgien und Kasachstan – Hochsicherheitslabore zu Forschungszwecken errichtet wurden. Dabei werden sowohl die Übertragungswege von Krankheitserregern als auch mögliche Medikamente und Impfstoffe untersucht. Die gefährlichsten Pathogene – Pest, Milzbrand und andere – werden in Laboren der höchsten Schutzstufe (BioSafety Level 4) erforscht, was sowohl zivilen als auch militärischen Zwecken dienen kann. Russische Agenturen haben immer wieder behauptet, dass diese Labors unter dem Deckmantel der medizinisch-biologischen Forschung spezielle Waffentypen entwickeln sollen, die vor allem gegen Russland und die russische Bevölkerung gerichtet sind.

Unsere Dokumente und Informationsmaterialien zu diesem Thema waren mitunter so absurd, dass ich mir bei der Lektüre an den Kopf fasste und prüfen musste, ob sie wirklich aus dem Verteidigungsministerium oder dem FSB stammten und nicht aus irgendeiner Verschwörungsplattform im Internet herauskopiert waren, wenn es zum Beispiel um die Entwicklung genetischer oder ethnischer Waffen ging oder um Versuche der US-Geheimdienste, menschliche Gewebsproben aus verschiedenen Regionen Russlands zu sammeln.

In Klammern sei hier nur erwähnt, dass es sich bei »genetischen und ethnischen Waffen« natürlich um rein pseudowissenschaftliche Konzepte handelt. Dabei wird postuliert, die ethnische Zugehörigkeit eines Menschen sei bereits in den Genen festgeschrieben, weshalb man Waffen entwickeln könne, die nur auf Träger bestimmter »ethnischer« Gene wirken. Das Problem dabei: Die meisten Ethnien dieser Welt sind genetisch kaum voneinander zu unterscheiden. Solche Waffen könnten also, wenn überhaupt, nur Träger höchst seltener Gene treffen (vielleicht ein paar Tausend Menschen weltweit), aber keinesfalls Angehörige eines ganzen Volks. »Russische«, »deutsche« oder »amerikanische« Gene gibt es nicht. Wer behauptet, dass solche Waffen gegen Russland entwickelt würden, macht sich nur die Unwissenheit und Ängste der russischen Führung zunutze, die davon genauso wenig Ahnung hat wie die meisten Menschen in unserem Land.

In den Jahren 2013 bis 2015 haben wir tatsächlich einige Proben menschlichen Biomaterials in die Vereinigten Staaten sowie in westeuropäische Länder exportiert – für russische Geheimdienste nur ein weiterer Beweis der heimtückischen Absichten Amerikas, »antirussische« Biowaffen herzustellen. Ich selbst habe mehrmals Expertengutachten zur Möglichkeit solcher Exporte unterzeichnet. Dabei handelte es sich um Gewebsproben, die von russischen Forschungsinstituten gesammelt und im Rahmen gemeinsamer Forschungsprojekte im Bereich Molekularforschung in die Vereinigten Staaten geschickt wurden. Inwieweit das Pentagon oder die CIA dabei involviert waren, entzieht sich meiner Kenntnis, unsere eigenen Geheimdienste ließen diese Lieferungen damals jedenfalls stillschweigend passieren. Erst später waren sie – ganz plötzlich – der Ansicht, dass es sich um »feindliche« Aktivitäten handelte, woraufhin diese Zusammenarbeit eingestellt wurde.

Die Amerikaner daran zu hindern, Labors in den GUS-Staaten aufzubauen, war schwierig. Zum einen hatten diese Staaten ja selbst mindestens nichts dagegen einzuwenden, dass die USA ihnen beim Aufbau ihres Gesundheitswesens sowie bei der Verbesserung ihrer Kapazitäten im Bereich Seuchenbekämpfung und Hygiene halfen. Russland dagegen war entweder nicht willens oder nicht in der Lage, vergleichbare Projekte anzubieten, ging aber trotzdem wie selbstverständlich davon aus, dass die GUS-Staaten russische Interessen vor ihre eigenen stellen sollten.

Das Departement für Nichtverbreitung und Rüstungskontrolle erfand daraufhin eine »zuverlässige« und »effektive« Methode, »gefährliche« biologische Aktivitäten der USA in diesen Regionen zu unterbinden: So sollte Russland mit jedem der GUS-Staaten eine bilaterale Regierungsvereinbarung über die biologische Sicherheit abschließen. Darin würden sich die Parteien verpflichten, Dritte an der Durchführung biologischer Aktivitäten auf ihrem Staatsgebiet zu hindern.

Solche Vereinbarungen sollten mit Kasachstan, Usbekistan, Armenien, Tadschikistan und Turkmenistan abgeschlossen werden, doch der Prozess kam nur schleppend in Gang. Während Armenier und Tadschiken recht bald ihre grundsätzliche Zustimmung signalisierten, begannen andere den Sinn solcher Abkommen zu hinterfragen. Aus Turkmenistan kam überhaupt keine Reaktion, was aber nicht weiter verwunderte bei diesem international weitgehend isolierten Land, dessen totalitäres, kaum durchschaubares Regime noch heute eher an Nordkorea erinnert.

Am meisten widersetzten sich Kasachstan – das schon immer ein schwieriger Partner gewesen war – und Usbekistan. Die Kasachen betrachteten das Thema als Frage der nationalen Sicherheit, während die Usbeken nicht grundsätzlich auf eine mögliche Kooperation mit den Vereinigten Staaten im Bereich Biotechnologie verzichten wollten.

Natürlich stehe ich dieser Methode der Interessenssicherung überaus skeptisch gegenüber. Was wir von unseren Partnern damals forderten, war nichts anderes, als jegliche Zusammenarbeit mit anderen Ländern ein für alle Mal zu beenden, noch dazu gerade mit den Ländern, die im Bereich Biotechnologie weit fortgeschritten waren. Diese Vereinbarungen waren ein Beispiel für eine oktroyierte ungleiche Partnerschaft: Die GUS-Staaten sollten ihr Interesse an einer eigenen wirtschaftlichen Entwicklung, an wissenschaftlicher, industrieller und technologischer Kooperation mit anderen Staaten opfern, nur weil Russland befürchtete, dass die Amerikaner dort mutierte Moskitos züchten würden, um

Krankheiten zu übertragen, die ausschließlich Russen oder andere in Russland lebende Ethnien befielen.

Mittel- und Kurzstreckenraketen

Für die bilateralen Rüstungskontrollabkommen mit den USA war meine Abteilung nicht zuständig. Die Bemühungen der Trump-Administration, einige dieser Abkommen zu kippen, hatten aber durchaus unmittelbare Auswirkungen auf multilaterale Abrüstungsformate. So empfand man allgemein den Ausstieg der USA aus dem INF-Vertrag von 1987, der die Entwicklung und den Einsatz von Mittel- und Kurzstreckenraketen verbietet, als unmissverständliche Ansage Washingtons, sich jeglicher Verpflichtungen zu entbinden und einen weiteren militärischen Vorteil gegenüber Russland zu erlangen. Auch vermutete man einen Zusammenhang mit der als besonders bedrohlich empfundenen Stationierung von US-Raketenabwehrsystemen in Osteuropa. Seit Jahren warf Russland den Vereinigten Staaten vor, in Osteuropa Abwehrradaranlagen sowie Mk 41-Startsysteme zu stationieren, die nach Angaben der Amerikaner ausschließlich Abwehrraketen abfeuern konnten, wohingegen unsere Militärs behaupteten, sie seien vielseitig genug, um auch Tomahawk-Marschflugkörper mit großer Reichweite starten zu lassen – natürlich gegen Ziele in Russland.

Einige nüchtern denkende Analysten sahen sich genötigt, daran zu erinnern, dass gewisse Staaten tatsächlich bereits über ballistische Mittel- und Kurzstreckenraketen zum Transport von nuklearen Sprengköpfen verfügten, weshalb man den Wunsch der USA nach eigenen Raketen zur Neutralisierung potenzieller Bedrohungen nachvollziehen könne. Zumal der amerikanische Vorwand für den Ausstieg aus dem INF-Vertrag – ein von Russland entwickelter Marschflugkörper mit der Typenbezeichnung 9M729, dessen Reichweite die vertraglich festgesetzte Höchstgrenze von 500 Kilometern überschritt – keineswegs aus der Luft gegriffen erschien. Da ich das übliche Gebaren der russischen

Regierung kenne, schließe ich nicht aus, dass die damaligen Behauptungen der USA zutrafen und Moskau seit Langem versuchte, den Vertrag »heimlich« zu verletzen. Es entspricht jedenfalls durchaus Putins üblicher Haltung zu rechtsverbindlichen Dokumenten.

Aber auch Trumps Sichtweise auf die Einhaltung seiner außenpolitischen Verpflichtungen ließ in ihrer extremen Engstirnigkeit und Kurzsichtigkeit befürchten, dass der amerikanische Präsident irgendwann das gesamte, seit den 1960er-Jahren mühsam aufgebaute System der internationalen Sicherheit einfach in die Tonne treten würde. Der verstörende Ausstieg der USA aus dem Atomabkommen mit Iran zeigte deutlich, dass Amerika – einst Wortführer der demokratischen Welt und einer »regelbasierten Weltordnung« – mit seiner unberechenbaren und rücksichtslosen Politik selbst zur ernsthaften Bedrohung ebendieser Weltordnung geworden war.

Um den Ausstieg der USA aus dem INF-Vertrag doch noch zu verhindern, wurden die in Moskau akkreditierten US-Militärattachés zu einer »Demonstration« des 9M729-Flugkörpers eingeladen. Natürlich lehnten sie dies ab: Das Äußere einer Rakete allein ließ keine Rückschlüsse auf deren Reichweite zu, und Moskau hätte die Anwesenheit westlicher Militärexperten sicher als Vorwand genutzt, um zu behaupten, man habe die Rakete westlichen Militärs vorgeführt und diese hätten bestätigt, dass sie den Bestimmungen des Vertrags »voll und ganz« entspräche. Diesen Trumpf wollten die Amerikaner der russischen Seite verständlicherweise nicht in die Hand geben.

Im Ersten Ausschuss der UN-Generalversammlung in New York schlug die russische Delegation 2018 vor, eine Resolution zu verabschieden, die die Aufrechterhaltung des INF-Vertrags forderte. Eine ungewöhnliche Idee, schließlich handelte es sich nicht um einen allgemeingültigen Vertrag wie etwa eine UN-Konvention, sondern um einen ursprünglich bilateralen Vertrag zwischen den USA und der UdSSR, der später auf Russland, Weißrussland, die Ukraine und Kasachstan ausgeweitet worden war. Hätte also die UN-Generalversammlung die Vertragsparteien aufgerufen, nicht aus dem Vertrag auszusteigen, hätte man dies grundsätzlich als Versuch interpretieren können, Druck auszuüben. Der Resolutionsentwurf fand damals auch keine Unterstützung.

Seit dieser Zeit findet sich in offiziellen Dokumenten häufig der Begriff »Post-INF« wieder. Die Frage, wie russisches Staatsgebiet vor amerikanischen Kurz- und Mittelstreckenraketen zu schützen sei, war nun unlösbar mit dem Problem globaler und regionaler Raketenabwehrsysteme verknüpft. Der stellvertretende Außenminister Rjabkow erfand irgendwann den Begriff der »neuen globalen Sicherheitsgleichung«, der ihm offensichtlich sehr gefiel, da er ihn bei jeder sich bietenden Gelegenheit verwendete. Wie diese Gleichung tatsächlich aussah, wusste niemand, sie sollte aber alle Faktoren einschließen, die die internationale Sicherheit und strategische Stabilität beeinflussen. Es war also sicher nicht nur eine Gleichung, eher schon eine mathematische Abhandlung.

Heute, angesichts des Krieges in der Ukraine und der fortschreitenden Demontage der strategischen Stabilität durch Putins Handeln, ist die Bedeutung einer neuen »Gleichung« wohl eher in den Hintergrund getreten. Nichtsdestotrotz wird sie irgendwann in der Zukunft in der einen oder anderen Form erarbeitet werden müssen. In jedem Fall wird sie vollkommen anders aussehen als das, was sich die Kreml-Bewohner und ihre treuen Helfershelfer vom Smolenskaja-Platz vorstellen.

6 DIE VEREINTEN NATIONEN

ATOMWAFFEN UND DROHNEN – »WOLLEN SIE WIRKLICH KRIEG?« – REALITÄTSVERLUST UND ERNÜCHTERUNG

GENF (2019–2022), STÄNDIGE VERTRETUNG DER RUSSISCHEN FÖDERATION BEI DEN VEREINTEN NATIONEN, ALS BOTSCHAFTSRAT

Ankunft in Genf

Als ich Ende November 2019 in Genf ankam, wurde ich zunächst in einem Hotel der Ständigen Vertretung untergebracht, zog aber wenig später in eine eigene Wohnung in der Nähe unserer Mission um. Das Leben in einer separaten Wohnung in der Stadt war eine neue Erfahrung für mich. Bei meinen früheren Auslandsaufenthalten hatte ich stets auf dem Botschaftsgelände gewohnt und strenge Ausgangsregeln befolgen müssen: Ausgangssperre war um zehn oder elf Uhr abends, bei Verspätung hatte man anzurufen und um Genehmigung zu bitten, Stadtfahrten wurden am Botschaftseingang schriftlich vermerkt. Das Leben in Genf ähnelte in dieser Hinsicht auf erfreuliche Weise dem Alltag in Moskau.

Noch vor meiner Abreise hatten mir Kollegen berichtet, in der Genfer Mission gehe es ziemlich locker zu. Botschafter Gennadi Michailowitsch Gatilow, seit 2018 im Amt, lasse seinen Mitarbeitern relativ viele Freiheiten, weshalb einige von ihnen fast jedes Wochenende nach Frankreich oder Italien reisten. Auch ich freute mich natürlich, in meiner Freizeit Europa kennenzulernen.

Wie sich dann aber herausstellte, hatte der Botschafter seine Ansichten geändert: Wir Mitarbeiter durften höchstens einmal im halben Jahr ins Ausland – zum Glück zählten Einkaufsfahrten zum nächsten Carrefour oder Leclerc hinter der französischen Grenze nicht mit. Der Grund für diese offenbar neuen Reisebeschränkungen entsprach einem allgemeinen Trend im Außenministerium: Die eigenen Diplomaten sollten in Europa möglichst wenig herumreisen. Schließlich war man uns hier »feindlich gesinnt« und wartete sicherlich nur auf die erstbeste Gelegenheit, uns einfache russische Diplomaten zu provozieren. Der Botschafter war also schon aus Selbstschutz daran interessiert, das Risiko von Zwischenfällen in anderen Ländern zu minimieren. Was natürlich am einfachsten gelang, wenn er uns möglichst viel verbot.

Nukleare Nichtverbreitung

Im April des folgenden Jahres stand eine bedeutsame Veranstaltung bevor: die turnusgemäße Überprüfungskonferenz des »Vertrags über die Nichtverbreitung von Kernwaffen« (auch: Nuklearer Nichtverbreitungsvertrag, NVV), bei der alle fünf Jahre die Umsetzung der Vertragsbestimmungen kontrolliert wird. An dieser Überprüfungskonferenz nehmen stets eine Vielzahl von Organisationen teil, darunter das UN-Büro in Genf selbst, aber auch einer Reihe von Nichtregierungsorganisationen.

Der NVV basiert auf drei Säulen: der Nichtverbreitung von Kernwaffen, der nuklearen Abrüstung sowie der friedlichen Nutzung der Atomenergie. Während die Nichtverbreitung von Kernwaffen und die friedliche Nutzung der Atomenergie vor allem in Wien im Rahmen der Internationalen Atomenergiebehörde IAEO diskutiert werden, befasst man sich in Genf traditionell mit der nuklearen Abrüstung, im Rahmen der Abrüstungskonferenz, aber auch auf anderen Foren.

Schon während der Vorbereitung der Konferenz häuften sich die Widersprüche zwischen Atomwaffenstaaten und Nicht-Atomwaffenstaaten – und auch unter den Atomwaffenstaaten selbst wuchs das Gefühl gegenseitiger Entfremdung. So setzte sich die Fünfergruppe der Atommächte nun informell aus einer Dreiergruppe (USA, UK und Frankreich) einerseits und einer Zweiergruppe (Russland und China) andererseits zusammen.

Alle waren sich bewusst, dass die nukleare Abrüstung in einer Sackgasse steckte. Und das, obwohl so gut wie die gesamte übrige Welt von den Atomwaffenstaaten reale Schritte zur atomaren Abrüstung forderte. Tatsächlich bestanden Vereinbarungen zur nuklearen Rüstungskontrolle zu diesem Zeitpunkt nur zwischen den USA und Russland. Zuletzt hatten 2010 Dmitri Medwedew und Barack Obama den New-START-Vertrag über die weitere Reduzierung und Begrenzung strategischer Angriffswaffen unterzeichnet. Das Vereinigte Königreich, Frankreich und China sind dagegen bis heute nie irgendwelchen Verträgen über nukleare Rüstungskontrolle beigetreten. Ihre nuklearen Waffenarsenale unterliegen somit auch keinerlei Beschränkungen oder Kontrollmaßnahmen.

Die Atomwaffenstaaten, allen voran Russland, beriefen sich auf Artikel VI des NVV: »Jede Vertragspartei verpflichtet sich, in redlicher Absicht Verhandlungen über wirksame Maßnahmen zur baldigen Beendigung des nuklearen Wettrüstens und zur nuklearen Abrüstung zu führen sowie über einen Vertrag zur allgemeinen und vollständigen Abrüstung unter strenger und wirksamer internationaler Kontrolle.« Es ging also nicht nur um nukleare, sondern auch um konventionelle Abrüstung – im Grunde um die Abschaffung aller Streitkräfte in der ganzen Welt. Diese Formulierung erlaubte es den Atomwaffenstaaten immer wieder darauf hinzuweisen, dass nukleare Abrüstung nicht im luftleeren Raum stattfindet, sondern von weiteren Schritten flankiert werden muss, um die Spannungen und die Kriegsgefahr auf der ganzen Welt zu verringern. Dass Atomwaffen dabei weiterhin eine Rolle als abschreckender Faktor spielen, sehen wir heute, da Putin einen Angriffskrieg gegen die Ukraine führt, ohne dass auch nur ein Staat – nicht einmal die Vereinigten Staaten – bereit wäre, ihm tatsächlich mit unmittelbarer Gewalt entgegenzutreten, eben aus Angst vor einem atomaren Angriff.

Gleichzeitig war uns klar, dass der Verweis auf Artikel VI – ein ohnehin längst in die Jahre gekommenes Argument – nicht mehr genügte. Wir mussten guten Willen zeigen und den Forderungen der nicht nuklearen Mehrheit Beachtung schenken. Die Amerikaner hatten in diesem Zusammenhang 2019 die Initiative *Creating an Environment for Nuclear Disarmament* (CEND) ins Leben gerufen, die wir – pflichtbewusst – als halbherzig und vage kritisierten. Wir vertraten die Ansicht,

CEND diene nur dazu, von den eigentlichen politischen Maßnahmen der USA im Bereich nukleare Abschreckung abzulenken. Schließlich hatte die Trump-Administration erklärt, dass in der neuen US-Militärdoktrin Nuklearwaffen nicht mehr nur als Instrument strategischer Abschreckung fungieren sollten, sondern ihr Einsatz auf dem Schlachtfeld durchaus vorstellbar sei. Auch Atomtests könnten möglicherweise wieder aufgenommen werden. Diese höchst unverantwortliche Rhetorik verfestigte damals unseren ohnehin paranoiden Glauben, die Amerikaner seien nur darauf aus, Russland zu vernichten.

Ein weiterer Trigger für die russische Führung war der von einer Reihe von Nicht-Atomwaffenstaaten vorgelegte Atomwaffenverbotsvertrag (AVV). Dieser trat 2021 in Kraft, nachdem 50 Länder ihn ratifiziert hatten. Von den Atommächten wurde er damals – in seltener Einigkeit – kritisiert, er widerspreche dem Inhalt des NVV, gefährde dessen Einhaltung und trage in keiner Weise zu einer echten Verständigung zwischen Atomwaffen- und Nicht-Atomwaffenstaaten bei.

Die Kritik am AVV nahm einen großen Teil unserer Arbeit in Genf ein, insbesondere im Vorfeld der Überprüfungskonferenz des NVV. Da in diesem Bereich keine großen Fortschritte zu erwarten waren, traten zweitrangige Themen – Fragen der Kommunikation und Transparenz – in den Vordergrund. Das russische Außenministerium zeigte sich skeptisch gegenüber solchen »Banalitäten« und reagierte verärgert, dass die Nicht-Atomwaffenstaaten, die über keine »echte nukleare Expertise« verfügten, ihre Nase in Dinge steckten, die sie nichts angingen.

Die Genfer Abrüstungskonferenz

Im Februar 2020 wurde eine neue Runde der Genfer Abrüstungskonferenz eröffnet. Ende der 1970er-Jahre gegründet, hat dieses Verhandlungsforum seit gut 25 Jahren kaum Fortschritte erzielt: Die Delegationen tagen neun Monate im Jahr, kommen aber gar nicht dazu, inhaltlich über Vertragsentwürfe zu verhandeln, da sie sich nicht einmal auf ein gemeinsames Arbeitsprogramm einigen können, trotz ständiger Versuche der Vorsitzenden, Kompromissentwürfe zu präsentieren. Und so hat sich diese Konferenz von einem Verhandlungsgremium in einen Debattierklub verwandelt.

Gleichzeitig ist man der einhelligen Meinung, die Abrüstungskonferenz sei ein einzigartiges Gremium und dürfe keinesfalls durch Verhandlungen auf anderer Ebene ersetzt werden. (Obwohl der Atomwaffenverbotsvertrag im Rahmen der UN-Generalversammlung erarbeitet und dort auch erfolgreich verabschiedet wurde.) Ich hatte den Eindruck, dass viele Staaten mit dieser Situation eigentlich ganz zufrieden sind: Sie können endlos über globale Sicherheit schwadronieren, sich selbst als friedliebend und ihre Rivalen als niederträchtig darstellen, ohne dass dies tatsächliche Konsequenzen oder irgendwelche Verpflichtungen mit sich bringt.

Die Krise, in der sich die Genfer Abrüstungskonferenz befindet, spiegelt nur die vielen widersprüchlichen Ansichten zur globalen Sicherheit: So blockiert beispielsweise Pakistan beharrlich die Aufnahme von Verhandlungen über einen Vertrag zur Beendigung der Produktion von spaltbarem Material, dem Rohmaterial für Atomwaffen (Fissile Material Cut-Off Treaty, FMCT). Die meisten westlichen Länder und auch Indien befürworten die baldige Aufnahme solcher Verhandlungen, Pakistan jedoch befürchtet, dass Indien weitaus mehr spaltbares Material gelagert hat als es selbst, was die nukleare Parität zwischen den beiden Ländern verletzen würde – für Islamabad eine Frage der nationalen Sicherheit.

Die russische Position in dieser Frage war damals aalglatt: Wir waren grundsätzlich nicht gegen Verhandlungen, hielten das Thema aber für wenig relevant. Gleichzeitig brachten wir unsere »indifferente Position« so oft und nachdrücklich zum Ausdruck, dass wohl niemand mehr daran zweifelte, dass wir die Arbeit am FMCT eigentlich nicht unterstützten.

Ziemlich merkwürdig verhielten sich auch unsere Kollegen der Abteilung für Nuklearpolitik: Sie sagten, Russland werde erst eine Haltung zum FMCT einnehmen, wenn man tatsächlich zu verhandeln beginne.

Was eigentlich völliger Unsinn ist: Um Verhandlungen zuzustimmen oder nicht zuzustimmen, muss man bereits eine bestimmte Position entwickelt haben.

Russlands eigene Akzente bei der Abrüstungskonferenz beschränkten sich im Wesentlichen auf die Verteidigung des Weltraums: So hatten wir zusammen mit China 2008 einen Vertragsentwurf zum Verbot der Stationierung von Waffen im Weltraum vorgelegt und diesen 2014 noch einmal aktualisiert. Natürlich hatten die westlichen Kollegen viele durchaus berechtigte Fragen, die eigentlich im Rahmen von Verhandlungen diskutiert werden müssten. Doch steht das Thema derzeit weiter auf der Tagesordnung, ohne dass sich irgendetwas bewegt, da jegliche Diskussionen zwischen uns und dem Westen unmöglich geworden sind.

Botschafter und ihr Patriotismus

Noch vor meiner Abreise nach Genf war mir so einiges über die Moral unserer Vertreter im Ausland zu Ohren gekommen. So hieß es, Botschafter Gatilow, einst Vizeaußenminister und davor Direktor des Departements für internationale Organisationen, wolle nach seiner Pensionierung vorerst in der Schweiz bleiben, zumindest solange sein Freund und einstiger Studienkollege Lawrow Minister war. Gut möglich, dass er, wie viele seiner Vorgänger, dauerhaft in Genf zu leben beabsichtigte.

Auch Waleri Loschtschinin, ebenfalls ehemaliger UN-Botschafter, kehrte nicht in seine geliebte Heimat zurück, sondern lebte bis zu seinem Tod im März 2023 nicht weit von seiner früheren Wirkungsstätte in Genf. Sergej Bazanow, Anfang der Neunzigerjahre noch Vertreter Russlands bei der Abrüstungskonferenz, wurde später Leiter der Pugwash-Repräsentanz in Genf und blieb in der Schweiz. Aber auch andere europäische Staaten stehen bei unseren Beamten höher im Kurs als die eigene Heimat: So ist Wladimir Kotenew, von 2004 bis 2010 Botschafter in Deutschland, nach Beendigung seiner offiziellen Auslandsmission gleich im feindlichen Westen geblieben. Es gibt noch viele weitere Fälle dieser Art, die zeigen, wie es um den Patriotismus hochrangiger russischer Diplomaten wirklich bestellt ist.

Auch der derzeitige russische Botschafter in der Schweiz, Sergej Garmonin, will Gerüchten zufolge nach dem Ende seiner Mission in der Schweiz bleiben. Seine Beschäftigungsaussichten in Helvetien sollten derzeit eher beschränkt sein. Wenn ich aber sehe, wie inkonsequent westliche Regierungen oft gegenüber russischen Funktionsträgern agieren, kann ich mir für Garmonin durchaus unterschiedliche Szenarien vorstellen.

Tatsächlich ist es von außen mitunter nur schwer nachzuvollziehen, warum der Westen gewisse Oligarchen mit Sanktionen belegt, während eine Vielzahl anderer Helfershelfer und Begünstigte des Putin-Regimes ein sorgloses Leben führen. Die Aufhebung der EU-Sanktionen gegen die russischen Oligarchen Farchad Achmedow und Grigori Berjoskin zeigt dies deutlich: Bei beiden hielt man die Sanktionen auf einmal für zu wenig begründet. Aus meiner Sicht ist das nicht nachzuvollziehen, zumal Personen ähnlichen Kalibers – etwa Michail Fridman und Pjotr Awen – weiterhin und vollkommen zu Recht auf der Sanktionsliste stehen.

Neue Arbeitsformen

Mit dem Beginn der Corona-Pandemie sowie den einhergehenden Grenzschließungen und Ausgangssperren stellte sich die Frage, wie die multilateralen Treffen in Genf weiter durchgeführt werden sollten. Die strengen Quarantänebestimmungen in der Schweiz machten es unmöglich, das UN-Hauptquartier aufzusuchen, geschweige denn dort öffentliche Veranstaltungen abzuhalten. Also begann man über virtuelle und hybride Kooperationsformate nachzudenken.

Das nächste Treffen der Vertragsstaaten der UN-Waffenkonvention (CCW) unter dem Vorsitz der Niederlande war für 2020 geplant. Robbert Gabrielse, Botschafter der Niederlande bei der Abrüstungskonferenz, schlug vor, den Abschlussbericht entweder bei einer virtuellen

Veranstaltung online oder – was noch einfacher war – im Umlaufverfahren anzunehmen. Letztere Methode bedeutet, dass jede Delegation den Entwurf des Abschlussdokuments übermittelt bekommt und dieses als verabschiedet gilt, wenn niemand widerspricht.

Moskau reagierte entrüstet: »Wie, es sollen keine Delegationen aus den jeweiligen Hauptstädten anreisen? Niemals! Wir akzeptieren keine Online-Veranstaltungen oder irgendwelche Mischformen – nur die bewährte Präsenzveranstaltung in Genf!«

Uns war klar, dass hier die Mitglieder der russischen Delegation sprachen, die unbedingt nach Genf wollten. Für Mitarbeiter russischer Behörden sind Delegationsreisen nach Genf, Wien oder New York fast die einzige Möglichkeit, ins Ausland zu gelangen. Nur so kommen sie an begehrte Sanktionsprodukte wie westlichen Käse, Wein, Schokolade und dergleichen. Auch die grundsätzliche Haltung gegenüber der Pandemie spielte eine Rolle: Während in Westeuropa sehr strenge Quarantänemaßnahmen ergriffen wurden, ging Russland mit der Pandemie geradezu fahrlässig um: Die Regierung handelte chaotisch und inkonsequent, Coronaleugner und Impfgegner standen hoch im Kurs, selbst Diplomaten hielten Covid-19 heimlich für ein Hirngespinst und somit für keinen ernsthaften Grund, wichtige Veranstaltungen abzusagen.

Wir schrieben damals wiederholt an unser Departement in Moskau, dass man die Annahme des Abschlussberichts jetzt nicht aufschieben dürfe: Die Stimmung unter den anderen Delegationen spreche dafür, und es sei ja nicht abzusehen, wann die pandemiebedingten Einschränkungen aufgehoben würden. Die Argumente unserer Repräsentanz wurden jedoch mit einer einfachen Antwort abgeschmettert: »Moskau weiß besser, was in Genf vor sich geht.«

Ich war der Ansicht, dass wir von unseren Kollegen in Moskau zumindest eine klare Stellungnahme einfordern sollten, was sie mit ihrer vollkommen unangemessenen Politik bezweckten. Also schlug ich vor, schwere Artillerie einzusetzen: Gatilow selbst sollte bei Vizeaußenminister Rjabkow anrufen und ihn direkt fragen, was Moskau eigentlich wolle.

Das Telefongespräch fand tatsächlich statt. Rjabkow hörte Gatilow in seiner typischen Art höflich zu und sagte dann, er begreife selbst nicht, was das DNKW erreichen wolle, versprach aber, es herauszufinden und die Dinge in Ordnung zu bringen. Ob er sich tatsächlich die Mühe gemacht hat, weiß ich nicht – geändert hat sich damals jedoch nichts. Möglicherweise bekam Rjabkow vom DNKW zu hören, man dürfe seinen Kollegen in Genf die Genfer Politik nicht allein anvertrauen.

Nach einem halben Jahr (!) fruchtloser und nervenaufreibender Gespräche stimmte Moskau schließlich zu, den Abschlussbericht unter dem Titel »Technische Lösung« zu akzeptieren. Als ich den stellvertretenden Departementdirektor Deineko später fragte, wozu das alles gut gewesen sei, antwortete er nur: »Um die Westler auf Trab zu halten.«

Zurück auf null

Während wir in Genf unsere diplomatischen Kämpfe ausfochten, ereigneten sich in Russland ganz andere Dinge.

Im Januar 2020 entließ Präsident Putin die gesamte Regierung unter Ministerpräsident Dmitri Medwedew und schlug eine umfassende Verfassungsreform vor, die eine Vielzahl von Änderungen vorsah, so auch eine »Annullierung« seiner bisherigen Amtszeit. Dieser Schritt kam überraschend, wenn man bedenkt, wie oft Wladimir Wladimirowitsch zuvor mit allem Nachdruck versichert hatte, dass er das Grundgesetz des Landes niemals anrühren werde. Die wahrscheinlichste Erklärung hierfür ist wohl, dass der Präsident nach einer Möglichkeit suchte, unbefristet an der Macht zu bleiben, eine erneute Rotation mit Medwedew oder jemand anderem aber scheute: Putins eigene Umfragewerte sanken damals langsam, aber stetig, und offenbar war er sich nicht sicher, ob ihm die nächste Rückkehr ins Präsidentenamt wieder so einfach gelingen würde. Zudem legt Putin als Jurist stets viel Wert darauf, seiner gesetzlosen Willkür den Anschein der Rechtmäßigkeit zu verleihen –

also war es für ihn unumgänglich, auch seine künftigen Amtszeiten in irgendeiner Weise zu »legitimieren«.

Hartnäckig hielten sich damals Gerüchte, ursprünglich sei der Plan gewesen, Russland und Belarus zu einem Staat zu vereinen. Putin wäre dann Präsident dieses neuen Staates geworden, wodurch er die verfassungsmäßige Beschränkung von maximal zwei aufeinanderfolgenden Amtszeiten erneut umgangen hätte. Offenbar scheint aber Alexander Lukaschenko die Idee damals nicht gefallen zu haben – vermutlich weil man die Präsidentschaft des vereinigten Landes nicht ihm selbst angedient hatte.

Also blieb nichts anderes, als die russische Verfassung umzuschreiben. Erst schlug man vor, das Wort »hintereinander« aus der Formulierung »zwei Amtszeiten hintereinander« zu streichen, angeblich um die Verfassung demokratischer zu machen. Dann aber ergriff die betagte Duma-Abgeordnete Valentina Tereschkowa, die erste Kosmonautin der Sowjetunion, das Wort: »Zahlreiche Bürger« hätten ihr geschrieben und darum gebeten, die auf die Amtszeit des Präsidenten bezogenen Verfassungsänderungen nicht auf Wladimir Putin anzuwenden. Sobald wir eine neue Verfassung hätten, wäre ja Wladimir Wladimirowitsch selbst auch irgendwie neu und habe somit das Recht, nach 2024 noch zwei weitere Male für das Präsidentenamt zu kandidieren. Nach diesen beiden Malen verbiete ihm die Verfassung dann natürlich, jemals wieder zu kandidieren. Gesetz ist schließlich Gesetz!

Damit niemand erriet, zu welchem Zweck das Grundgesetz des Landes eigentlich umgeschrieben wurde, wurden neben der »Annullierung« noch viele andere höchst wichtige Verfassungsänderungen vorgenommen, die beispielsweise den Umweltschutz, den Glauben an Gott, das Andenken an die Verteidiger des Vaterlandes und die Bedeutung der Kinder für die staatliche Politik betrafen.

Mit dem Referendum zur Annahme der neuen Verfassung hatte man es dann so eilig, dass man das Ende der Quarantänemaßnahmen gar nicht erst abwartete, sondern die Abstimmung mitten in der Coronapandemie durchführte. Dies war bezeichnend für die politische Führung des Landes unter Putin, deren Maßnahmen zur Bekämpfung der Pandemie von Beginn an völlig unzureichend, ja oft sogar grob fahrlässig waren. So erklärte Putin einen ganzen Monat einfach so als »arbeitsfrei« und verfügte zugleich, dass Löhne und Gehälter in diesen »freien Tagen« weiterzuzahlen seien – aber nicht etwa vom Staat, sondern von den Arbeitgebern. Letztere nutzten daraufhin natürlich alle möglichen Winkelzüge, um ihre Angestellten doch zur Arbeit zu zwingen. Und so stand Putin, wie so oft, erneut als wahrhaft menschenfreundlicher Landesvater da, der seinem Volk Ruhe verordnete, während die gierigen Unternehmensbosse die einfachen Menschen rücksichtslos dem Risiko einer Erkrankung am Arbeitsplatz aussetzten.

Das Referendum wurde nach einem gerade erst geänderten Modus abgehalten: So konnte man ganze drei Tage lang abstimmen, und damit man möglichst viele Wähler erreichte, wurden Wahllokale eingerichtet, wo immer es möglich war. Fotos von Wahlurnen, die in ländlichen Gegenden einfach auf irgendwelchen Baumstümpfen aufgestellt worden waren, entwickelten sich schnell zu veritablen Memes. Die demokratische Öffentlichkeit kritisiert zu Recht, ein derartiges »Entgegenkommen« erhöhe das Risiko der Ergebnisfälschung und erschwere die Kontrolle durch unabhängige Beobachter.

Bei dem Verfassungsreferendum konnte man nur für oder gegen alle Änderungsanträge auf einmal stimmen. Ich selbst habe damals dagegen gestimmt. Die Auszählung unserer Genfer Wahlkommission ergab, dass ich mit meiner Meinung offenbar nicht allein war: Die Stimmen waren hier genau zweigeteilt. Im ganzen Land ergab sich jedoch ein deutlich günstigeres Bild für unsere Machthaber. Nach Angaben der Zentralen Wahlkommission unterstützten etwa 80 Prozent der Bürger die vorgeschlagenen Verfassungsänderungen. Welch Zufall: Auch bei allen anderen wichtigen Abstimmungen, die Putin in letzter Zeit hat durchführen lassen, ist stets ungefähr derselbe Anteil der Wähler »dafür« gewesen.

Nawalnys Vergiftung

Im selben Sommer wurde Alexej Nawalny, der bekannteste russische Oppositionelle, vergiftet. Er fiel ins Koma und kam wenig später zur medizinischen Behandlung nach Deutschland. Die russische Propaganda erfand damals verschiedenste Versionen des Geschehens. Erst hatte Nawalny angeblich zu niedrige Blutzuckerwerte, dann waren diese auf einmal zu hoch. Dann wieder vermutete man, Nawalny habe sich selbst vergiftet, um für Aufsehen zu sorgen, und schließlich machte man westliche Geheimdienste dafür verantwortlich. Begleitet wurde das alles von hämischen Kommentaren: Als Experten der Organisation für das Verbot chemischer Waffen (OPCW) herausfanden, dass Nawalny mit Nowitschok vergiftet worden war, riet der Entwickler des Kampfstoffs, gegen dessen Frau wegen versuchten Mordes zu ermitteln: »In solchen Fällen ist nun mal die Ehefrau des Opfers die erste Verdächtige.«

Das Thema stand dann natürlich auf der Tagesordnung der OPCW in Den Haag. In seinen pompösen Berichten fuhr unser Botschafter in den Niederlanden, Alexander Schulgin, große rhetorische Geschütze auf, um das »unanständige Verhalten« der westlichen Länder gegenüber Russland zu brandmarken, schließlich seien wir vollkommen unschuldig. Schulgin vertrat die Ansicht, Nawalny sei von den Deutschen vergiftet worden, denn diese hätten als Erste berichtet, dass Nowitschok zum Einsatz gekommen sei. All diese Berichte ließen mich keinen Augenblick daran zweifeln, dass hinter der Vergiftung Nawalnys russische Geheimdienste standen – wenn nicht sogar Putin selbst. Wer wirklich unschuldig ist, hält sich in der Regel an eine Version und erfindet nicht jeden Tag neue und immer abwegigere Ausflüchte.

Wieder dachte ich darüber nach, auszusteigen – ich sah mich immer weniger in der Lage, die Interessen dieses Staates zu vertreten. Doch überwog damals erneut die Angst vor dem Unbekannten.

Die Meinungen im Team der Ständigen Vertretung gingen auseinander. Manche der Kollegen teilten meine Ansicht, andere eher den Standpunkt der Propaganda. Wieder andere sagten: »Was sind das bloß für

Idioten – nicht mal eine Vergiftung kriegen die richtig hin!« Wobei aber niemand von uns Nawalny den Tod wünschte. Man betrachtete diesen Fall eher als einen weiteren Beleg eklatanter Unprofessionalität auf allen Ebenen, die einem zunehmend auf die Nerven ging.

Im Januar 2021 kehrte Nawalny bekanntlich nach Russland zurück, wurde verhaftet – und sitzt seither im Gefängnis. Solange Putin an der Macht ist, wird sich daran wohl nichts ändern. Für wenig glaubwürdig halte ich Gerüchte, wonach Nawalny gegen einige im Westen inhaftierte russische Spione oder Auftragsmörder ausgetauscht werden könnte. (Besonders oft wird hier Krassikow erwähnt, der wegen des Mordes an dem tschetschenischstämmigen Separatisten Changoschwili in deutscher Haft sitzt.) Warum sollte Putin erst all diesen Aufwand betreiben, um seinen derzeit größten Rivalen wegzusperren, und ihn dann einfach wieder freilassen? Dazu wird es erst kommen, wenn Putin absolut sicher ist, dass die russische Opposition – mit oder ohne Nawalny – ihm wirklich nicht mehr gefährlich werden kann.

Die Verlängerung des START-Vertrags

Die Neuauflage des Vertrags zur Verringerung strategischer Waffen (New START), die Dmitri Medwedew und Barack Obama 2010 in Prag unterzeichneten, war die Grundlage des amerikanisch-russischen Rüstungskontrollregimes. Damit verpflichteten sich beide Staaten auf bestimmte Obergrenzen bei der Anzahl strategischer Nuklearsprengköpfe und Trägersysteme sowie auf Verfahren der Transparenz und gegenseitigen Kontrolle, unter anderem durch Inspektionen. Diese Regelung sollte bis Anfang Februar 2021 gelten, jedoch mit der Option, den New-START-Vertrag um weitere fünf Jahre zu verlängern, sofern beide Seiten zustimmen.

Washington erklärte in der Folge mehrfach, den New-START-Vertrag nicht verlängern zu wollen, da er die nuklearen Fähigkeiten der USA einschränke und somit deren nationalen Interessen zuwiderlaufe. Nicht nur in Moskau hat man dieses Verhalten damals als überaus destruktiv empfunden, letztlich als Versuch, das etablierte und – mehr oder weniger – funktionierende System der Rüstungskontrolle und strategischen Stabilität zu untergraben. Zuvor hatten sich die Vereinigten Staaten bereits aus dem Gemeinsamen umfassenden Aktionsplan zum iranischen Atomprogramm zurückgezogen und damit allen bisherigen Bemühungen einen schweren Schlag versetzt. Die US-Regierung hat sich damals nicht als verantwortungsbewusster internationaler Partner gezeigt, sondern strikt egoistische Interessen verfolgt und dabei die Meinung anderer Staaten, einschließlich ihrer eigenen Verbündeten, ignoriert.

Trumps Absicht, den New-START-Vertrag aufzukündigen, löste große Besorgnis aus. In Russland befürchtete man, nun werde das nukleare Wettrüsten wieder beginnen. Wir haben damals mit Nachdruck dafür argumentiert, den Vertrag in seiner jetzigen Form beizubehalten. Aus heutiger Sicht bin ich mir nicht mehr sicher, ob man im Kreml tatsächlich genauso besorgt war – die offizielle Linie war jedenfalls, den Vertrag so lang wie möglich am Leben zu halten.

Gerettet werden konnte der Vertrag dann nur, weil Joe Biden die Präsidentschaftswahl in den USA gewann und gleich zu Beginn seiner Amtszeit im Februar 2021 die Verlängerung des New-START-Vertrags unterzeichnete. Wir atmeten erleichtert auf.

Die Weltraumkomponente

Spricht man von der Verhinderung eines Wettrüstens im All, so geht es meist um Waffensysteme, die in der Lage sind, Ziele auf der Erdoberfläche zu treffen. Die »Weltraumkomponente« eines globalen Raketenabwehrsystems muss daher sowohl Sensoren zur frühzeitigen Erkennung von feindlichen Raketenstarts als auch entsprechende Abfangraketen umfassen, die eine von der Erde aus gestartete ballistische Rakete jederzeit abschießen können. Angesichts des gewaltigen Weltraumpotenzials der Vereinigten Staaten und ihrer sowohl industriellen als auch wissenschaftlichen Möglichkeiten, war Moskau der Ansicht, die Entwicklung einer Raketenabwehr im Weltraum sei eine durchaus reale Gefahr. Dieser Gefahr mit technischen Mitteln zu begegnen, würde uns extrem schwer fallen.

Schuld daran war der Niedergang der russischen Raumfahrtindustrie. Diese hatte es nie geschafft, die Produktion wichtiger Elektronikkomponenten in Russland auf ein angemessenes Niveau zu bringen. Und nun waren wir nicht in der Lage, westliche Bauteile, die auf den Sanktionslisten standen, durch solche aus heimischer Fertigung zu ersetzen. Hinzu kam ineffizientes Management, und offenbar glaubte man, sich dies leisten zu können: Die staatliche Weltraumorganisation Roskosmos zehrte von den sowjetischen Errungenschaften und verdiente nach wie vor Geld mit der Lieferung von Raketentriebwerken an die Vereinigten Staaten. Also wurde das russische Außenministerium damit betraut, die amerikanischen Pläne zur Schaffung einer weltraumgestützten Raketenabwehr auf politischer Ebene zu vereiteln.

Die Chancen eines solchen weltraumgestützten Abwehrsystems wurden dabei durchaus unterschiedlich bewertet, auch von einer Reihe amerikanischer NGOs, die sich mit Abrüstungsfragen beschäftigen. So war in einer ihrer Präsentationen davon die Rede, dass man für eine effektive Kontrolle des nordkoreanischen Staatsgebiets 350-400 Abfangraketen auf einer Erdumlaufbahn stationieren müsse. Nur dann sei man auch in der Lage, zu jedem Zeitpunkt eine von dort gestartete ballistische Rakete abzuschießen. Angesichts der ohnehin schon gewaltigen Menge an – sowohl funktionierenden als auch abgeschalteten – Flugkörpern im All, ganz zu schweigen von dem ständig zunehmenden Weltraummüll, wäre die Stationierung einer solchen Anzahl von Satelliten allein für die Kontrolle eines so begrenzten Gebiets wie der Demokratischen Volksrepublik Korea eine sowohl technologische als auch finanzielle Herausforderung. Hochgerechnet auf das russische Territorium, wären dies Abertausende von Abfangraketen, die die USA gleichzeitig auf verschiedenen Umlaufbahnen stationieren müssten – was Billionen Dollar verschlingen würde.

Wenn die Amerikaner also großartig vom Aufbau globaler und regionaler Raketenabwehrsysteme tönten, so schien dies vor allem darauf abzuzielen, das Pentagon mit weiteren Haushaltsmitteln zu versorgen. Raketenabwehrsysteme dienten ja dem Schutz der amerikanischen Bevölkerung vor feindlicher Aggression – für solche Zwecke würde der Kongress sicherlich genügend Geld freigeben.

Russland seinerseits behauptete von jeder selbst entwickelten Waffe – ob Rakete, Flugzeug, Hubschrauber oder Maschinengewehr –, es gebe nirgends auf der Welt »entsprechende Systeme«. Oft bewarb man auf diese Weise sogar völlig schamlos militärische Produkte, die sich noch tief in der Entwicklungsphase befanden. Dieser krankhafte PR-Wahn ist typisch für den russischen militärisch-industriellen Komplex, seit Dmitri Rogosin (einst Chef von Roskosmos und stellvertretender Ministerpräsident Russlands, heute russischer Senator des annektierten ukrainischen Gebiets Saporischschja) für diesen Sektor eine Zeit lang zuständig gewesen ist. Anders als zu Sowjetzeiten, als militärische Entwicklungen stets geheim blieben, wird heute jedes halbwegs neue System mit dem deutschen Begriff »Wunderwaffe« angepriesen (und entsprechend ironisch als »Wunderwaffel« durch den Kakao gezogen). Dieses prahlerische Verhalten habe ich immer als kurzsichtig empfunden, denn jedes Mal, wenn Russland wieder irgendeine neue »Wunder-« oder »Superwaffe« präsentiert, rennen die amerikanischen Generäle sofort zum Kongress und sagen: »Die Russen haben eine Superwaffe. Sie sind uns voraus. Wir brauchen Geld, um sie einzuholen und zu überholen.«

Das wichtigste internationale Dokument zur Regelung von Weltraumaktivitäten ist der sogenannte »Weltraumvertrag« von 1967. Er verbietet die Stationierung von Massenvernichtungswaffen in der Erdumlaufbahn. Andere Waffensysteme werden darin nicht erwähnt.

Die USA sowie einige andere NATO-Staaten nahmen später jedoch in ihre Militärdoktrinen auf, dass sie den erdnahen Weltraum durchaus als einen Ort militärischer Konfrontation betrachteten und dort geeignete Waffensysteme zu stationieren planten – oder dies zumindest nicht ausschlossen.

Russland und China haben 2008 und 2014 einen Vertragsentwurf »zur Verhinderung der Stationierung von Waffen im Weltraum« vorgelegt, ohne dass dies zu wirklich konkreten Schritten in diese Richtung geführt hätte. Die Länder des Westens kritisierten die Initiative scharf und wiesen darauf hin, dass nicht genau definiert sei, was als »Waffe im Weltraum« gelten und wie die Umsetzung des Vertrags überprüft werden solle. Viele dieser Fragen waren durchaus berechtigt, zumal Russland selbst zu diesem Zeitpunkt wiederholt sogenannte »Inspektionssatelliten« in die Umlaufbahn brachte. Gleichzeitig war die westliche Welt lange Zeit nicht in der Lage oder nicht willens, der internationalen Gemeinschaft etwas anzubieten.

Im Jahr 2020 schließlich hat Großbritannien einen Prozess angestoßen, der Normen, Regeln und Prinzipien für »verantwortungsvolles Verhalten« im Weltraum etablieren soll. Dabei handelt es sich gewissermaßen um einen Kompromiss zwischen den Forderungen Russlands und Chinas nach einem rechtsverbindlichen Vertrag und der Weigerung einiger anderer Länder, neben dem Weltraumvertrag von 1967 einen weiteren Rechtsrahmen zu akzeptieren.

Natürlich wies Russland dieses Konzept sofort zurück. Erstens kam es nicht von uns selbst, was ja automatisch bedeutete, dass der Westen russische Ideen abzubügeln und die Agenda an sich zu reißen versuchte. Zweitens war schon allein die Tatsache verdächtig, dass die Initiative vom Vereinigten Königreich kam – sicherlich zogen da im Hintergrund die Amerikaner die Fäden. Drittens – und das war wohl der entscheidende Punkt – ging es bei der britischen Initiative um freiwillige Verpflichtungen, deren Einhaltung sich meist nur schwer überwachen ließ.

Der entsprechende Resolutionsentwurf fand in der UN-Generalversammlung dennoch viel Unterstützung. Die Briten schlugen die Einrichtung einer offenen Arbeitsgruppe vor, um bestimmte Normen und Verhaltensregeln zu diskutieren, die von allen Staaten angenommen werden könnten. Russland stimmte gegen die Arbeitsgruppe, schloss sich ihr aber trotzdem an, natürlich mit dem unverhohlenen Ziel, deren Arbeit zu torpedieren. Bei allen Treffen wiederholte die russische Delegation, durch die Idee eines »verantwortungsvollen Verhaltens« lasse sich ein Wettrüsten im Weltraum nicht verhindern – dazu bedürfe es rechtlich verbindlicher Verpflichtungen. Als die Arbeitsgruppe ihre Arbeit im Jahr 2023 abschloss, blockierte die russische Delegation die Annahme des Abschlussberichts. Ich kann mir lebhaft vorstellen, wie die Mitglieder unserer Delegation anschließend triumphierten: »Da haben wir's den Amis mal wieder gezeigt!« Wobei die Berichte westlicher Diplomaten mitunter eine erstaunlich ähnliche Rhetorik an den Tag legten: »Allein das Zustandekommen der Arbeitsgruppe ist als Sieg zu betrachten.«

Das Problem ist natürlich grundsätzlicher Art. Wir sind einfach nicht in der Lage, nach Lösungen zu suchen, die die Interessen möglichst vieler Staaten berücksichtigen. Kompromisslösungen werden schlichtweg abgelehnt, stattdessen fordern wir, man müsse sich bedingungslos unserer Position anschließen. Mehr noch, anderen Staaten wird grundsätzlich das Recht auf eigene Meinung abgesprochen: Nur Großmächte wie Russland, die USA und China dürfen sich einen eigenen Standpunkt und eine eigenständige Politik erlauben. Alle anderen sind nur »Lakaien« und haben zu tun, was man ihnen sagt. Spätestens seit 2021 – wahrscheinlich aber auch schon davor – ist diese Denkweise fest in den Köpfen der Führungsriege des Außenministeriums verankert.

Letale autonome Waffensysteme

In Genf wird im Rahmen der UN-Waffenkonvention auch ein sehr komplexes und kaum bekanntes Thema diskutiert: sogenannte »letale autonome Waffensysteme« (LAWs). Dabei handelt es sich im Wesentlichen um Kampfroboter, die in der Lage sind, im Einsatz eigene Entscheidungen zu treffen. Soweit ich weiß, gibt es noch keine einsatzfähigen Modelle, aber es wird intensiv daran geforscht und experimentiert. Angeblich ist Israel hier führend, aber auch Russland, die USA, China und einige andere Länder arbeiten an solchen Systemen. Eine Gruppe von Regierungssachverständigen soll sämtliche Aspekte prüfen, wie LAWs juristisch reguliert werden könnten, und entsprechende Empfehlungen für die Mitgliedsstaaten der UN-Waffenkonvention erarbeiten.

Der wichtigste Diskussionspunkt ist dabei die Gewährleistung einer effektiven menschlichen Kontrolle über die Maschine. Wenn ein Roboter selbst entscheiden kann, ob er ein Ziel angreift oder nicht, besteht immer das Risiko, dass er einen Fehler macht. Sogar Menschen sind in der Lage, ein falsches Ziel mit dem eigentlichen zu verwechseln – was soll man da von einer Maschine erwarten, egal wie fortschrittlich und »intelligent« sie ist? Daher haben sich in dieser Frage im Wesentlichen drei unterschiedliche Meinungen herauskristallisiert.

Die erste Haltung geht davon aus, dass für die Kontrolle von LAWs weder besondere Vorkehrungen noch ein zusätzlicher Rechtsrahmen notwendig sind. Es genügt das Humanitäre Völkerrecht, das die Verantwortung für jede militärische Aktion denjenigen zuschreibt, die die Befehle geben und diese ausführen. Die Verantwortung für den Einsatz von LAWs an einem bestimmten Frontabschnitt liegt somit beim Befehlshaber der Einheit, die über »Killerroboter« verfügt. Gerade die Befehlshaber sehen das aber oft anders. Sie argumentieren, wenn sie den Befehl zur Zerstörung einer feindlichen Militäreinrichtung geben, eine autonome Drohne dann aber eine zivile Einrichtung angreift, weil ihr System diese als legitimes Ziel identifiziert hat, dürfe für diesen »Overkill« der Drohne nicht das Militär verantwortlich gemacht werden.

Der zweite Standpunkt geht davon aus, dass Fehler in Computersystemen nie ausgeschlossen werden können. Diese Fraktion plädiert deshalb dafür, Forschung an und Experimente mit solchen Maschinen grundsätzlich zu verbieten. Die Frage von Leben und Tod dürfe zu keiner Zeit in die Hände einer künstlichen Intelligenz gelegt werden.

Die dritte Sichtweise schließlich versucht einen Kompromiss zwischen den ersten beiden zu schließen. Aussichtsreiche Forschungen im Bereich der neuen Technologien lassen sich ohnehin weder verbieten noch aufhalten – aber es ist immerhin möglich, sie unter Kontrolle zu stellen. LAWs sind dabei zu unterteilen in vollständig autonome und hoch automatisierte Systeme. Erstere sind zu verbieten, mit Letzteren können und sollten wir uns befassen: Bei diesen Systemen hat immer der Bediener das letzte Wort, der die Drohne steuert und ihre Funktion überwacht.

Natürlich werden Länder wie die USA oder China, die in diesem Bereich bereits Fortschritte erzielt haben, ihre Forschungsarbeit kaum einschränken wollen. Auch Russland gehört zu diesem Kreis. Bei meinen Gesprächen mit Entwicklern solcher Systeme habe ich allerdings den Eindruck gewonnen, dass wir in den Bereichen theoretische Mathematik sowie Programmierung nach wie vor mithalten können, bei der Hardware aber deutlich schlechter aufgestellt sind. Kein Wunder, schließlich werden sämtliche mathematischen Modelle am Ende mit amerikanischen Mikrochips und japanischen Elektromotoren umgesetzt. Die Perspektiven russischer LAWs hängen also stark von der Verfügbarkeit zumeist westlicher Importprodukte ab.

Dass hochwertige und aussichtsreiche russische Entwicklungen oft an der fehlenden materiellen und technischen Ausstattung, an der geringen Qualifikation des Personals sowie an Korruption scheitern, zeigt das bekannte Beispiel des Panzers T-14 Armata, der mitunter als bester moderner Panzer überhaupt bezeichnet wird. Mag sein, nur hat die Serienfertigung dieser Wunderwaffe, die erstmals 2015 bei einer Parade in Moskau präsentiert wurde, noch immer nicht begonnen. Und da Kampfroboter noch einmal deutlich anspruchsvollere Systeme sind, dürften die Produktionskosten hier noch wesentlich höher liegen.

Ich diskutierte mit Kollegen aus anderen fachbezogenen Behörden, ob es für uns nicht sinnvoller wäre, es vielen anderen europäischen Staaten gleichzutun und die Kompromisslösung zu unterstützen – schließlich ermögliche uns diese, eine gewisse Kontrolle über die Forschung in den USA und China zu behalten. Unsere Militärs waren sich aber sicher, dass sie die USA, China und Israel in diesem Bereich locker in die Tasche stecken würden. Wie beim T-14 Armata eben.

Trotz der seltenen Einigkeit Russlands und der Vereinigten Staaten in der Kampfroboter-Frage, die eigentlich für ein gemeinsames Vorgehen und einen annehmbaren Konsens sprach, musste Moskau wieder den dicken Max spielen und weigerte sich entrüstet, die Sitzung der Regierungsexperten im Hybridmodus abzuhalten. Unsere Vermittlungsbemühungen fruchteten nichts, die Sitzung fand schließlich trotzdem hybrid statt, woraufhin wir sie boykottierten und für unrechtmäßig erklärten. Die übrigen Teilnehmer zuckten nur mit den Achseln – die Launen des russischen Außenministeriums war man bereits gewohnt.

Zudem galt auf unserer Seite der Grundsatz, stets die eigene Linie durchzudrücken, ohne Rücksicht auf die Interessen anderer, deren Delegationen am Ende nur noch ohnmächtig abwinkten. So endete die Überprüfungskonferenz im November 2021 schließlich damit, dass Russland alle ihm nicht genehmen Vorschläge blockierte und die anderen Staaten zwang, seinen Bedingungen ausnahmslos zuzustimmen, da es andernfalls die Verabschiedung des Abschlussberichts zu verhindern drohte. Auch dies ein weiterer »großer Sieg der russischen Diplomatie«. Im Anschluss fragten mehrere europäische Diplomaten einen Vertreter der Moskauer Delegation: »Was soll dieses Verhalten? Wir machen Ihnen jede Menge Zugeständnisse, berücksichtigen Ihre Einwände, versuchen Kompromisse zu finden, Sie aber kommen uns an keiner Stelle entgegen. So geht das doch nicht!« Den Delegierten gegenüber hielt sich der Kollege zunächst bedeckt, doch als ich ihn später darauf ansprach, sagte er nur: »Wir sind eine Großmacht. Die sollen tun, was wir sagen.«

Im Genfer Zentrum für Sicherheitspolitik

Mit der Schweiz hat die russische Diplomatie schon immer besonders gute, ja freundschaftliche Beziehungen unterhalten. Wegen seiner Neutralität betrachten wir dieses Land gleichsam als unseren »Außenposten« inmitten der NATO, nicht zuletzt weil man dort traditionell sehr gern Geschäfte mit russischen Partnern macht.

Kollegen hatten mir erzählt, dass russische Diplomaten in den 2000er- und frühen 2010er-Jahren in Genf problemlos Konten bei Schweizer Banken eröffnen konnten, selbst wenn ihr Aufenthalt im Land nur wenige Tage dauerte. Tatsächlich besaßen etliche unserer Kollegen solche Konten in Genf – von wohlhabenderen russischen Staatsbürgern oder gar Oligarchen ganz zu schweigen.

Das Genfer Zentrum für Sicherheitspolitik (GCSP) ist eine Nichtregierungsorganisation, die aber von der Schweizer Regierung gegründet wurde und auch von ihr mitfinanziert wird. Sie soll Staaten und zivilgesellschaftlichen Organisationen eine neutrale Plattform bieten, um aktuelle Fragen der Sicherheit und der strategischen Stabilität zu diskutieren, gleichzeitig soll sie den Status von Genf als internationale Hauptstadt der Diplomatie festigen. Der Direktor des Zentrums, Botschafter Thomas Greminger, ehemaliger Generalsekretär der OSZE, war ein echter europäischer Diplomat, der sich stets aufrichtig bemühte, vernünftige Kompromisse zu finden.

Die Veranstaltungen des GCSP spielten für uns eine wichtige Rolle. Unter anderem hielt Sergej Rjabkow dort 2021 einen Vortrag vor der Genfer Fachwelt, bei dem er in gutem Englisch die russisch-amerikanischen Beziehungen im Bereich der strategischen Stabilität kommentierte. Damals, kurz nach dem Putin-Biden-Gipfel, zeigte er sich noch optimistisch, machte aber in seinem eigentlich recht logisch aufgebauten Statement nicht wirklich klar, inwiefern die NATO-Erweiterung und besonders das westliche Interesse an der Ukraine eigentlich eine Bedrohung für Russland darstellten. Diese Bedrohung war die Basis seiner Argumentation, aus der er ein ganzes System von Forderungen an die NATO ableitete. Seltsamerweise fragte keiner der anwesenden Experten nach, worauf sich all seine Aussagen stützten und ob nicht die Ausgangslage eine ganz andere sei.

Die grundsätzliche Haltung Gremingers und vieler europäischer Diplomaten, ständig nach Gründen zu suchen, die die russische Außenpolitik irgendwie rechtfertigen konnten, entsprach schon damals nicht mehr ganz dem Stand der Dinge: Die russische Diplomatie hatte längst aufgehört, nach Kompromissen zu suchen und an Win-win-Lösungen zu glauben. Berauscht von all unseren Berichten, wie stark und mächtig wir doch seien, dass man uns allseits respektiere und fürchte, ist Moskau irgendwann dem Wahn verfallen, dass sich Russland nun auf derselben Stufe wie die Vereinigten Staaten befinde. Ebenjener USA, die aus Moskaus Sicht auf niemanden Rücksicht nehmen, keine Vereinbarungen treffen, sondern einfach nur sagen: »So, wie ich es sage, hat es zu sein.« Natürlich sieht das wahre Bild ganz anders aus. Aber offenbar stützt sich das wahre Entscheidungszentrum der russischen Außenpolitik – und das ist nicht das Außenministerium, sondern der Kreml – bei seiner Darstellung der Politik des Westens nicht auf Expertenberichte, sondern auf die eigene Propaganda, die wiederum auf der sowjetischen Propaganda aufbaut. Genau diese banalen Karikaturen der internationalen Beziehungen haben sich tief in den Köpfen von Putin, Patruschew und Konsorten festgesetzt und beherrschen seit gut zehn Jahren zunehmend die russische Außenpolitik.

Weil Russland sich in seinem politischen Einfluss auf einer Ebene mit den Vereinigten Staaten wähnt, glaubt Moskau, es brauche nun keine Zurückhaltung, keinen Anstand mehr an den Tag zu legen, sondern könne – und müsse – nur noch fordern. Dies kam in unseren Gesprächen mit den Kollegen in Moskau immer wieder zum Ausdruck. So erinnere ich mich an ein Telefongespräch, bei dem einer dieser Kollegen geradezu konsterniert bemerkte: »Eines verstehe ich einfach nicht. Warum hören die uns nicht zu?« Wobei seinem Tonfall eindeutig zu entnehmen war, dass er eigentlich meinte: »Warum gehorchen sie uns nicht?«

Eine solche Einstellung widerspricht nach meiner Überzeugung dem Grundprinzip der Diplomatie, denn Problemlösungen haben nur dann Bestand, wenn alle Parteien einen Vorteil davon haben. Doch auch hier galt das eiserne Gesetz: »Moskau weiß immer am besten Bescheid.«

Unsere europäischen Kollegen haben diese Haltung der russischen Seite entweder nicht bemerkt oder bewusst ignoriert. Wenn ich ehrlich bin, habe ich mir zuletzt oft heimlich gewünscht, dass einer meiner westlichen Kollegen einfach mal mit der Faust auf den Tisch schlägt und sagt: »Schluss jetzt mit diesem Unsinn! Seid ihr hier, um zu arbeiten, oder um euch lächerlich zu machen?!« Das ist aber natürlich nie passiert.

Ich denke, es ist definitiv an der Zeit zu erkennen, dass die russische Diplomatie heute keine Diplomatie im eigentlichen Sinne des Wortes mehr ist, sondern nichts weiter als eines der vielen Sprachrohre der russischen Propaganda. Unsere Diplomatie wird sich niemals auf Kompromisse einlassen, denn Propaganda kennt keine Kompromisse. Umso mehr, als Putin selbst kein Interesse daran hat, weshalb es praktisch Hochverrat wäre, dem Westen heute irgendeine annehmbare Kompromisslösung anzubieten.

Die Verurteilung der russischen Invasion in der Ukraine durch Bern und der Beitritt der Schweiz zu allen EU-Sanktionen hat Moskau kalt erwischt. Auch zahlreiche Mitarbeiter der Ständigen Vertretung empörten sich über den »Verrat« der Schweizer: »Von wegen neutral! Den Amis haben sie sich verkauft, mit Haut und Haaren!« Viele Kollegen befürchteten offenbar, dass man nun auch ihnen schon bald die Tür weisen würde, so wie dies einige EU-Staaten immer wieder taten. Wobei die Aussicht, der »verräterischen« Schweiz schon bald den Rücken zu kehren und in die geliebte Heimat zurückzukehren, diese Landsleute kaum begeisterte.

Als Vergeltungsmaßnahme setzte das russische Außenministerium die Schweiz auf seine Liste der unfreundlichen Staaten und erklärte beleidigt, auf dem Staatsgebiet dieses »einst neutralen« Landes keine Verhandlungen mehr führen zu wollen.

Europäische Sicherheit

Im Oktober 2021 reiste der stellvertretende Außenminister Alexander Gruschko zur Teilnahme am Runden Tisch der Europäischen Sicherheit an. Die Veranstaltung fand in Glion, einem Dorf in den Bergen oberhalb von Montreux, statt.

Da fast alle meine Vorgesetzten damals in New York beim Ersten Ausschuss waren, war ich der Einzige in der Ständigen Vertretung, der sich mit Nichtverbreitung und Rüstungskontrolle in Genf befasste. Obwohl wir nicht direkt mit europäischen Sicherheitsfragen befasst waren, bekam ich Glion sozusagen »angehängt«.

Alexander Gruschko war eine angenehme und einnehmende Persönlichkeit. Den Eindruck bestätigten mir auch Kollegen, die mit ihm in Brüssel zusammenarbeiteten, wo er als Ständiger Vertreter Russlands bei der NATO fungierte. Sein Führungsstil gab keinen Anlass zur Kritik – was in unserem System ein seltenes Kompliment ist. Offenbar hegte er keine Kriegspläne gegen die NATO, und auch die Ukrainefrage schien ihn nicht sonderlich zu beschäftigen.

Beim Runden Tisch in Glion vertrat er jedoch beharrlich die altbekannten Thesen: Sämtliche europäischen Sicherheitsprobleme seien die Schuld des Westens, der Ursprung läge in der NATO-Erweiterung und der Unterstützung für die Ukraine. Russland habe damit nichts zu tun, schließlich wolle unser Land nur friedlich und in Ruhe existieren, aber aus unerfindlichem Grund ließen diese Fragen rund um die Ukraine und die NATO-Erweiterung den Russen keine Ruhe.

Am Runden Tisch nahmen auch verschiedene amerikanische und europäische Thinktanks teil, deren Vertreter mit gelehrter Miene dozierten, man müsse im Dialog bleiben und die Bedenken aller berücksichtigen. Schon komisch, dass selbst heute noch viele von ihnen weiter in dieses ewig gleiche Horn blasen, als hätte sich an der europäischen Sicherheitslage überhaupt nichts geändert.

Am Rande dieser Veranstaltung trafen wir mit dem stellvertretenden NATO-Generalsekretär Mircea Geoană zusammen. Kurz zuvor, Anfang Oktober, waren einige Diplomaten aus unserer NATO-Repräsentanz ausgewiesen worden – nachdem diese ohnehin schon verkleinert worden war. Nach Angaben der NATO handelte es sich bei allen Ausgewiesenen um russische Geheimdienstmitarbeiter.

Gruschko beschwerte sich bei Geoană mit emotionalen Worten über diesen unfreundlichen Akt: »Ich kenne diese Leute seit Langem, sie haben ihr ganzes Leben im Außenministerium gearbeitet!« Hier muss ich ihm recht geben, auch ich kenne einige der damals Ausgewiesenen persönlich und kann bestätigen, dass es sich um Berufsdiplomaten handelt, die nichts mit dem Geheimdienst zu tun haben. Aber die NATO blieb bei ihrer Linie: »Wir haben genaue Informationen«, worauf die russische Seite erwiderte: »Eure Daten sind Mist«, und man sich wieder trennte.

Kurz darauf beschloss Moskau, seine Ständige Vertretung bei der NATO ganz zu schließen – auch dies eine eskalierende Reaktion, die im Außenministerium unterschiedlich aufgenommen wurde. Die Patrioten riefen: »Höchste Zeit!«, andere bedauerten nur, dass nun weniger Plätze für Auslandsaufenthalte in Brüssel zur Verfügung standen. Besonders betrübt waren diejenigen, die sich auf Fragen der europäischen Sicherheit und strategischen Stabilität spezialisiert hatten.

Corona und Sputnik

Auf dem Höhepunkt der Coronapandemie inszenierte die russische Führung – getreu der alten sowjetischen Tradition – den nächsten Wettbewerb mit dem Westen: Wer rettet die Menschheit und stellt als Erster einen funktionierenden Impfstoff her?

In der Ständigen Vertretung in Genf befassten wir uns natürlich zunächst damit, wie wir selbst mit der epidemiologischen Situation der angekündigten Schweizer Impfpflicht umgehen sollten. Ein anderer wichtiger Punkt war die Registrierung russischer Impfstoffe durch die in Genf ansässige Weltgesundheitsorganisation (WHO).

Obwohl mit »Sputnik« bereits ein erster russischer Impfstoff in die Massenproduktion gegangen war, verzögerte sich dessen Registrierung bei der WHO. Sergej Wassiljew, ein Kollege aus unserem Wirtschaftsreferat, beklagte sich bei mir, Moskau sei nicht in der Lage, die erforderlichen Unterlagen beizubringen. So habe die Russische Stiftung für zukunftsträchtige Forschung (RFPI), die Sputnik weltweit vermarkten sollte, statt eines von der WHO geforderten Dossiers nur »eine Pressemitteilung aus zwei Absätzen« geschickt.

Wir schrieben an Moskau, so könne man die Dinge nicht handhaben, man müsse die Regeln der WHO schon beachten. Die Antworten des RFPI auf unsere Telegramme und die Appelle der WHO waren jedoch, wie Wassiljew berichtete, schlichtweg dreist: Die Stiftung warf der WHO »Russophobie« vor, man wolle die russischen Erfolge

»totschweigen« und dem Land seine berechtigte Vorrangstellung verwehren.

Am Ende scheiterte die Registrierung von Sputnik bei der WHO, für die anderen russischen Corona-Impfstoffe reichte Moskau dann nicht einmal mehr einen Antrag ein. Der Grund für diesen Misserfolg war aus meiner Sicht – wie so oft – die Auffassung, Regeln seien nur etwas für Schwächlinge, wohingegen Großmächte nun mal so handelten, wie sie es für nötig hielten.

Im Frühjahr 2021 erhielt die Ständige Vertretung eine Lieferung mit dem Sputnik-Impfstoff, der – mit Ausnahme von ein paar ideologischen Verweigerern – fast dem gesamten Personal verabreicht wurde. In der Zwischenzeit hatte die Schweiz aber schon mit der Einführung von »Covid-Zertifikaten« begonnen, die zum Besuch von Veranstaltungen, Restaurants und Ähnlichem berechtigten. Da unsere Sputnik-Impfung den Anforderungen nicht entsprach, musste das gesamte Personal der Ständigen Vertretung erneut geimpft werden – diesmal mit den von der WHO anerkannten Impfstoffen.

Die Unzulässigkeit eines Atomkriegs und Putins Hybris

Ein Großteil unserer Arbeit galt den fünf »klassischen« Atommächten (*Nuclear Five*) des Nichtverbreitungsvertrags. Diese trafen sich im Vorfeld der NVV-Überprüfungskonferenz auf Botschafterebene, um eine halbwegs einheitliche Position zu erarbeiten und sich gegen Angriffe von radikalen Atomwaffengegnern – sowohl Staaten als auch NGOs – zu wehren.

Ziel der russischen Diplomatie war es, zumindest von den Vereinigten Staaten, idealerweise aber von allen fünf Atommächten eine Bestätigung der berühmten »Gorbatschow-Reagan-Formel« zu erhalten, wonach es in einem Atomkrieg keinen Sieger gibt und er daher unbedingt vermieden werden muss. Eine offizielle Bestätigung auf höchster Ebene würde, so unsere Hoffnung, signalisieren, dass sich die Atomwaffenstaaten der friedlichen Lösung ihrer Probleme ohne Einsatz von Atomwaffen verpflichtet sahen. Dies wiederum sahen wir als einen gewissen Anreiz, wenn nicht zur Entspannung, so doch zumindest zur Vermeidung einer weiteren Eskalation.

Am 3. Januar 2022 wurde diese Erklärung von den fünf Atommächten angenommen. Wie üblich war dies »ein weiterer großer Sieg der russischen Diplomatie«. Doch kaum zwei Monate später, am 24. Februar 2022, verkündete Präsident Putin den Beginn der »militärischen Sonderoperation« gegen die Ukraine, wobei er ebenso eindringlich wie unmissverständlich auch einen möglichen Einsatz von Atomwaffen andeutete, wenn er dies für notwendig erachte. Die gemeinsame Erklärung vom 3. Januar war somit vollständig diskreditiert.

Dies ist einer von vielen Gründen, die Ernsthaftigkeit der Aussagen von Putins Diplomaten in Zweifel zu ziehen, wenn diese behaupten, man wolle nur den Frieden sichern. Die russische Führungsspitze lässt sich – einem Mafiaclan nicht unähnlich – in ihrem Handeln von informellen Prinzipien leiten. Vertrauen genießt dabei nur das Wort des einen »ehrenwerten« Mannes, den man niemals betrügen oder im Stich lassen würde. Unterschriften, Papiere, Vereinbarungen – all das ist Unsinn. Heute erleben wir, wie leicht es Putin fällt, alle in seiner Amtszeit getroffenen Rüstungskontrollvereinbarungen zu brechen.

Gipfeltreffen in Genf

Bereits 2020 hatte die russische Armee damit begonnen, sich an den Grenzen der Ukraine zusammenzuziehen. Westlichen Medienberichten zufolge schätzte man die Zahl russischer Soldaten an der Grenze des Nachbarlandes auf 150 000 bis 200 000. Auch wenn die westlichen Regierungen ihre Besorgnis zum Ausdruck brachten, überraschte die Konzentration von Streitkräften in dieser Region nicht wirklich, war doch die Beteiligung russischer Truppen an der Besetzung des Donbass 2014 und 2015 sowie die russische Unterstützung der »Separatisten« von

Beginn an ein offenes Geheimnis gewesen. Auch ich selbst glaubte erst nicht daran, dass hier eine neue Militäroperation oder gar eine groß angelegte Invasion vorbereitet wurde. Vielmehr schien mir, dass Wladimir Wladimirowitsch mal wieder mit den Muskeln spielte, um dem Westen ordentlich Angst einzujagen und dadurch bestimmte Zugeständnisse und Entscheidungen – zum Beispiel in der Ukrainefrage, möglicherweise auch in Bezug auf bestimmte Sanktionen – zu erzwingen.

Weder eine groß angelegte Invasion noch einen handfesten Krieg sah ich damals heraufziehen, allein der Gedanke daran erschien mir sinnlos. Russland war nicht bereit für einen echten Krieg gegen die Länder des Westens, die die Ukraine ganz offensichtlich nicht im Stich lassen würden. Außerdem war die Ukraine des Jahres 2020 nicht mehr die Ukraine des Jahres 2014: Der Staat war nun deutlich geeinter, seine Ideologie beruhte weitgehend auf dem Widerstand gegen die russische Bedrohung, die für viele ukrainische Bürger längst nicht mehr hypothetisch, sondern durch die Teilnahme russischer Truppen an den militärischen Auseinandersetzungen im Donbass zu einer konkreten Tatsache geworden war.

Angesichts derart offensichtlicher und unumstößlicher Faktoren erschien allein der Gedanke daran, Russland könne tatsächlich einen Krieg beginnen, vollkommen verrückt. Für mich gehörten all diese Truppenkonzentrationen und Manöver zur »Militärdiplomatie«, zumal die öffentliche Meinung in Russland – trotz jahrelanger Bemühungen der Propaganda – einen sofortigen Angriff auf Kyjiw nicht zu unterstützen schien. Auch signalisierte die amerikanische Seite inzwischen ihre Bereitschaft, mit der russischen Führung zu reden. Das Säbelrasseln schien seine Aufgabe erfüllt zu haben: Putin bekam sein Gipfeltreffen mit US-Präsident Biden.

Der Gipfel fand Mitte Juni 2021 in Genf statt und verlief ohne Zwischenfälle. Die beiden Präsidenten einigten sich auf die Fortsetzung des Dialogs über strategische Stabilität, und tatsächlich folgten im Sommer und Herbst desselben Jahres mehrere Konsultationsrunden hochkarätiger Delegationen in Genf. Auch die Sitzungen der Bilateralen Beratungskommission zum START-Vertrag wurden wieder aufgenommen. Allgemein war man der Ansicht, dass ein gewisses gegenseitiges Verständnis in Fragen der internationalen Sicherheit und strategischen Stabilität erreicht worden war.

Aus heutiger Sicht stellt sich mir dieser Gipfel jedoch eher als Niederlage der westlichen Diplomatie dar, denn er zeigte Putin, dass militärische Erpressung funktionierte und die bloße Androhung eines Krieges ausreichte, um die westlichen Länder – insbesondere die Vereinigten Staaten – zu Zugeständnissen zu bewegen. Dieses Instrument würde sich also auch in Zukunft einsetzen lassen. Was die übrigen im Juni 2021 getroffenen Vereinbarungen betrifft, so wurde spätestens im Winter desselben Jahres deutlich, dass Moskau diesen weder Gültigkeit noch irgendeine Bedeutung beimaß. War der Gipfel also nur eine »Nebelwand«, mit der Putin die bereits getroffene Entscheidung eines Kriegs gegen die Ukraine zu verschleiern versuchte, oder wollte er dem Westen tatsächlich eine letzte Chance einräumen zu kapitulieren? Ich glaube, dass Putin zum Zeitpunkt des Treffens mit Biden bereits fest entschlossen war, die Ukraine zu überfallen.

Meine Genfer Kollegen ahnten von alldem nichts und atmeten erleichtert auf, als die Präsidenten wieder abreisten. Wir alle waren wirklich so entschlossen, die friedliche Koexistenz mit dem Westen fortzuführen, dass der Gedanke an einen Krieg mit der Ukraine einfach niemandem in den Sinn kam.

»Wollen Sie wirklich Krieg?«

Zwischen den russischen Botschaftern in aller Welt schien ein regelrechter Wettbewerb zu herrschen, wer das »antiwestlichste Telegramm« schreiben würde. Auch an Genf ging dieser Diensteifer nicht spurlos vorbei. Die zunehmenden Spannungen zwischen Russland und den Staaten des Westens boten ja auch reichlich Anlass, in ausführlichen Berichten die boshaften Intrigen des Westens sowie unsere heldenhaften Bemühungen, diese zu vereiteln, zu schildern. Auch mein eigener Vorgesetzter schlug in seinen Beschreibungen der amerikanischen Niedertracht mitunter derart über die Stränge, dass jeder vernünftige Mensch beim Lesen seiner Telegramme den Vereinigten Staaten sofort den Krieg erklärt hätte. So gab es tatsächlich Momente, in denen ich mich bemüßigt fühlte, ihm in Erinnerung zu rufen: »Wollen Sie wirklich Krieg?« Worauf er meist betroffen reagierte: »Vielleicht habe ich da wirklich ein wenig übertrieben. Mildern wir das ab.« Worauf wir dann gemeinsam den Text überarbeiteten, bis sein Inhalt der Wirklichkeit zumindest ansatzweise entsprach.

Wenn man sich fragt, wer für diesen Krieg verantwortlich ist, muss man unsere Botschafter ganz oben auf die Liste setzen. In ihrem ständigen Bemühen, bei der Führung des Landes Eindruck zu schinden sowie die Kriegspläne des Präsidenten und seiner Entourage vorauszuahnen, heizten die russischen Botschafter selbst den Hass auf den Westen immer weiter an, ohne an die möglichen Folgen zu denken.

Natürlich hatte niemand von ihnen einen »echten« Krieg mit dem Westen im Sinn – es ging ihnen allen nur um ihre eigene Karriere. Anstelle einer ausgewogenen und möglichst objektiven Analyse der realen Situation zeichnete die russische Diplomatie das unzutreffende Bild, dass der Westen Russland hasse und seine völlige Zerstörung wünsche. Hätte sich meine Zunft hier mehr zurückgehalten, wer weiß, vielleicht wäre Putin weniger von der Umsetzbarkeit seiner grandiosen Pläne überzeugt gewesen?

Das Ultimatum vom 15. Dezember 2021

Mitte Dezember 2021 informierte mich mein unmittelbarer Vorgesetzter, der stellvertretende Ständige Vertreter, dass in Kürze wichtige Dokumente zur Übermittlung an die Amerikaner eintreffen würden. Tatsächlich lagen schon bald zwei Dateien in meinem Posteingang. Der Titel: »Vertragsentwürfe über Sicherheitsgarantien mit den Vereinigten Staaten und mit der NATO.«

Verwundert registrierte ich, dass in diesen Dokumenten gefordert wurde, die USA sollten sich verpflichten, keine ehemalige Sowjetstaaten in die NATO aufzunehmen, in diesen Ländern keine Militärstützpunkte zu errichten, jegliche militärische Zusammenarbeit mit ihnen einzustellen sowie eine weitere Osterweiterung des Bündnisses auszuschließen.

Für den Verfasser dieser Texte waren die USA und die NATO also ein und dasselbe.

Des Weiteren legten beide Vertragsentwürfe fest, dass aus den Ländern, die nach 1997 NATO-Mitglieder geworden waren, sämtliche in den Folgejahren dort stationierten Streitkräfte und Waffensysteme wieder abzuziehen seien. Amerika verpflichte sich zudem, sich nicht in die inneren Angelegenheiten Russlands einzumischen, werde künftig keine Organisationen, Gruppen und Einzelpersonen unterstützen, die einen »verfassungswidrigen Machtwechsel« in Russland befürworten, und verzichte auf jegliche Handlungen, die eine Veränderung der politischen oder sozialen Ordnung in Russland anstreben. Diese Forderungen waren in einer Weise formuliert, die deutlich zu verstehen gab: Im Falle ihrer Nichterfüllung sah sich Russland berechtigt, seine Sicherheit mit allen Mitteln, die es für richtig befand, zu verteidigen.

Das war natürlich der entscheidende Punkt: Bei der Konfrontation mit der NATO und dem Westen ging es weder um Rüstungskontrolle noch um Grenzsicherheit. Das einzige, was Moskau wirklich fürchtete, war jegliche Unterstützung für Versuche eines »verfassungswidrigen Machtwechsels«. Ich habe es bereits erwähnt: Für die russische Führung ist völlig ausgeschlossen, dass Protest oder Dissens von selbst entstehen können. Sie werden immer – ohne Ausnahme – vom Ausland angestoßen und mit westlichem Geld finanziert.

Im Grunde forderten diese Entwürfe von den Vereinigten Staaten, die persönliche Herrschaft Wladimir Putins nicht nur über Russland, sondern auch über das gesamte Gebiet der ehemaligen Warschauer-Pakt-Staaten anzuerkennen – offenbar als Sicherheitsmaßnahme, als eine Art Pufferzone. Dieser Gedanke an sich war schockierend, aber zugleich so vollkommen unvereinbar mit der Wirklichkeit, dass man an der Zurechnungsfähigkeit des Autors zweifeln musste. Der Text vermittelte einem das Gefühl, als hätte Amerika gerade den Krieg gegen Russland verloren und bedingungslos kapituliert.

Mir war sofort klar, dass diese unbeschreiblich stümperhaft verfassten Dokumente nicht aus dem Außenministerium stammen konnten. Auch mein Chef war perplex. Es war ein im Grunde unerfüllbarer Forderungskatalog – was, wie ich vermute, dem Verfasser auch vollkommen bewusst war. Wie sich bald herausstellte, hatte das Außenministerium die Entwürfe von der Präsidialverwaltung erhalten. Bezeichnend ist dabei, dass offenbar niemand im Außenministerium, nicht einmal Lawrow selbst, es für notwendig erachtet hatte, die Texte in irgendeiner Weise zu überarbeiten, damit sie nicht ganz so drastisch wirkten.

Vermutlich haben sich auch die Amerikaner bei der Lektüre nicht wenig gewundert. Einige Zeit später kam die Antwort, Washington habe den Vertragsentwurf geprüft. Man könne ihm zwar nicht in seiner Gesamtheit zustimmen, sei aber bereit, eine Reihe zweitrangiger Aspekte zu erörtern, etwa die Erhöhung der gegenseitigen Transparenz, vertrauensbildende Maßnahmen und die Fortsetzung des Dialogs über strategische Stabilität.

Man vereinbarte gemeinsame Konsultationen für den 10. Januar 2022 in der Ständigen Vertretung der Vereinigten Staaten in Genf. Die russische Delegation wurde von Vizeaußenminister Sergej Rjabkow sowie Vizeverteidigungsminister Alexander Fomin geleitet. Bei den Verhandlungen selbst war ich nicht anwesend; mein Vorgesetzter und ich saßen als »Verbindungsoffiziere« in einem speziellen Raum »auf Abruf«, wobei wir von unseren amerikanischen Kollegen genau beobachtet wurden.

Mehrmals verließen die Delegationen den Verhandlungssaal. Ich ging natürlich hin, um zu erfahren, welchen Eindruck sie von dem Dialog mit den Amerikanern hatten.

Rjabkow war sich wohl selbst nicht ganz im Klaren, was er bei diesen Verhandlungen eigentlich erreichen sollte. Als Nordamerika-Experte, der sich seit 15 Jahren um die Beziehungen Russlands zu den Vereinigten Staaten kümmerte, war er sich des unrealistischen Charakters der von uns verlangten Sicherheitsgarantien vollauf bewusst: Diese wären einer vollständigen Kapitulation der Vereinigten Staaten sowie der NATO vor Russland gleichgekommen.

Auch die Amerikaner wussten offenbar nicht, was die Russen wirklich von ihnen wollten, ließen aber deutlich erkennen, dass sie Forderungen wie die, zu den Grenzen von 1997 zurückzukehren, nicht ernsthaft diskutieren würden. Ich hatte den Eindruck, dass die amerikanische Delegation das Ultimatum eher als – ziemlich plumpe – Einladung zum Dialog aufgefasst hatte. Wie sich jedoch herausstellte, war die russische Delegation nicht zu einem Dialog bereit. Die unmissverständliche Anweisung aus Moskau war, sich nicht auf Verhandlungen einzulassen. Und so wiederholte Rjabkow bei den Pressebriefings sowohl vor als auch nach dem Treffen mehrfach den ominösen Satz: »Das hier ist keine Speisekarte. Entweder Sie akzeptieren alles oder gar nichts.«

Die Vermutung ist berechtigt, dass in Moskau niemand wirklich eine Einigung mit den USA und der NATO erwartete. Das Ziel war, eine »Friedensinitiative« Moskaus zu inszenieren. Die ganze Welt sollte sehen, dass wir im Grunde Frieden anstrebten und Lösungen anboten, die der Westen von vornherein ablehnte. Weshalb uns nun kein anderer Ausweg mehr blieb.

Was die russischen Strategen bei ihrem »genialen« Streich jedoch vergaßen: Im Jahr 1997, in das sie die NATO offenbar unbedingt zurückschicken wollten, waren über 300 000 US-Soldaten in Europa stationiert gewesen; 2021 waren es nur noch ein paar Tausend. Wollte Moskau etwa US-Truppen in einer solchen Zahl nach Europa zurückholen? Und was sollte mit den übrigen Grenzen von 1997 geschehen? Zu wem hatte damals die Krim gehört?

Wie so oft hatte man in der Moskauer Machtzentrale nur das im Blick, was man selbst brauchte. Der einfache Gedanke, die Situation einmal aus der Perspektive des Gegners zu betrachten – und sei es nur, um dessen Schwachstellen herauszufinden –, war offenbar niemandem in den Sinn gekommen.

»Wenn man müde ist und keinen Korkenzieher hat«

Die Konsultationen vom 10. Januar endeten ergebnislos und hinterließen bei mir ein Gefühl der Beklemmung. Es war traurig zu beobachten, wie der sonst so intelligente, vielseitige und umgängliche Sergej Rjabkow – sicherlich wider seine eigentliche Überzeugung – absoluten Unsinn von sich gab, darunter den inzwischen berühmt gewordenen Satz: »Die NATO soll ihr Zeug einpacken und zu den Grenzen von 1997 zurückkehren.« Natürlich ist mir klar, dass ein Vizeminister, der sein ganzes Leben in diesem System verbracht hat, sich schwerlich dagegen wenden wird. Aber das bedeutet nicht, dass er seinen kritischen Verstand einfach ausschalten darf. Ich bin überzeugt: Niemand aus der Führung des Außenministeriums, nicht einmal Lawrow, hat diesen Krieg gewollt. Aber sie haben eben auch keinen Finger gerührt, um ihn zu verhindern. Keiner von ihnen ist zurückgetreten. Gehorsam wie Prügelknaben stehen sie nun da, nicken zu all dem Unsinn, den ihr Chef, Präsident Putin, von sich gibt, und sind sich gleichzeitig der Unrechtmäßigkeit und Schlechtigkeit seiner Politik vollauf bewusst. Im privaten Kreis wiederholen sie sicherlich immer wieder: »Was können wir kleinen Leute schon tun?« Zurück in ihren Büros, arbeiten sie wieder mit aller Kraft (die doch so viel sinnvoller genutzt werden könnte!) für Putin, damit dieser die Ukraine noch besser bombardieren und weltweit Lügen und Verleumdung säen kann. Und dabei reden sie sich ein: »Das ist mein Job, den ich so gut wie möglich erledigen muss. Der Präsident hat immer recht.« Ein paar betagte Herren von 60 oder 70 Jahren, die von einem anderen 70-Jährigen sagen, er habe immer recht – eigentlich ein völlig lächerliches Bild, wäre da nicht dieser Krieg, den sie mit aller Kraft unterstützen.

Ich würde mich nicht wundern, wenn UN-Botschafter Nebensja in der ersten Zeit seinen westlichen Kollegen am Rande der Sitzungen im Sicherheitsrat unauffällig zuraunte: »Sie verstehen, das hier ist mein Job. Glauben Sie nicht, dass ich das alles ernst meine – aber was kann ich schon tun?« Der russische Dichter Jewtuschenko hat das einmal so formuliert: »Zur Zeit Galileis lebte einst / Ein Gelehrter, nicht minder begabt. / Er wusste, die Erde dreht sich im Kreis, / doch hat er Familie gehabt ...«

Am Vorabend des Krieges

Am 21. Januar traf Sergej Lawrow in Genf ein, um mit US-Außenminister Blinken über das Ultimatum vom Dezember zu sprechen. Auch dieses Treffen zeitigte, wie erwartet, keine vorzeigbaren Ergebnisse.

Die Spannungen rund um die Ukraine nahmen zu, auch die Lage im Donbass begann zu eskalieren, sowohl Moskau als auch die Medien wurden von einer unheilvollen Hektik ergriffen. Die selbst ernannten, völkerrechtlich nicht anerkannten Volksrepubliken Donezk und Luhansk erklärten, es bestehe die Gefahr einer ukrainischen »Invasion« und baten Moskau um Unterstützung.

Am 21. Februar kam es dann zu jener berühmten Sitzung des russischen Sicherheitsrates, bei der Putin, einem Lehrer gleich, seinen gesamten Machtapparat abfragte, wie gut sie verinnerlicht hätten, was mit den beiden Volksrepubliken zu tun sei. Sergej Naryschkin, Chef des SWR, tat sich dabei besonders hervor. Blass, schwitzend und stotternd suchte er nach wohlgefälligen Worten und stammelte am Ende geradezu verzweifelt, er befürworte den »Anschluss der Donezker und Luhansker Volksrepubliken an Russland«, woraufhin Putin ihn verärgert korrigierte, man diskutiere hier »die Frage ihrer Unabhängigkeit«. Hier offenbarte sich der moralische Zustand der russischen Elite, die nun erkennen musste, dass sich ihr Führer in ein riskantes Abenteuer gestürzt hatte, das sie alle im Grunde für überflüssig hielten. Und doch waren sie nicht bereit, etwas dagegen zu unternehmen, sondern fügten sich brav in ihr Schicksal.

Lawrow und US-Außenminister Blinken hatten für den 24. Februar eigentlich eine erneute Zusammenkunft in Genf vereinbart. Einen Tag vorher sagten die Amerikaner das Treffen wieder ab. Als Grund nannten sie die Anerkennung der Volksrepubliken Donezk und Luhansk durch

Russland sowie die drohende Invasion, vor der die Vereinigten Staaten bereits mehrfach gewarnt hatten. Die ehemaligen Militärs in der Ständigen Vertretung kommentierten verächtlich: »Der Feigling Blinken hat sich in die Hosen gemacht!«

Der Krieg

Als wir am 24. Februar erwachten, erfuhren wir, dass der Krieg begonnen hatte, genau wie die Amerikaner vorhergesagt hatten. Während die Mitglieder des Abrüstungsreferats, viele davon ehemalige Militärs, größtenteils euphorisch reagierten, waren die Berufsdiplomaten deutlich weniger optimistisch. Wer einigermaßen vernünftig dachte, begriff natürlich sofort, dass Putin mit dieser Entscheidung die soziale, wirtschaftliche und kulturelle Entwicklung unseres Landes um Jahrzehnte zurückgeworfen hatte. Dieser Weg führte in Isolation und Konfrontation und verhieß nichts Gutes für unser Land. Putins Andeutungen über einen möglichen Einsatz von Atomwaffen verstärkten dabei nur die allgemeine Nervosität.

Sowohl die Militärs als auch die »nahen Nachbarn« verknüpften dagegen mit dem Krieg großartige Erwartungen. Ich hatte meine Zweifel, dass diese Leute überhaupt begriffen, was im Land und in der Welt geschah. Meine Dienstjahre in der Ausfuhrkontrolle und die Kontakte zu Menschen aus dem produzierenden Gewerbe hatten mir wertvolle Erkenntnisse darüber verschafft, wie sehr sich die tatsächliche Situation im Verteidigungssektor von den Berichten und Meldungen unterschied, die unsere Beamten »dort oben« abgaben. Hier unterschied ich mich von so manchen Kollegen, die sich mit Fragen der Nichtverbreitung und Rüstungskontrolle ausschließlich auf rein politischer Ebene auseinandergesetzt hatten. Dadurch war ihnen verborgen geblieben, wie sehr sich das Bild, das sie in ihren Auskünften und Berichten zeichneten, vom tatsächlichen Stand der Dinge unterschied. Kein Wunder also, dass sie geradezu triumphierten. Mit all diesen fröhlichen und glücklichen Kollegen zu sprechen, die sich über die Bombardierung ukrainischer Städte freuten, wurde für mich immer unerträglicher.

Für Ende Februar war ein sogenanntes »High-Level-Segment« der Abrüstungskonferenz geplant: Hochrangige Vertreter – Außenminister und ihre Stellvertreter – sollten dabei im Lauf von mehreren Tagen nationale Erklärungen abgeben. Minister Lawrow kam immer gern zu diesen Veranstaltungen nach Genf und nutzte die Tatsache, dass parallel zum High-Level-Segment der Abrüstungskonferenz auch ein High-Level-Segment des UN-Menschenrechtsrates stattfand – in der Regel sogar in benachbarten Sälen.

Um sich nicht der empörten westlichen Kritik auszusetzen, beschloss Lawrow, diesmal nicht persönlich zu diesen Veranstaltungen anzureisen, sondern eine Videobotschaft zu senden. Daraufhin erfuhren wir, dass sämtliche westlichen Diplomaten Lawrows Erklärungen boykottieren würden. Eigentlich schade, dass Sergej Viktorowitsch dies nicht selbst miterlebt hat: Als der Minister auf dem Bildschirm erschien und mit seiner Rede begann, standen tatsächlich alle Europäer, Amerikaner sowie eine Reihe anderer Vertreter auf und verließen den Saal. Auch ich hatte nicht die geringste Lust, Lawrows Gesicht zu sehen und mir seine trostlosen Lügen anzuhören. Also erhob auch ich mich und ging mit den anderen hinaus.

Was tun?

Nun begann ich mir ernsthaft Gedanken darüber zu machen, wie ich meinen Dienst im Außenministerium quittieren und was ich dann machen sollte. Meine Hoffnung war, dass sich vielleicht politische Forschungszentren mit Schwerpunkt Russland für mein Wissen und meine Erfahrung interessieren würden und ich so Arbeit finden könnte. Auch dachte ich darüber nach, mich der russischen Opposition in Europa anzuschließen.

Eins war jedoch auch klar: Solange ich mich noch im Staatsdienst befand, konnte ich mit niemandem in Kontakt treten. Zum einen würde niemand mit mir reden wollen – jeder würde vermuten, ich sei nur ein Geheimagent, der sich einschleusen wolle. Zum anderen konnten »kompetente Genossen« aus unserer Mission von meinen Kontaktaufnahmen Wind bekommen, was nur noch mehr Probleme mit sich bringen würde. Es blieb also nichts anderes übrig, als zuerst zu kündigen und mich dann nach einem neuen Job umzusehen. Was riskant war.

Ich beschloss, dass ich nicht nur einfach kündigen, sondern auch eine öffentliche Erklärung abgeben würde. Ich hoffte, dass dann jemand meinem Beispiel folgen und eine Art Kettenreaktion entstehen würde. Und wenn nicht, so wollte ich damit zumindest zeigen, dass ich nicht einfach alles »klaglos« hinnahm wie andere Beamte, und dass es unter den Diplomaten immer noch Menschen gab, die in der Lage waren, selbst zu denken, und die erkannten, dass in unserem »Königreich« alles durch und durch faul war.

Meine Frau und ich beschlossen, dass sie – gemeinsam mit unserem Kater Simeon – nach Genf kommen sollte, bevor ich mein Rücktrittsschreiben einreichte. Wenn die beiden in Moskau zurückblieben und ich dann von der Schweiz aus die Tür hinter mir zuschlug, konnte es passieren, dass wir für lange Zeit getrennt würden.

Wir planten den Flug der beiden für den Juni, da es sinnlos war, für den Kater frühere Tickets zu kaufen: Damit Simeon – oder »Sjoma« – überhaupt reisen konnte, musste er geimpft, kastriert und mit einem Chip versehen werden, und wir brauchten für ihn einen tierärztlichen Pass.

Verlust der Realität

Währenddessen wurden unsere Anweisungen aus Moskau immer absurder. Man schickte uns Materialien, die angeblich bewiesen, dass in ukrainischen Laboren an der Entwicklung biologischer Waffen gearbeitet wurde und dass das Pentagon diese Aktivitäten überwachte. Als Beweismittel hatte man Präsentationen gemeinsamer wissenschaftlicher Projekte amerikanischer Universitäten und ukrainischer Forschungszentren angehängt. Darin ging es unter anderem um die Untersuchung des Zusammenhangs von Vogelwanderungen und der epidemiologischen Situation in verschiedenen Regionen des Landes – ein ganz normales Forschungsprojekt aus dem Bereich der Infektionsprävention. Das russische Verteidigungsministerium, von dem diese »Beweise« stammten, glaubte offenbar ernsthaft, dass jemand, der Krankheitserreger erforscht, garantiert auch biologische Waffen entwickelt. Beim Lesen dieser »Dokumente« empfand ich brennende Scham: Was war nur aus unserem diplomatischen Dienst geworden, dass wir klaglos jeden Unsinn akzeptierten, den die Schwachköpfe im Verteidigungsministerium oder im Kreml ausheckten? Und dass wir auch noch versuchten, diesen Unsinn im Brustton der Überzeugung, mit dem Pathos einer Marija Sacharowa, anderen Ländern zu verkaufen? Das Traurigste daran war, dass die Verfasser dieser »Argumente« tatsächlich überzeugt waren, dass jeder sie ihnen abnehmen würde.

Ich muss zugeben, dass selbst die amerikanische »Beweisführung«, der Irak verfüge über Massenvernichtungswaffen, im Vergleich zu diesem biologischen Gefasel seriös wirkte.

Um den eigenen Behauptungen mehr Gewicht zu verleihen, ordnete Moskau eine »parlamentarische Untersuchung« an. Die Staatsduma setzte eine Kommission ein, die Vorladungen verschickte und Zeugen befragte – ganz nach westlichem Muster. Einige Dienstreisende, die damals aus Moskau bei uns ankamen, berichteten triumphierend, die biologische Frage werde »von höchster Stelle kontrolliert«, diesmal könnten sich die Ukrainer nicht mehr herausreden, eine parlamentarische Untersuchung sei schließlich kein Spaß. Ich aber erwiderte, parlamentarische Untersuchungen könne man in den USA noch halbwegs ernst nehmen, bei uns dagegen genüge ein Anruf aus der Präsidialverwaltung, um dem ganzen Theater ein Ende zu machen. (Das ja auch nicht anders begonnen hatte – niemand glaubte, dass die Duma-Abgeordneten von selbst, ohne Befehl von oben, auch nur einen Finger gerührt hätten.) Ich ergänzte, es gebe nicht den geringsten Anlass, sich groß aufzublasen und herumzufantasieren, was die Begeisterung der Kollegen doch ein wenig dämpfte.

Dieser Krieg machte die Trennlinie besonders deutlich zwischen denjenigen, die sich ihren gesunden Menschenverstand bewahrten, und jenen, die mit blindem Eifer jede Lügengeschichte aus dem Munde der unfehlbaren, gottgleichen Obrigkeit nachplapperten.

Ernüchterung

Im Lauf der Monate veränderte sich in der Ständigen Vertretung die Stimmung: Die Euphorie der ersten Kriegstage war verpufft, nun herrschten Ratlosigkeit, ja sogar Niedergeschlagenheit: Es war weder gelungen, Kyjiw einzunehmen, noch Charkiw zu unterwerfen. Entgegen den Erwartungen der russischen »Strategen« hatten NATO-Staaten ziemlich entschlossen reagiert und unterstützten die Ukraine mit Geld und Waffen. Auch die öffentliche Meinung weltweit stand mehrheitlich zur Ukraine, was durch Berichte über zahlreiche Kriegsverbrechen russischer Truppen in Butscha, Irpin und anderen Städten noch verstärkt wurde. Statt des offensichtlich beabsichtigten schnellen Siegeszuges durch die »befreite« Ukraine war die »militärische Sonderoperation« in einen beschwerlichen Stellungskrieg übergegangen, auf den weder das Land noch die Armee vorbereitet waren. Der Optimismus meiner Kollegen hatte einen Dämpfer bekommen.

Auch wenn der Krieg nicht wie gewünscht verlief, wurde es nicht gern gesehen, wenn jemand ihn offen kritisierte oder Zweifel an seiner Sinnhaftigkeit zum Ausdruck brachte. Mehrfach wurde mir »im Vertrauen« gesteckt, meine mangelnde Begeisterung für den Krieg und unseren grundsätzlichen politischen Kurs sei zu offensichtlich und ärgere die Missionsleitung. Einer unserer Chefs hatte dabei offenbar den Ausdruck »schwarzes Schaf« verwendet. Den Rest der Belegschaft hielt er dann wohl für ganz normale Schafe – durchaus zu Recht.

Ungeachtet dessen redeten sich meine Kollegen weiter ein, die Lage sei doch gar nicht so schlecht. Hier ein typischer Gedankengang:

»Weißt du, Biden hat den Europäern gesagt, die sollen sich unterstehen, den Ukrainern Flugzeuge zu geben. Nicht eine MiG für die Faschisten! Die Amis wissen genau, wie wir dann reagieren.«

Auf meine Nachfrage, wie genau wir dann reagieren würden, nippte mein Gegenüber an seinem Kaffee und sagte in allem Ernst: »Da reicht ein Sprengkopf in irgendeinen Vorort von Washington. Dann scheißen sich die Amis sofort in die Hosen und betteln um Frieden.«

Der Mann, der da vor mir stand, hatte lange Zeit selbst in Washington gearbeitet und sich viele Jahre mit Fragen der gegenseitigen Rüstungskontrolle befasst – er war einer unserer fähigsten Atomwaffen-Experten.

»Wie kommst du darauf, dass die Amerikaner vor einem Gegenschlag zurückschrecken werden?«

»Die werden sich nicht trauen, das schwör ich dir!«

Mir war klar, dass nicht nur mein Gegenüber so dachte, sondern auch viele seiner Kollegen in anderen Schlüsselbehörden. Wenn Putin tatsächlich den Befehl zum Einsatz von Atomwaffen gab, durfte man kaum erwarten, dass der verantwortliche Offizier so vernünftig war, die Ausführung zu verweigern. Ich habe größte Zweifel, dass sich in diesem Offizierskorps, das unter Putin herangewachsen und auf bedingungslosen Gehorsam gedrillt ist, ein neuer Wassili Archipow findet, der ebenso selbstbeherrscht und verantwortungsbewusst handelt wie jener sowjetische U-Boot-Offizier, der während der Kuba-Krise den Einsatz eines Atomtorpedos verhinderte.

Brüche im diplomatischen Korps

Der Ausbruch des Krieges hatte dramatische Auswirkungen auf unsere Beziehungen zu den anderen Delegationen in Genf. Die Diplomaten der NATO-Länder stellten den Kontakt zu uns ein. Sie grüßten uns zwar weiterhin auf den Fluren der UNO, doch gab es weder bilaterale Gespräche noch Begegnungen in anderen Formaten. Auch zu Empfängen wurden wir nicht mehr eingeladen. Unsere Abrüstungsdelegation konzentrierte sich folglich auf die Zusammenarbeit mit den Chinesen und unseren »Verbündeten« aus OVKS und BRICS, schließlich erwartete man in Moskau von uns den Bericht, dass wir uns keineswegs in diplomatischer Isolation befanden und unsere Positionen von allen akzeptiert und geteilt wurden.

Eine vollumfängliche und bedingungslose Unterstützung für Russland hat damals kein einziger unserer Gesprächspartner zum Ausdruck gebracht – mit Ausnahme unserer belarussischen Kollegen, die uns damals mit eiserner Disziplin zu jeder Zeit und in jeder Hinsicht zur Seite standen. Die Vertreter Kasachstans und anderer zentralasiatischer OVKS-Mitglieder verhielten sich dagegen deutlich zurückhaltender und vorsichtiger. Sie hörten meist geduldig zu, während wir ihnen erläuterten, warum Russland keine andere Wahl gehabt habe, als die Ukraine anzugreifen, bedankten sich anschließend für die Informationen und gingen wieder. Dieser Mangel an Begeisterung verärgerte unsere Leitung, die offenbar tatsächlich an Moskaus Argumente glaubte und nicht verstand, was daran so wenig überzeugend sein konnte.

Auch die Chinesen (die wir in unseren Telegrammen stets als »chinesische Freunde« priesen) hatten es keineswegs eilig, sich in allen Punkten mit uns zu solidarisieren. Natürlich nickten sie bedeutungsvoll und sagten, Russland habe zweifellos legitime Sorgen und Interessen, die berücksichtigt werden müssten. Dann aber fügten sie hinzu, dass jede der Konfliktparteien solche legitimen Interessen und Sorgen habe. An ihrem gesamten Auftreten, übrigens auch an der Art und Weise, wie sie später auf der Abrüstungskonferenz ihre Erklärungen zur Notwendigkeit einer friedlichen Beilegung des Konflikts in der Ukraine verlasen, konnte man erkennen, dass die chinesischen Diplomaten keineswegs glücklich darüber waren, was ihr »nördlicher Nachbar« da vom Zaun gebrochen hatte. Offensichtlich hatten auch sie mit einem derart törichten und schlecht durchdachten Vorgehen der russischen Führung nicht gerechnet. Doch blieb ihnen nichts anderes übrig, als diesen wichtigen Partner irgendwie zu unterstützen, der jetzt immerhin die ganze Aufmerksamkeit ihres Hauptgegners – der Vereinigten Staaten – auf sich zog.

Meine Demarche

Meine Frau und ich beschlossen, nicht mehr bis Juni zu warten. Ich forschte weiter nach Tickets für sie und den Kater – und wurde tatsächlich fündig. Da es aber längst keine Direktflüge mehr nach Genf gab, stand den beiden eine wahre Odyssee bevor: zunächst mit dem Flugzeug nach Kaliningrad, dann mit dem Taxi zur litauischen Grenze, die sie zu Fuß überqueren mussten. Auf litauischer Seite ging es dann weiter mit dem Taxi in die Hauptstadt Vilnius und von dort aus per Flugzeug – mit einem Umstieg in Warschau – weiter nach Genf. Wie mir meine Frau anschließend berichtete, verlief die Reise abenteuerlich: Die Reisepapiere des Katers waren am Moskauer Flughafen Scheremetjewo offenbar fehlerhaft ausgestellt worden, weshalb man meine Frau bei der Einreise nach Litauen zunächst zurückwies. Ihr blieb nichts anderes übrig, als zu Fuß zurück über die Grenze nach Kaliningrad zu gehen, sich dort die Papiere korrekt ausstellen zu lassen und dann erneut zum litauischen Grenzposten zu pilgern – all das auch noch bei stürmischem Wetter, unser Haustier in einer Transportbox an der einen und ihren eigenen Koffer an der anderen Hand.

Nachdem die beiden schließlich in Genf eingetroffen waren, ließen wir eine Woche verstreichen, dann reichte ich mein Kündigungsschreiben im Verwaltungsbüro ein. Als ich aus dem Tor der russischen Mission in Genf ins Freie trat, erklang in meinen Kopfhörern Sinatras »My Way«. Wie symbolisch, dachte ich. Wenig später versandte ich dann eine Erklärung an mehrere Medien, in der ich mich gegen Putins Politik aussprach und den Krieg verurteilte. Damit endete meine 20 Jahre währende Odyssee im russischen diplomatischen Dienst.

»Mein Name ist Boris Bondarew. Ich bin 1980 geboren und bin seit 2002 im diplomatischen Dienst des russischen Außenministeriums tätig gewesen, seit November 2019 als Botschaftsrat der Ständigen Vertretung Russlands bei den Vereinten Nationen sowie anderen internationalen Organisationen in Genf.

In den 20 Jahren meiner Tätigkeit habe ich verschiedene Wendungen unserer Außenpolitik erlebt, aber noch nie habe ich mich so sehr für mein Land und meine Arbeit geschämt wie am 24. Februar dieses Jahres. Der von Putin entfesselte Angriffskrieg gegen die Ukraine – de facto die gesamte westliche Welt – ist nicht nur ein Verbrechen am ukrainischen, sondern auch am russischen Volk: Dessen Hoffnungen, dass sich unser Land allmählich zu einer prosperierenden demokratischen Gesellschaft entwickeln würde, hat er mit einem dicken Z durchkreuzt.

Diejenigen, die sich diesen Krieg ausgedacht haben, wollen nur eines: ewig an der Macht bleiben, in ihren pompösen, geschmacklosen Palästen leben, auf ihren Yachten herumsegeln, die so groß und teuer sind wie die gesamte russische Marine, sowie ihre unbegrenzte Macht und Straflosigkeit genießen. Dafür sind sie bereit, unzählige Menschenleben zu opfern. Tausende von Russen und Ukrainern sind bereits dafür gestorben.

Im Lauf dieser 20 Jahre hat das Ausmaß an Lügen und Unprofessionalität im russischen Außenministerium ständig zugenommen, zuletzt jedoch in einem geradezu katastrophalen Ausmaß. Anstatt unvoreingenommen über das Geschehen zu informieren, es objektiv zu analysieren und daraus nüchterne Prognosen abzuleiten, werden propagandistische Klischees im Geiste der sowjetischen Presse der 1930er-Jahre verbreitet. So ist ein System entstanden, das sich selbst betrügt.

Ein anschauliches Beispiel für den Verfall dieses Systems ist Minister Lawrow selbst. In den 18 Jahren seiner Amtszeit hat er sich von einem hochprofessionellen Diplomaten und gebildeten Intellektuellen, in dem viele Mitarbeiter des Ministeriums ein Vorbild sahen, zu jemandem entwickelt, der permanent widersprüchliche Aussagen verbreitet und der Welt (also auch Russland selbst) mit Atomwaffen droht!

Was das Außenministerium heute betreibt, ist keine Diplomatie. Es sät Lügen und schürt Hass und Krieg. Seine Diplomatie dient den privaten Interessen eines kleinen Kreises von Personen, die nichts mit den wirklichen Bedürfnissen der russischen Gesellschaft gemein haben. Die Erklärung dafür, dass Russland heute keine Verbündeten mehr hat, ist die aggressive Politik unseres Landes, nicht die angebliche Russophobie, von der im russischen Fernsehen ständig die Rede ist.

Ich bin studierter Diplomat und würde gern weiter für mein Land arbeiten. Aber diesem Staat weiterhin zu dienen und seinem verhängnisvollen politischen Kurs zu folgen, bedeutet heute leider, meine eigene Heimat zu verraten. Das will und kann ich nicht tun. Deshalb habe ich beschlossen zu kündigen.

Genf, den 23. Mai 2022«

7 AUSBLICK

DER DRITTE WELTKRIEG – WIE PUTINS AGGRESSION BEKÄMPFEN? – OPPOSITION IM EXIL – EINE NEUE AUSSENPOLITIK FÜR RUSSLAND

Der Dritte Weltkrieg

Mit dem Angriff auf die Ukraine hat Putin dem gesamten Westen den Krieg erklärt. Wer behauptet, dies sei nur ein »regionaler Konflikt«, irrt sich oder lügt. Wir erleben gerade den Beginn des Dritten Weltkriegs, der nicht ein Krieg Russlands gegen die Ukraine, Europa oder die Vereinigten Staaten ist, sondern der Krieg aller Autokratien gegen die Demokratie.

Die Autokraten und Diktatoren dieser Welt verfolgen natürlich gespannt, wie der Krieg in der Ukraine ausgehen wird. Ebenso tun dies ihre Anhänger, von denen viele ja auch in demokratischen Staaten leben. Wird der verhasste Westen wanken? Werden die USA sich blamieren? Wird es endlich möglich sein, sich sorglos die Filetstückchen von Nachbarstaaten unter den Nagel zu reißen, nur weil man stärker ist oder in die Geschichte eingehen will? Wenn man Putin gewinnen lässt, was allein von der westlichen Militärhilfe für die Ukraine abhängt, ist das existierende System der internationalen Beziehungen, das auf den Grundsätzen und Zielen der UN-Charta beruht, am Ende. An seine Stelle wird etwas treten, das an das Europa des Dreißigjährigen Krieges erinnert, allerdings in einem weltweiten Maßstab, und es wird weit von einem Westfälischen Frieden entfernt sein. Mit großer Sicherheit werden wir uns von jener Unbeschwertheit verabschieden müssen, in der viele Demokratien heute leben.

Dieser unverzeihliche Fehler Putins – der Angriffskrieg gegen die Ukraine – hat auch mit dem Verfall staatlicher Institutionen unter seiner Herrschaft zu tun. Es steht außer Zweifel, dass verschiedenste Stellen, das Außenministerium inbegriffen, ihm jahrelang nach dem Mund redeten, ihn durch eilfertige Berichte von den Erfolgen Russlands sowie der Schwäche der Ukraine und der westlichen Länder immer mehr an die eigene Stärke haben glauben lassen. Daran, dass Russland sich »von den Knien erhoben« hat. Er war ja offensichtlich überzeugt, dass er einen schnellen und einfachen Sieg über die Ukraine erringen würde, und dass der Westen nicht in der Lage sein würde, ihn daran zu hindern.

Putins Neofeudalismus funktioniert nach wie vor

Putin hat sich geirrt. Aber das staatliche System, das auf Loyalität statt auf Professionalität, auf informellen Beziehungen statt auf transparenten und klaren Verfahren beruht, ist nach wie vor intakt – ein korruptes, intransparentes System der Willkür, auf das sich Putins ganze Macht stützt. Wir sehen heute, wie gefährlich es eigentlich für seinen Schöpfer ist, wie es ihn im Grunde »betrügt«, indem es ihm die negativen Entwicklungen im Land, in den Streitkräften und in der Wirtschaft verheimlicht. Aber kann und will Putin etwas daran ändern? Nein. Um der Willkür von Beamten und Geheimdiensten Einhalt zu gebieten, wirklich Ordnung zu schaffen und klare Spielregeln für alle zu garantieren, müsste er die Allmacht und Willkür seiner Elite einschränken und von ihr verlangen, dass sie dieselbe Verantwortung vor dem Gesetz trägt wie der Rest der Gesellschaft. Solche – in Russland längst überfällige – Reformen wird Putin niemals durchführen, weil sie mit seinem neofeudalen Regime unvereinbar sind.

Gleichzeitig muss man anerkennen, dass das System, trotz seiner ungeheuren Dysfunktionalität und enormen Auslastung, noch nicht zusammengebrochen ist. Diese Langlebigkeit beruht auf einem einfachen Geheimnis: Das System wird von seinen unzähligen kleinen »Rädchen« zusammengehalten, einer breiten Schicht ausführender Beamter und Angestellter der unteren und mittleren Ebene. Unter ihnen sind etliche, die auf die Propaganda nicht hereinfallen und von Putins Krieg alles andere als begeistert sind, es aber nie gelernt haben, unabhängige Entscheidungen zu treffen. Ihnen bleibt nichts anderes übrig, als sich von der Außenwelt abzuschotten und zu sagen: »Ich bin ein einfacher Mensch und mache nur meinen Job.« Aus einem Gefühl der Verantwortung heraus erledigen sie diesen Job nach bestem Wissen und Gewissen. Ein anderer, ebenfalls nicht geringer Teil des Beamtentums glaubt wiederum aufrichtig an das, was die staatliche Propaganda verkündet. Sie tun alles dafür, dass Putin, den sie begeistert verehren, an der Macht bleibt. Und natürlich gibt es auch konformistische Karrieristen, die jede beliebige Führung unterstützen, die sich gerade an der Macht befindet. Unter all diesen Beamtentypen finden sich genügend intelligente Profis, die in der Lage sind, effektiv zu arbeiten. Vor allem diese sind es, die, ohne es zu merken, die Existenz von Putins Regime verlängern.

Ein Beispiel dafür ist der sogenannte »Finanzblock« der Regierung (Finanzminister Anton Siluanow etwa oder auch die Zentralbankpräsidentin Elvira Nabiullina), der die westlichen Wirtschaftssanktionen erstaunlich erfolgreich abzufedern versteht.

Auch Putins Diplomaten gehören in dieses Bild. Wenn auch keine diplomatischen Durchbrüche von ihnen zu erwarten sind (dazu fehlt es den meisten von ihnen an Professionalität), nutzen sie die geopolitische Lage in der Welt, um die in den Entwicklungsländern weitverbreitete antiwestliche Stimmung anzuheizen. Dabei kommt die Erinnerung an vergangene Zeiten unentgeltlicher sowjetischer Wirtschaftshilfe den Bemühungen russischer Diplomaten zupass, um den globalen Süden für ihre Zwecke anzuwerben und immer wieder Keile in die ohnehin brüchige Einheit des Westens zu treiben. Der prinzipien-, scham- und skrupellose Charakter von Putins Kriegsdiplomatie ist dabei eher als Vorteil denn als Nachteil zu werten. Russland versucht Kapital zu schlagen aus dem Unmut der Entwicklungsländer, ihrem Gefühl der Vernachlässigung durch die Industriestaaten und ihrer allgemeinen Unzufriedenheit mit einer Weltordnung, die ihren Interessen und Bedürfnissen nicht ausreichend gerecht wird. Putins Antwort auf diese Bedürfnisse wird und kann natürlich nicht revolutionärer Natur sein: Er ist kein Revolutionär, der eine neue Welt aufbauen will, sondern, wie wir auf Russisch sagen, ein »Korruptionär«, der nur möglichst lang an der Macht bleiben will. Doch solange die russische Diplomatie die antikoloniale und antihegemoniale Karte spielt, kann sie ihren westlichen Kollegen gehörig in die Suppe spucken.

Putins ökonomisch höchst ineffizientes Regime hat sämtliche Möglichkeiten ausgeschöpft, um im eigenen Land Wirtschaftswachstum zu sichern. Es ist nicht in der Lage, die fundamentalen Probleme der russischen Wirtschaft zu lösen, weil es selbst deren fundamentales Problem ist. Um seine Popularität zu sichern und die Bevölkerung von ihrer schlechten Lebensqualität abzulenken, muss Putin zu allen möglichen Tricks greifen, immer neue Feinde erfinden und diese beschuldigen, den Wohlstand der russischen Bürger verhindern zu wollen. Klingt doch logisch: Wenn alle gegen uns sind, wie sollen wir da ein allgemeines Einkommenswachstum erreichen? Da ist es doch schon ein triumphaler Sieg, dass in Russland niemand hungert, dass zumindest in den großen Städten Strom und Heizung reibungslos funktionieren, dass Restaurants und Kinos geöffnet sind, Parks verschönert werden und die Menschen einigermaßen über die Runden kommen. Und dann versuchen wir auch noch, obwohl sich zahllose Länder gegen uns verschworen haben, den Russen in unserem Nachbarland zu helfen!

Natürlich wäre Putin eine kurze, siegreiche Kampagne deutlich lieber gewesen, aber auch ein langer Krieg spielt ihm in die Hände, hat er ihm doch den Vorwand geliefert, auch noch die letzten verbliebenen bürgerlichen Freiheitsrechte innerhalb kürzester Zeit abzuschaffen. Die Opposition ist praktisch nicht mehr existent. Da die Russen selbst nun allerlei »unfreundliche« Maßnahmen erleben, etwa die Beschlagnahme ihrer Autos bei der Einreise in die EU oder die Abweisung von Besitzern russischer Pässe beim Flughafen-Check-in, lassen sie sich von der Propaganda leicht überzeugen, dass man sie nur deshalb nicht leiden kann, weil sie Russen sind. Und so sagt sich der russische Durchschnittsbürger, der einfach nur wie gewohnt in Finnland Urlaub machen will: »Was hab ich denn mit der Ukraine zu tun? Putin hat also doch recht!« Solche Stimmungen weiß die Propaganda natürlich geschickt zu nutzen – und so scharen sich nun selbst diejenigen um den Präsidenten, die sein Regime zuvor nicht unterstützt haben.

Die negative Selektion der Eliten

Das Paradoxe dabei ist, dass die überwiegende Mehrheit der russischen Eliten den Krieg ablehnt. Er ist wirklich das Letzte, was sie brauchen. Sie waren entsetzt, als er begann, und sie wünschen heute nichts sehnlicher herbei als das Ende der »militärischen Sonderoperation«, damit sie endlich wieder zu ihrem gewohnten Leben vor dem Krieg zurückkehren können. Sie alle erwarten, dass nach Beendigung der Kampfhandlungen die Sanktionen aufgehoben werden und sie in aller Ruhe in ihre europäischen Domizile zurückkehren können. Putin aber hat zwei Jahrzehnte lang seinen Untergebenen jegliches selbstständiges Denken und Handeln ausgetrieben – eine negative Selektion, die dazu geführt hat, dass der Präsident heute nur noch von Jasagern umgeben ist, die sich nicht trauen, ihre Meinung laut zu äußern. Sie rechnen nach wie vor damit, dass Putin, dessen Herrschaft so viele Jahre höchst erfolgreich war und dem viele seiner außenpolitischen Abenteuer – die Annexion der Krim und die Eroberung des Donbass eingeschlossen – leicht von der Hand gegangen sind, dem Westen auch diesmal »ein Schnippchen schlagen« wird. Dem Präsidenten wird schon etwas einfallen.

Ein weiteres Axiom, das Putin seinem engsten Kreis immer wieder eintrichtert, ist, dass wir diesen einmal begonnenen Krieg unbedingt bis zum siegreichen Ende fortsetzen müssen, denn eine Niederlage wäre eine Katastrophe: Russland würde – wie seinerzeit die UdSSR – zerfallen und die Nutznießer des Putin'schen Systems würden nicht nur all ihre Pfründe verlieren, sondern auch schlimmster Verfolgung anheimfallen. Umso mehr entsteht dadurch bei den Eliten das Bedürfnis, sich um ihren Führer zu scharen, um ein Worst-Case-Szenario zu verhindern, das sie auch persönlich treffen würde.

Hier liegt auch die Antwort auf die Frage, warum sich die russischen Eliten heute weder gegen den Krieg noch gegen Putin stellen. Sollte Russland siegen, können sie zumindest auf einen neuen Dialog mit dem Westen und dann irgendwann auch auf die Aufhebung der Sanktionen hoffen. Aber was, wenn Russland verliert? Der durchschnittliche Beamte in Russland weiß natürlich, dass ihm seine Arbeit – so sehr sie ihn auch langweilen mag – ein sicheres Einkommen, sozialen Status und Karriereaussichten verschafft. Putins Gegner, insbesondere jene prominenten russischen Oppositionellen mit Verbindungen in den Westen, drohen ihnen dagegen mit Repression und Lustration. Somit garantiert ihnen allein Putin ein einigermaßen bequemes Leben und gewisse Zukunftsperspektiven. Ein reines Gewissen ist ja schön und gut, aber, wie man bei uns sagt: Du kannst es dir weder aufs Brot schmieren noch deine Kinder damit ernähren.

Zar Putin

Die Struktur der russischen Gesellschaft ist schon immer extrem ungerecht gewesen: Institute, die für Gerechtigkeit sorgen sollen, haben nie richtig funktioniert, ganz abgesehen davon, dass sie in der russischen Geschichte so gut wie nie existierten. Das einfache Volk war in Russland zu allen Zeiten der Willkür der Gutsbesitzer, Adligen, Gouverneure, Polizisten und anderen Beamten schutzlos ausgeliefert. In einer derart rauen, hoffnungslosen Welt sehnt sich die überwiegende Mehrheit der Menschen nach einem Leuchtturm der Stabilität und Wahrheit. Und dieser ist in Russland schon immer das Staatsoberhaupt gewesen – gleich ob Fürst, Zar, Kaiser, Generalsekretär oder Präsident.

»Stimmt«, sagten die Bauern Anfang des 20. Jahrhunderts zu den russischen Revolutionären, »die Beamten sind Diebe, die Priester sind elende Schmarotzer, und die Kaufleute nehmen Wucherpreise.« Aber kaum behaupteten die kommunistischen Agitatoren, der Zar sei an allem schuld, rannten die Bauern schon zur Polizei, um diese »unzuverlässigen Elemente« zu melden. Für sie war der Zar ein Heiliger, eine Lichtgestalt in einem ansonsten düsteren Reich, ein Garant von Recht und Ordnung.

Heute heißt dieser Zar Wladimir Putin. Alles ändert sich ständig: Lebensmittel und andere Güter werden mal teurer, mal wieder billiger und dann wieder teurer. Regierungen und Gouverneure wechseln, Putin aber bleibt. Ihm kann sich das Volk stets anvertrauen, er wird die anmaßenden Beamten schon in ihre Schranken weisen. In Putins berüchtigten, oft stundenlang im Fernsehen übertragenen Live-Fragerunden (»Der direkte Draht«) lässt sie sich mit Händen greifen, diese Hoffnung der Massen, dass sich der Präsident auch mit solchen Angelegenheiten befassen möge, die eigentlich von einer lokalen Behörde oder einer Mieterversammlung zu entscheiden sind.

Wenn es aber in der Gesellschaft zu revolutionären Veränderungen kommt, wenn dieselben Bauern erkennen, dass sie den Hof ihres Herrn ohne irgendwelche Konsequenzen in Brand stecken und ihn selbst mit der Mistgabel aufspießen können, dann beginnen sie zu begreifen, dass sie überhaupt keinen Zaren brauchen, um für Gerechtigkeit zu sorgen, und stellen diese Gerechtigkeit selbst her.

Genau das war der Grund, warum Nikolaus II. 1917 so leicht gestürzt werden konnte. Noch 1916 waren die Bauern vor dem erlauchten Paar auf die Knie gefallen und hatten auf jede nur erdenkliche Weise ihre Treue bekundet. Schon ein Jahr später war von dieser Treue nichts mehr zu spüren.

Wollen die Russen diesen Krieg?

Für die meisten Menschen in Russland dreht sich heute alles um Putin. Mit der Entwicklung im Land sind sie nicht sonderlich zufrieden, und viele wünschen sich, dass der Krieg endlich aufhört. Die anhaltende

Teuerung und die steigende Kriminalitätsrate, die übrigens auch auf jene berühmten Wagner-Söldner zurückzuführen ist, die aus dem Gefängnis »herausrekrutiert« wurden und nun als Kriegsveteranen ihrem alten Geschäft nachgehen. Besorgniserregend ist auch die wachsende Zahl von Kriegsheimkehrern mit posttraumatischer Belastungsstörung, die keinerlei professionelle Hilfe erhalten. Aber auch bei diesen Fragen vermutet niemand einen Kausalzusammenhang mit Putins Herrschaft.

Leider machen sich die Menschen in Russland mehrheitlich nicht bewusst, dass sie Staatsbürger sind. Vielen ist unklar, dass das Wesen einer Wahl genau darin besteht: zu wählen. Das bedeutet, dass die Wähler sich vor der Stimmabgabe die einzelnen Kandidaten genau ansehen und nach der Wahl die Einhaltung der Wahlversprechen einfordern. Stattdessen begreifen die meisten Menschen Wahlen eher als eine Art Treuegelöbnis zugunsten der aktuellen Machthaber.

»Sicher«, sagen die Russen, »Krieg ist schlecht, die Generäle und Beamte sind alles Diebe. Aber Putin bekämpft sie! Ohne Putin zerbricht Russland!« Doch es braucht nur ein umwälzendes Ereignis – eine militärische Niederlage oder eine sich dramatisch verschlechternde Wirtschaftslage –, um den Menschen bewusst zu machen, dass sie selbst für Gerechtigkeit sorgen können, und zwar nach ihrem eigenen Verständnis – und dann wird Putin auf einmal nicht mehr gebraucht. Dann werden endlich alle erkennen, dass er nichts weiter ist als ein mürrischer Greis, der seit Jahrzehnten immer wieder dieselben Phrasen drischt.

Man muss sich darüber im Klaren sein, dass zwischen der Aussage: »Ja, ich unterstütze Präsident Putin«, und einer tatsächlichen, aktiven Unterstützung der Politik des Präsidenten ein gewaltiger Unterschied besteht.

Der Anteil aktiver Unterstützer des Präsidenten und des Krieges liegt in der russischen Gesellschaft bei etwa fünf bis sieben Prozent. Das sind Menschen, die sich freiwillig an die Front melden oder Geld für neue Uniformen sammeln. Etwa 15 bis 25 Prozent kritisieren das Geschehen und stellen sich bewusst gegen Putin. Präsidentensprecher Dmitri Peskow hat öffentlich zugegeben, dass »ein Viertel der Bevölkerung den Krieg nicht unterstützt«. Heute sind sie durch Repressionen eingeschüchtert und – wie die russischen Demokraten zu allen Zeiten – zersplittert, aber sobald sich eine Gelegenheit bietet, ihren Protest offen zu zeigen, werden sie sich zu erkennen geben.

Die verbleibende Mehrheit, etwa 60 Prozent, sind Konformisten ohne klare politische Ansichten. Menschen, die einfach nur ungestört in Frieden leben wollen. Mit anderen Worten: Durchschnittsbürger. Durchschnittsbürger rennen nicht zu den Einberufungsbüros, um sich freiwillig an die Front zu melden. Viele von ihnen entziehen sich der Mobilisierung und wollen nichts damit zu tun haben. Es gibt unter ihnen aber auch demütige Menschen, die dieses Geschehen als eine Art unausweichliche Naturkatastrophe empfinden und einfach nur hoffen und beten, dass es sie nicht trifft. Und wenn diese dann einberufen werden, gehen sie brav zur Musterung und seufzen insgeheim: »Was können wir schon tun? Wir sind doch nur kleine Leute.«

Ein deutlicher Indikator für die geringe Unterstützung des Krieges ist die Tatsache, dass man nun Sträflinge für den Einsatz in der Ukraine anwirbt, indem man ihnen zum einen Straffreiheit verspricht und einen Sold in Aussicht stellt, der das Durchschnittsgehalt in ihren Regionen um ein Vielfaches übersteigt. Zudem werden vor allem Migranten aus Zentralasien dazu genötigt, in der Ukraine zu kämpfen, indem man ihnen androht, ihnen widrigenfalls die – oft erst kurz zuvor erteilte – russische Staatsbürgerschaft wieder abzuerkennen. Nicht zuletzt ist die Mobilisierung auch ein Anzeichen dafür, dass es nicht genügend Freiwillige gibt.

Ein Ende des Krieges, das ja die Hoffnung auf eine Normalisierung des Lebens mit sich bringt, würde die russische Gesellschaft mit Erleichterung aufnehmen, ganz gleich, ob der Krieg mit einem Sieg oder einer Niederlage Putins endet. Die Russen sind in ihrer Mehrheit erschöpft. Sie wünschen sich nichts sehnlicher, als dass der Staat sie endlich in Ruhe lässt.

Die gelegentlichen Äußerungen westlicher Politiker, Russland werde »immer ein aggressives Land bleiben« und auch nach Putin werde »sich dort nichts ändern«, sind stark übertrieben und zeugen von geringer Kenntnis des Landes. Sicher, es ist durchaus möglich, dass auf Putin ein ähnlicher oder noch schlimmerer Diktator folgt, doch wäre der Grund dafür dann keineswegs in einer »angeborenen« Aggressivität der Russen zu suchen, sondern vielmehr in der Passivität sowohl der russischen Gesellschaft als auch der Weltgemeinschaft. Einfach über Russland den Stab zu brechen und auszuschließen, dass dort jemals eine demokratische Gesellschaft entstehen kann, wäre ein schwerer Fehler! Damit würde der Westen nur das bei uns ohnehin beliebte Narrativ befeuern, dass Russland einen »Sonderweg« gehen muss, auf dem Menschenrechte und Redefreiheit zweitrangig sind – was absolut nicht der Wahrheit entspricht.

Wie Putins Aggression bekämpfen?

Die Staaten, die sich Putin entgegenstellen, scheinen einen wichtigen Punkt leider nicht zu erkennen: Dieser Krieg ist nicht zufällig entbrannt, und man kann ihn nicht einfach aussitzen. Dieser Krieg ist ein globaler Kampf der Ideologien. Nach wie vor haben viele den Eindruck, man müsse mit Putin verhandeln, sofern dieser dazu bereit ist, und dabei vielleicht ein paar Kompromisse eingehen (ihm einen Teil von dem geben, was er will), dann werde das Leben schon wieder in seine geordneten Bahnen zurückkehren.

Dieses Denken liegt unmittelbar in der Tatsache begründet, dass Europa (die ehemaligen Sowjetstaaten eingeschlossen) seit 1945 in Ruhe und Frieden gelebt hat. Selbst gelegentliche Krisen wie die im Mauerbau von 1961 gipfelnde Berlin-Krise oder die zunehmenden Spannungen in den 1980er-Jahren führten nicht zu einer offenen Konfrontation. Die Jugoslawienkriege zwischen 1991 und 2001 spielten sich an der Peripherie des »alten Europas« ab. So sind Generationen herangewachsen, für die Frieden und Wohlstand etwas Selbstverständliches sind, nicht etwas, das sich ihre Vorfahren – durchaus im Wortsinne – hart erkämpft haben.

Die ständigen Rufe nach Verhandlungen mit Putin sowie die wachsende Zahl von Putin-Verstehern und anderen nützlichen Idioten sind eine direkte Folge dieser friedlichen Jahrzehnte.

Es entsteht der Eindruck, als wären die Lehren aus dem Münchner Abkommen von 1938 endgültig vergessen. Von der Illusion, man könne den Aggressor »besänftigen«, müssen wir uns verabschieden!

Auf Putin darf man sich nicht einlassen. Er ist absolut verhandlungsunfähig und hält sich weder an offiziell geschlossene Verträge noch an Vereinbarungen nach den in Russland üblichen »Diebesregeln«. Um es mit Wolodymyr Selenskyj zu sagen: »Fragen Sie doch mal Prigoschin, ob man Putins Versprechen trauen sollte.«

Am 21. Februar 2023 verkündete Wladimir Putin die Aussetzung des 2010 in Prag geschlossenen New-START-Vertrags – obwohl dieser Vertrag gar keinen Mechanismus zur Aussetzung vorsieht. Was er vorsieht, ist die Möglichkeit eines Rücktritts (Artikel XIV), wenn eine Vertragspartei »beschließt, dass außergewöhnliche Ereignisse, die sich auf den Inhalt dieses Vertrags beziehen, ihre höchsten Interessen gefährden«. In einem solchen Fall würde der Vertrag drei Monate nach der entsprechenden Mitteilung außer Kraft treten.

Die Idee einer »Aussetzung« des Vertrags offenbart die verquere Rechtsauffassung des studierten Juristen Putin. Der wichtigste Grundsatz des Völkerrechts lautet jedoch: *pacta sunt servanda* – Verträge müssen eingehalten werden. Wenn ein einmal geschlossener Vertrag einem nicht mehr passt, muss man ihn kündigen, so wie es die USA beim ABM-Vertrag, beim INF-Vertrag oder beim Open-Skies-Abkommen gemacht haben. Die »Aussetzung« eines Vertrags kann vermutlich schon allein deshalb rechtlich nicht wirksam sein, weil der Vertrag in diesem Fall ja nach wie vor in Kraft bleibt und den Parteien daraus also weiterhin Verpflichtungen erwachsen. Gleichzeitig soll sich – so offenbar Putins Kalkül – eine der Parteien nicht mehr an diesen Vertrag gebunden fühlen? Völliger Nonsens.

Putin hat auch damit gedroht, die Atomtests wieder aufzunehmen – natürlich nur, falls die Vereinigten Staaten diesen Schritt als Erste wagen sollten. Dabei hielt es der russische Staatschef nicht für nötig zu erwähnen, dass Russland – im Gegensatz zu den USA – den Kernwaffenteststopp-Vertrag (CTBT) ratifiziert hat. Obwohl die russische Diplomatie bislang jede Gelegenheit genutzt hat, dies den Amerikanern unter die Nase zu reiben und ihnen vorzuwerfen, das internationale nukleare Abrüstungsregime nicht stärken zu wollen.

Ganz offensichtlich bringt die Diskrepanz dieser »sorgfältig abgewogenen Entscheidung« (eine Lieblingsfloskel russischer Diplomaten) die Verfasser des »Aussetzungs«-Dokuments kein bisschen in Verlegenheit. Sie scheinen die Folgen gar nicht bedacht zu haben. Ein weiterer unverantwortlicher außenpolitischer Schritt der russischen Führung.

Nicht die immer wieder angeführte »russophobe Politik« des Westens, sondern Putins Aussetzung des New-START-Vertrags und seine Andeutung der Wiederaufnahme von Atomtests fügen der gesamten internationalen Sicherheitsarchitektur – die der russischen Führung doch angeblich so am Herzen liegt – enormen Schaden zu, der sich nur schwer beseitigen lässt. In einem solchen Kontext erscheint ein erneuter Dialog über strategische Stabilität zwischen den USA und Russland unwahrscheinlich, ganz zu schweigen von der Einbeziehung anderer Atommächte. Wenn der New-START-Vertrag 2026 ausläuft, wird es in der Welt keine Instrumente mehr geben, die das nukleare Wettrüsten begrenzen. Die Ursachen dafür sind Putins persönliche, völlig realitätsfremde Wünsche und Ansichten, in denen sich die eigentlichen Interessen der russischen Bevölkerung in keiner Weise widerspiegeln. Ausgerechnet Putin, der jahrelang immer wieder unterstrichen hat, wie wichtig ihm die Stärkung der internationalen Sicherheit ist, schadet dieser am meisten.

Gegenüber Putin muss man eine Position der Stärke einnehmen. Es ist ihm nämlich durchaus bewusst, dass sich ein offener Konflikt mit entschlossenen, mutigen und wehrhaften Staatsführern nicht auszahlt. Als etwa die Türkei am 24. November 2015 ein russisches Su-24-Kampfflugzeug in Syrien abschoss und der Pilot der Maschine dabei ums Leben kam, wurde Erdogan dafür nicht »bestraft«. Am 16. Dezember 2016 wurde der russische Botschafter Andrej Karlow in Ankara von einem Attentäter erschossen. Erneut kam Erdogan mit einer Beileidsbekundung davon. Als der aserbaidschanische Präsident Alijew in seinem Krieg gegen die armenische Enklave Berg-Karabach auch russische Friedenstruppen ins Visier nahm, war die Sache ebenfalls mit ein paar Worten des Beileids erledigt.

Den heutigen Westen, insbesondere Europa, empfindet Putin dagegen als kraftlos. Er glaubt, dass die Europäer in ihrer Bequemlichkeit gefangen sind und diese noch mehr schätzen als die von ihnen deklarierten Grundrechte, ihre Unabhängigkeit und alles andere. In Moskau nimmt man an, dass Europa schon irgendwann die Lust vergehen wird, die Ukraine weiter zu unterstützen, dass der Krieg sich als zu teuer erweisen wird und die »freien Völker« des Westens sagen werden: »Gebt Putin doch die Ukraine und was immer er sonst noch will – wir wollen in Frieden leben.« Doch dies könnte eine ähnliche Kaskade auslösen wie in dem berühmten Märchen vom Fischer und seiner Frau: Es könnte Putins Gelüste wecken, den »freien Europäern« vorzuschreiben, wie sie zu leben und für wen sie bei ihren Wahlen zu stimmen haben.

Der russische Präsident hat allen Grund, seine Gegner für schwach zu halten, da keiner von ihnen formuliert, was genau er als eigenen Sieg betrachten würde: den Abzug der russischen Truppen aus der Ukraine bis zu den international anerkannten Grenzen von 1991? Die Unabhängigkeit und Souveränität des Landes? Solange die Macht in Putins Händen verbleibt, kann er bei erstbester Gelegenheit erneut sämtliche Verträge verletzen und die Bewohner eines Nachbarlandes (das nicht unbedingt die Ukraine sein muss) »befreien«, von wo aus abermals Millionen von Flüchtlingen nach Europa strömen werden. Und sollte ihm einmal das Geld für seine militärischen Abenteuer ausgehen, hindert ihn nichts daran, Nordkorea oder dem Iran im Tausch gegen Munition und Waffen etwas nukleares Know-how zu überlassen. Nicht auszuschließen ist zudem, dass er dieses nukleare Know-how mit irgendwelchen antiwestlich eingestellten Terroristen teilt. Und natürlich wird er seine Anstrengungen verdoppeln, prorussische Politiker in Europa und den Vereinigten Staaten zu unterstützen.

Daher muss das strategische Ziel die Beseitigung des Putin-Regimes sein. Die Bevölkerung Russlands muss mit dem Aufbau eines neuen, demokratischen Staates beginnen und die unzähligen Probleme innerhalb des Landes angehen. Erst wenn Russland sich um seine eigenen Angelegenheiten kümmert und eine vernünftige, von den innenpolitischen Bedürfnissen ausgehende Außenpolitik betreibt, kann unser Land zu einem berechenbaren und verantwortungsvollen Staat werden, auf den man sich einlassen kann.

Wenn der Westen seine Glaubwürdigkeit und Autorität bewahren will, muss er alles dafür tun, dass Putins Abenteuer in der Ukraine schmachvoll scheitert. Diese schmachvolle Niederlage könnte nämlich jener Stein sein, der die Lawine des politischen Wandels ins Rollen bringt. Nur sie könnte seine Position gegenüber der eigenen Elite auf entscheidende Weise schwächen.

Es wäre ein fataler Fehler zu glauben, dass Putin den Krieg bereits verloren hat. Ja, strategisch befindet er sich in einer schwierigen Lage, aber auch für die Ukraine ist die Situation sehr komplex. Vergessen wir nicht, dass Putin über eine Menge Ressourcen verfügt. Sicher, über Ressourcen zu verfügen bedeutet noch lange nicht, dass man diese auch klug einzusetzen versteht. Und doch kann das autoritäre System Russlands sehr wirksam sein: Das Pluralismus-Verbot verhindert die Ablenkung durch Andersdenkende und ermöglicht es, systematisch auf ein bestimmtes Ziel hinzuarbeiten. Putin kann sich ernsthafte Chancen ausrechnen, seine Gegner – sowohl die Ukraine als auch den Westen – zu zermürben, und so lange abwarten, bis sich die politische Lage in den Vereinigten Staaten und Europa ändert. Die Mobilisierungsreserve der russischen Armee ist um ein Vielfaches größer als die der Ukraine; die Anzahl der ukrainischen Streitkräfte kann also bei ansonsten gleichen Bedingungen schneller zur Neige gehen. Eine zögerliche und unzureichende westliche Militärhilfe für die Ukraine könnte dazu führen, dass das Land tatsächlich an Putin fällt, mit allen daraus folgenden Konsequenzen. Die NATO-Länder könnten am Ende vor der Wahl stehen, entweder selbst gegen Putin in den Krieg zu ziehen oder ihm reuevoll die ausgeblutete Ukraine zu überlassen. Parallelen zum Ultimatum vom 15. Dezember 2021 drängen sich hier auf.

Ein Sieg Putins würde der internationalen Gemeinschaft nicht so sehr die Stärke des russischen Präsidenten, sondern vielmehr die Schwäche des Westens vor Augen führen, und zwar in militärischer, politischer und vor allem moralischer Hinsicht. Europa und Amerika hätten somit bewiesen, dass sie nicht in der Lage sind, ihre Grundsätze und Überzeugungen zu verteidigen. Dazu passen die Berichte, dass 2022 überdurchschnittlich viele Soldaten der Bundeswehr ihren Dienst quittierten. Einige von ihnen begründeten diesen Schritt damit, sie seien nicht in die Armee eingetreten, um in ihren Reihen zu kämpfen.

Putins Sieg würde zudem einer Vielzahl antidemokratischer Kräfte in der ganzen Welt Auftrieb geben, ihnen suggerieren, sie könnten sich nun alles erlauben. Auch die globale Verbreitung von Atomwaffen als verlässliches Abschreckungsmittel würde sprungartig ansteigen, was wiederum die Risiken eines Atomkriegs dramatisch erhöhen würden. Nicht zuletzt würden sich rechte und rechtsextreme Politiker in Europa und den Vereinigten Staaten zunehmend ermutigt fühlen, mit demokratischen Grundsätzen zu brechen, schließlich hätten sich diese »nicht bewährt«.

Wie hoch ist das Risiko, dass Putin Atomwaffen einsetzt?

Bislang haben sich sämtliche Drohungen und Andeutungen Moskaus, man werde notfalls Atomwaffen einsetzen, als leere Worte erwiesen. Putin verwendet sein nukleares Arsenal als Mittel zur Erpressung: Zum einen hält er damit die NATO-Staaten davon ab, direkt in den Konflikt einzugreifen, zum anderen beeinflusst er damit das Tempo der Militärhilfe für die Ukraine.

Wir können jedoch nicht ausschließen, dass der russische Staatschef aufgrund einer plötzlich ansteigenden Gefahr versucht, taktische oder sogar strategische Atomwaffen einzusetzen – gegen die Ukraine oder sogar gegen Europa, wie so mancher »Experte« am Hofe Putins heute vorschlägt.

Gleichzeitig gibt es Grund zur Annahme, dass die Reaktion der Staatengemeinschaft in der überwiegenden Mehrheit deutlich negativ ausfallen würde. Ein solcher Bruch des »nuklearen Tabus« (zumal gegen einen Nicht-Atomwaffenstaat) wäre selbst solchen Freunden Moskaus wie China, Indien oder Südafrika nur schwer zu erklären. Zweifellos fürchtet auch Putin die unkontrollierbaren Folgen eines solchen Schrittes. Er ist kein Fanatiker, Revolutionär oder Visionär – er ist ein gewöhnlicher sowjetischer Beamter, den das Schicksal ins höchste Amt des Staates befördert hat. Sein – denkbar einfaches – Ziel ist es, bis ans Ende seiner Tage im Überfluss zu leben und an der Macht zu bleiben. Sicher nicht, den Rest seines Lebens in einem unterirdischen Bunker zu verbringen.

Wie jeder Erpresser rechnet er damit, dass sein Opfer einknickt, damit er seine Erpressung fortsetzen und neue Zugeständnisse herausschlagen kann. Wird ständig auf die russischen Atomwaffen hingewiesen und dieser Faktor immer wieder hervorgehoben, so ermutigt ihn dies nur, vermittelt ihm die Gewissheit, dass seine Politik richtig ist und Früchte trägt. Er wird seinen Druck weiter erhöhen, bis irgendwann der Punkt kommt, an dem der Westen dies nicht mehr hinnimmt. Dann wird Putin etwas unternehmen müssen, um seinen Drohungen weiterhin Nachdruck zu verleihen. Eine nachgiebige und vorsichtige Politik wird also wesentlich wahrscheinlicher zu einer nuklearen Eskalation führen als eine von Anfang an harte Haltung.

Ihren praktischen Ausdruck könnte eine solche harte Haltung zumindest in einer offiziellen Erklärung der Staats- und Regierungschefs der NATO (oder auch nur der NATO-Atomwaffenstaaten) dahingehend finden, dass jeglicher Einsatz von Atomwaffen durch Russland, einschließlich der Vorbereitungen hierzu, als feindlicher Akt gegen diese Länder betrachtet würde, und dass diese ihre Sicherheit mit allen ihnen zur Verfügung stehenden Mitteln verteidigen würden. Und es wäre nicht falsch, in dieser Erklärung jenen berühmten Satz aus Putins Rede vom 24. Februar 2022 zu paraphrasieren: »Wir hoffen, dass wir gehört werden.« Die Hauptsache dabei ist natürlich, dass man nicht nur Erklärungen abgibt, sondern sich auch an sie hält.

Wie das Regime abgelöst werden kann

In Russlands personalistischem Herrschaftsgebäude ist Putin die entscheidende und auch fast die einzige tragende Struktur. Die Meuterei des Söldnerführers Jewgeni Prigoschin am 24. Juni 2023 hat gezeigt, dass das entschlossene Handeln einiger Tausend bewaffneter Männer den gesamten Repressionsapparat lahmlegen kann. Putin stand auf einmal verwirrt vor seiner Elite und wusste nicht, was tun. Anfangs drohte er, mit den Rebellen gnadenlos abzurechnen, hatte die Ankündigung aber schon am Ende desselben Tages wieder vergessen. Dass Prigoschin schlussendlich doch noch beseitigt wurde, kann die Atmosphäre der Angst, Unsicherheit und Panik, die Putins gesamten »Hofstaat« am 24. Juni 2023 ergriff, nicht aus dem kollektiven Gedächtnis verdrängen. Die wichtigste, bleibende Erkenntnis aus diesen Ereignissen lautet: »Der König ist nackt!«

Verliert Putin diesen Krieg und ist diese Niederlage so umfassend, dass die Propaganda sie nicht einfach unter den Teppich kehren kann, so wird er seinen Getreuen erklären müssen, was sie nun tun sollen. Dabei dürfen wir die – zweifellos bestehende – Unterwürfigkeit und Schwäche von Putins Elite nicht verabsolutieren. Diese Menschen haben bereits viel verloren: ihr Vermögen im Westen, die Möglichkeit, frei zu reisen und dort zu leben, wo es ihnen gefällt. Sie nehmen das jetzt in Kauf, in der Erwartung, dass sich ihr Leben nach dem Sieg wieder einrenkt. Doch ist der Krieg einmal ganz offensichtlich verloren, werden sich zwangsläufig die großen Fragen der russischen Literatur stellen: »Wer ist schuld?«, und: »Was tun?«

Den Schuldigen wird man schnell ausmachen: Es ist der »nationale Führer« selbst. Was zu tun ist, ist hingegen eine wirklich spannende Frage. Ein verlorener Krieg und anhaltender wirtschaftlicher Niedergang werden das Überleben des Landes gefährden. Früher oder später werden die Eliten zu dem Schluss kommen, dass sie den Diktator loswerden und wieder »bei null« anfangen müssen.

Jedoch wird keiner von Putins möglichen Nachfolgern eine mit ihm vergleichbare Ausstrahlung und Autorität besitzen, weder in der breiten Öffentlichkeit noch unter den Kollegen aus der (ehemaligen) Putin-Elite. Unter den gegebenen Umständen – Kriegsniederlage und Wirtschaftskrise – wird man eine Figur, die weiten Kreisen der Bevölkerung kaum bekannt ist, nur schwerlich »groß rausbringen« können. Die Lockerung der »harten Hand« wird unverzüglich zu einer Belebung der bislang unterdrückten Protestaktivitäten führen. Die Wiedergeburt des politischen Lebens im Land wird eine weitere Destabilisierung des Regimes nach sich ziehen, von dem sich in der Folge prominente Persönlichkeiten abspalten werden. Unvermeidlich ist daher eine Phase gewisser innenpolitischer Turbulenzen, und es ist von entscheidender Bedeutung, dass die demokratischen Kräfte Russlands darauf vorbereitet sind.

Ob die Demokratie in Russland eine Perspektive hat? Die einfache Antwort wäre: Nein. In den Neunzigerjahren haben die Russen schon einmal versucht, eine Demokratie aufzubauen. Am Ende ist Putin an die Macht gekommen.

Das wäre jedoch rein oberflächlich gedacht – und ist deshalb grundfalsch. Versetzen wir uns noch einmal in diese Zeit: Die Sowjetbürger hatten keine Ahnung von Demokratie oder Marktwirtschaft. Sie hatten die völlig realitätsfremde Erwartung, der »richtige demokratische« Kandidat werde sie schon zum Wohlstand führen. Dieser Kandidat war für sie Boris Jelzin. Auch der Westen setzte auf ihn.

Am Ende entstand damals ein hybrides Regime unter der Führung eines Mannes, der sich möglicherweise wirklich für einen Demokraten hielt. Er war zufrieden mit der Demokratie, solange er als »Chefdemokrat« an der Macht war.

Der Westen unterstützte Jelzin, stellte aber keine ernsthaften Bedingungen, was die Schaffung demokratischer Institutionen sowie die notwendigen Reformen zur Demokratisierung der Gesellschaft betraf. Kein Wunder, dass diese Demokratisierung letztlich in ihr Gegenteil umschlug.

Heute befindet sich die russische Gesellschaft in einer anderen Situation: Inzwischen sind Generationen herangewachsen, die wissen, was freie Marktwirtschaft ist, wie man ein privates Unternehmen führt, was Eigentum bedeutet, ja sogar, wie man in anderen Ländern lebt. Immer mehr Bürgerinnen und Bürger unseres Landes fordern ein Mitspracherecht, zumindest wenn es darum geht, wie oft die Gehwege vor ihren Häusern gepflastert oder wie ihre Viertel begrünt werden sollen. Die Bevölkerung ist zunehmend verärgert darüber, dass selbst solche Fragen in unserem Land von Bürgermeistern und Gouverneuren entschieden werden, denen es gar nicht erst in den Sinn kommt, hierzu die Meinung der Anwohner einzuholen. Schon die Tatsache, dass Putins Regierung immer repressiver handelt, deutet darauf hin, dass die Bevölkerung allmählich genug von ihr hat und stärker am öffentlichen und politischen Leben des Landes teilhaben will. Putin selbst hat in den ersten, »fetten« Jahren seiner Herrschaft diesen Teil der Gesellschaft entstehen lassen, der den Kontakt zur Außenwelt nicht abbrechen will und sich wünscht, dass sein Leben zu Hause so ähnlich aussieht wie in Europa. Genau diese – zumeist jungen und kreativen – Bevölkerungsschichten werden Putins Regime zu Grabe tragen.

Putins krampfhafte Bemühungen, jenes Fenster zu Europa, das Peter der Große vor 300 Jahren aufstieß, wieder zu vernageln und Russland nach Osten, nach China auszurichten, sind aus historischer Sicht zum Scheitern verurteilt. Weder die Eliten noch die einfache Bevölkerung Russlands sehen sich als Teil der asiatischen Zivilisation. Sie betrachten China nicht als Vorbild. Niemand in Russland träumt davon, »wie in China« zu leben. Alle träumen davon, »wie in Europa« zu leben. Russland hat sich schon immer mit Europa identifiziert und sich selbst als europäisches Land betrachtet – sicher, als Land am Rand Europas, als Land mit eigenen Besonderheiten, aber als europäisches Land.

Die Antwort lautet also: Ja, Russland hat durchaus Chancen, eine funktionierende Demokratie aufzubauen. Leicht wird das natürlich nicht, und die Russen werden Hilfe und Unterstützung benötigen. Die Tatsache, dass es für den postsowjetischen Raum in den Neunzigerjahren keinen umfassenden »Marshallplan« gab, hat dazu geführt, dass dort verschiedenartige Diktaturen Wurzeln schlagen konnten. Bleibt der Westen Russland weiterhin feindlich gesinnt und werden die Sanktionen aufrechterhalten, so wird der Aufbau einer echten Demokratie zu einer extrem schwierigen Aufgabe werden. Noch schwieriger wird es dann sein, die Gesellschaftsordnungen des Westens unserer Bevölkerung schmackhaft zu machen. Deshalb werden sich die führenden Mächte entscheiden müssen, ob sie bereit sind, in den Aufbau einer stabilen russischen Demokratie mit funktionierenden rechtsstaatlichen Institutionen zu investieren oder nicht.

Der Wiederaufbau Russlands muss sich auf folgende Grundsätze stützen: uneingeschränkte Achtung der Menschenrechte, wirksamer Parlamentarismus, echter Föderalismus, ein funktionierendes Rechtssystem, Gewaltenteilung sowie staatsbürgerliche Verantwortung für das ganze Land. Eine äußerst komplexe Herausforderung, bei deren Bewältigung die Erfahrungen sowie die Unterstützung der westlichen Demokratien mehr als willkommen wären.

Die russische Opposition im Exil

Nicht nur die westliche Unterstützung für die Ukraine muss Putins Regime seinem Ende näherbringen – auch die Russen selbst müssen dazu beitragen. Dazu bedarf es einer starken Opposition, die in der Lage ist, möglichst viele russische Bürger auf ihre Seite zu ziehen. Leider ist es den führenden oppositionellen Köpfen nicht gelungen, nach anderthalb Jahren Krieg einen vernünftigen Handlungsplan vorzulegen, der von einer Mehrheit politisch aktiver Emigranten – und von Bürgern im Lande – unterstützt würde und konkrete Schritte zur Schaffung einer politisch handlungsfähigen Kraft vorsieht. Auch potenziellen Partnern, in erster Linie den Regierungen westlicher Staaten, wird kein wirkliches Angebot gemacht, welche Rolle die russische Opposition bei der Bekämpfung des Putin-Regimes spielen könnte und welche Maßnahmen sie zu ergreifen gedenkt, um an die Macht zu kommen.

Das Hauptproblem liegt meines Erachtens darin, dass sich Putins Gegner meist noch in der Phase des politischen Aktivismus befinden, einer Phase, die durch Schwarz-Weiß-Bilder, durch starre Ideologien und eingefahrene Verhaltensweisen, durch die Ablehnung von Kompromissen sowie durch Intoleranz gegenüber abweichenden Meinungen gekennzeichnet ist. Politischer Aktivismus kann jedoch Politik nicht ersetzen. Aktivisten werden dann zu Politikern, wenn sie bereit sind, verschiedenen gesellschaftlichen Gruppen Lösungen anzubieten und ihnen allen eine positive Zukunft zu versprechen, in der die Interessen möglichst vieler Beteiligter berücksichtigt werden. Wer sich dagegen auf fanatisch ergebene Anhänger verlässt, wird marginalisiert und fällt letztlich dem Vergessen anheim. Das Problem dabei: Derzeit gibt es in der Regel irgendwo einen oppositionellen »Star«, um den sich eine Art Fanklub politisch Gleichgesinnter bildet. Das ist aber noch lange keine politische Organisation, geschweige denn eine Bewegung, die ein gewisses Momentum entwickeln könnte.

Russland braucht dringend verantwortungsbewusste Politiker, die in der Lage sind zu erkennen, dass es jetzt neuer Lösungen bedarf. Dazu gehört auch eine politische Vertretung russischer Staatsbürger im Ausland, die ihnen echte politische Handlungsfähigkeit ermöglicht. So eine politische Organisation der russischen Emigration – sei es eine Koalition, ein Rat, eine Front, eine Partei oder Ähnliches – könnte jene »Avantgarde« des neuen Russlands werden, die nicht für die Interessen der Freunde Putins oder der Oligarchen, sondern für die Interessen der Bevölkerung Russlands kämpft.

Die erste und wichtigste politische Aufgabe muss darin bestehen, die oppositionellen Kräfte auf Augenhöhe zu vereinen, damit die weiteren politischen Schritte koordiniert, eine vollwertige politische Vertretung der Exilrussen geschaffen und zumindest eine allgemeine, provisorische »Roadmap« für den Sturz des Putin-Regimes und die Zukunft danach entwickelt werden können. Die Russen brauchen ihre eigene Swetlana Tichanowskaja oder, wenn wir schon träumen wollen, ihren eigenen General de Gaulle (wobei ich in unserem Fall einen kollektiven de Gaulle vorziehen würde).

Erzeugen und aufrechterhalten lässt sich politische Vertretung durch das demokratischste Instrument der Legitimierung: Wahlen. Ein elektronisches Wahlsystem einzurichten ist technisch nicht sonderlich kompliziert. Natürlich stehen die derzeitigen Oppositionsführer der Idee von Wahlen mehrheitlich skeptisch gegenüber: Sie brauchen weder Wettbewerb noch irgendeinen »Tritt in den Hintern« durch das Volk. Derzeit sind sie ja unabhängig von ihren Anhängern, die keinerlei Einflussmöglichkeiten haben, außer vielleicht über die sozialen Medien. Es ist schon seltsam, wie ähnlich die russische Opposition bisweilen ihrem Erzfeind Putin ist, der ebenso groß von Demokratie daherredet, aber dem Volk jegliche Entscheidungsmöglichkeiten verwehrt. Mit »eiserner Faust« lässt sich eine Demokratie jedoch nicht errichten – dazu braucht es die Beteiligung der Menschen! Deshalb muss sich die Situation ändern.

Diese Veränderung können die russischen Staatsbürger selbst zustande bringen, wenn ihnen das Schicksal ihres Landes nicht gleichgültig ist. In erster Linie natürlich diejenigen, die nicht mehr in Russland leben – für sie ist es einfacher und sicherer, neue Formen der politischen Interaktion zu schaffen. Die russische Gesellschaft braucht dringend eine konkrete Zukunftsvision und gut durchdachte Pläne, wie diese erreicht werden kann.

Die Erkenntnis, dass dies notwendig ist, beginnt sich erst jetzt allmählich abzuzeichnen. Es gibt erste Anzeichen einer Graswurzel-Bewegung: So unterstützen heute NGOs Anti-Kriegs-Aktivisten dabei, aus Russland auszureisen; andere Initiativen helfen Emigranten bei der Suche nach Wohnraum oder der Eröffnung von Bankkonten. Allerdings ist dieses Engagement oftmals nicht vom Kampf gegen Putins Regime motiviert, sondern von einem ganz anderen Ressentiment: der enttäuschten Reaktion auf willkürliche Sanktionen, die der Westen gegen russische Bürger verhängt.

Von besonderer Wichtigkeit ist es, eine umfassende und detaillierte Vision von einem Russland nach Putin zu entwickeln. Bekanntlich beruht die fortdauernde Unterstützung für den russischen Diktator größtenteils darauf, dass sowohl die Eliten als auch die Gesellschaft insgesamt durchaus wissen, was sie unter Putin erwartet, aber nicht die geringste Vorstellung davon haben, was nach ihm kommen soll. Und so bewirkt die Angst vor dem Unbekannten, dass sie »die Übel, die sie haben, lieber ertragen, als zu unbekannten fliehen« (Hamlet). Ein klares Bild vom politischen System der Ära nach Putin, das die Stimmungen und Interessen zumindest der wichtigsten Gruppierungen in der russischen Gesellschaft aufnimmt, böte die Chance, Putin auf seinem eigenen Terrain zu besiegen.

Die Menschen müssen klare Antworten auf die Frage erhalten, was nach dem Abgang des unabsetzbaren Präsidenten geschehen wird und welche Vorteile ihnen allen aus der Demontage seines Regimes und der Liberalisierung des politischen Lebens erwachsen können. Wie genau wird der Parlamentarismus ausgestaltet? Welche Rechte stehen den Regionen in einem wahrhaft föderalen System zu? Und schließlich: Was können die zahlreichen Mitarbeiter des Regimes, angefangen von einfachen Staatsbediensteten (Lehrern, Ärzten, Wissenschaftlern) über das Militär, die Polizei und die Beamten bis hin zu den Menschen in der unmittelbaren Umgebung des Diktators von der demokratischen Opposition erwarten? Wenn sie auf die »Seite des Lichts« wechseln, können sie dann sicher sein, dass sie nicht mehr um ihr Leben und ihr Wohlergehen fürchten müssen, oder werden sie dennoch mit Ermittlungen, Gefängnisstrafen und anderen Repressionen rechnen müssen? Was ist mit den Teilnehmern an den Kampfhandlungen – den Mobilisierten und den Freiwilligen? Wird die neue Regierung ihren Status als Kriegsveteranen anerkennen und ihnen die von der jetzigen Regierung versprochenen Sozialleistungen gewähren, oder werden sie zu Volksfeinden erklärt und strafrechtlich verfolgt, wie es ein gewisser hocherregter Teil der Netzöffentlichkeit derzeit fordert?

Man muss den Menschen klarmachen, dass eine Niederlage in diesem Krieg eine Niederlage Putins und seines Regimes wäre, aber ein Sieg Russlands und seiner Menschen. Die Mehrheit der Bevölkerung empfindet einen starken Konnex zwischen Putin und Russland. Diesen aufzubrechen ist ein entscheidendes Element einer Informationskampagne, die die russischen Oppositionsmedien effektiver umsetzen könnten, wenn sie dabei vom Westen unterstützt würden. Bislang sehen wir eher gegenteilige Beispiele: Oppositionelle Medien, die Russland verlassen mussten und ihre Tätigkeit aus dem Ausland fortsetzen wollen, werden in einigen EU-Ländern zu Unrecht in ihren Möglichkeiten eingeschränkt und verfolgt. Bekannt geworden sind die Fälle des TV-Senders Dozhd, dem in Lettland die Sendelizenz entzogen wurde, sowie des Internetportals Meduza, das mithilfe des Staatstrojaners Pegasus – möglicherweise von einem EU-Staat aus – gehackt wurde.

Im Grunde brauchen wir ein Programm der nationalen Versöhnung. Dessen Hauptfrage muss sein: Wie können russische Bürger mit diametral entgegengesetzten Ansichten gemeinsam in einem Land leben? Die Antwort darauf ist der Schlüssel zum politischen Erfolg.

Ein erster, skizzenhafter Entwurf könnte wie folgt aussehen:

Wir müssen den Menschen in Russland zu verstehen geben, dass für die Entfesselung des Krieges sowie die Kriegsverbrechen nur deren Initiatoren, Organisatoren und Täter zur Verantwortung gezogen werden. Die Liste dieser Schuldigen sollte so klar und kurz wie möglich sein – sie darf auf keinen Fall in die Tausende gehen.

Die Bevölkerung Russlands darf keine »Kollektivschuld« treffen. Teilnehmer der »militärischen Sonderoperation«, die keine Kriegsverbrechen begangen haben, dürfen nicht zur Rechenschaft gezogen werden. Ihre Auszeichnungen und Geldzuwendungen müssen erhalten bleiben, ebenso wie die Zahlungen an die Familien der Gefallenen der »militärischen Sonderoperation«, denn diese Bevölkerungsgruppe kann mit Recht als Opfer des Putin-Regimes und seiner Propaganda betrachtet werden. Auch sie sind Bürger Russlands und dürfen nicht einfach aus der Gesellschaft ausgeschlossen werden, in der dann nur noch »ideologisch korrekte«, demokratisch gesinnte Bürger verbleiben – das wäre nicht liberal. Mit ihnen wird man reden müssen, um ihnen die Augen für die hässliche Wahrheit zu öffnen.

Hinsichtlich des Umgangs mit der russischen Elite ist zu vereinbaren, dass diejenigen, die sich offen gegen Putin geäußert und aktive Schritte unternommen haben, um ihn zu stürzen und die Kampfhandlungen zu beenden, als Verbündete betrachtet werden – ungeachtet früherer Vergehen. Diesen Personen muss ihre Freiheit garantiert werden und sie sollen einen wesentlichen Teil ihrer finanziellen Mittel behalten dürfen. Außerdem muss ihnen ermöglicht werden, weiterhin gleichberechtigt politisch tätig zu sein.

Ich bin sicher, dass eine solche Vorgehensweise von der russischen Gesellschaft grundsätzlich positiv aufgenommen würde, anders als die ständige Androhung massenhafter Lustration und Repression, deren Verfechter gleichzeitig den Aufbau einer »echten Demokratie« fordern. Auch die immer wieder vorgebrachten Forderungen, Russland unter dem Deckmantel der »Entkolonialisierung« aufzuteilen, helfen hier nicht weiter. Ihre »Entkolonialisierung« müssen die Russen schon selbst vollziehen, dazu benötigen sie keine Stammtischexperten aus Europa.

Mit einem Programm, das eine detaillierte positive Zukunftsvision eines Russlands ohne Putin entwirft, kann es gelingen, Putins Eliten zu spalten. Wenn diese erkennen, dass es in einem »Russland der Zukunft« noch einen Platz und eine Perspektive für sie gibt, werden sie es sich zumindest überlegen, ob sie den Diktator und seinen aussichtslosen Kurs weiter unterstützen wollen.

Damit dieses Programm einer geeinten Opposition das entsprechende Gewicht erhält und von Putins Eliten ernst genommen wird, müssen sich die westlichen Länder dem Programm anschließen und offiziell erklären, dass sie diese Vision vollumfänglich unterstützen und sie als Leitlinie für weitere Schritte betrachten.

Darüber hinaus wäre in einer solchen politischen Organisation der russischen Opposition sicher auch jene spezifische Expertise zu finden, die für eine genaue Kalibrierung der westlichen Politik gegenüber Russland erforderlich ist.

So sehen wir zum Beispiel heute, dass die westliche Sanktionspolitik gegenüber Russland kaum durchdacht ist: Selbst weitreichendste Sanktionen haben bislang Putins Aggression nicht Einhalt gebieten können.

So scheinen die personenbezogenen Sanktionen nicht wie beabsichtigt zu greifen. Es ist nicht wirklich klar, nach welchen Kriterien man auf diese Sanktionslisten gelangt, und vollkommen unklar, wie man von diesen Listen wieder gestrichen werden kann.

Die Politik der Peitsche, also der Sanktionen, greift nur dann, wenn es auch ein Zuckerbrot gibt. Dieses Zuckerbrot ist natürlich die Aufhebung der Sanktionen und die Wiederherstellung der persönlichen Grundrechte. Wenn zum Beispiel regimetreue Funktionäre aus Putins unmittelbarer Umgebung glauben, dass sie ohnehin nichts erreichen können, und daher stoisch die ihnen auferlegten Sanktionen erdulden, ist das auch ein Signal an die russischen Oligarchen außerhalb Russlands – und das sind nicht wenige. Auch ihnen fehlt dann jegliche Motivation, sich in irgendeiner Weise gegen den Krieg zu äußern. Wir wissen zum Beispiel, dass sich Pjotr Awen und Michail Fridman, beide Miteigentümer des Finanzkonzerns Alfa Group, immer wieder gegen die Sanktionen zu wehren versuchen. Sogar russische Exil-Oppositionelle haben sich von ihnen für ein Empfehlungsschreiben an die europäischen Institutionen einspannen lassen. Doch sollten die beiden erst von den Sanktionslisten gestrichen werden, wenn sie eindeutig belegen können, dass sie nicht mehr Putins stille Komplizen sind. Schließlich haben sie jahrelang im Schutze seiner Herrschaft von all den Vermögenswerten profitiert, die sie sich in den Neunzigerjahren unter den Nagel gerissen haben – im Zuge jener höchst zweifelhaften Privatisierungskampagne, deren Ergebnisse noch heute das Fundament des Putin'schen Regimes darstellen.

Ganz zu schweigen von den vielen russischen Sportlern, Künstlern, Journalisten und sogar Politikern, die Anhänger Putins sind, seinen Krieg offen unterstützen und doch völlig ungehindert durch Europa reisen, ohne jemals auf irgendeiner Sanktionsliste zu landen.

Die willkürliche Verhängung von Sanktionen gegen bestimmte Personen sowie deren Aufhebung ohne allgemein nachvollziehbare Gründe stehen im Gegensatz zu völlig unbedachten und rufschädigenden Maßnahmen, etwa wenn Fahrzeuge mit russischen Kennzeichen an den Außengrenzen der Europäischen Union zurückgewiesen werden. Dabei schaden diese Maßnahmen nicht nur russischen Staatsbürgern, die das Land – oft aus Angst vor Verfolgung – verlassen wollen, sondern auch Ukrainern, die gewaltsam nach Russland verschleppt wurden und nun von dort zu fliehen versuchen. Die EU benötigt somit dringend eine ausgewogenere Sanktionspolitik, frei von den demagogischen Bestrebungen einzelner – meist osteuropäischer und baltischer – Politiker.

Für die Aufhebung personenbezogener Sanktionen müssen klare Kriterien festgelegt werden. Eine Person, die die Aufhebung solcher Sanktionen gegen sich selbst anstrebt, könnte zum Beispiel verpflichtet werden,

1. den Krieg, Putins Aggression und dessen Regime öffentlich zu verurteilen,
2. eine Erklärung abzugeben, dass sie sich aktiv an den multilateralen Bemühungen zur Bekämpfung von Putins Aggression beteiligen wird, zum Beispiel durch die Bereitstellung von Mitteln zur Unterstützung der ukrainischen Streitkräfte oder der Flüchtlinge oder für den Wiederaufbau der Ukraine,
3. die russische Zivilgesellschaft im Ausland in ihren Aktivitäten in Bezug auf die in Russland lebende Bevölkerung zu unterstützen.

Möglicherweise sollte hierfür ein eigener öffentlicher Fonds eingerichtet werden, in den russische Staatsbürger, die sich auf EU- und US-Sanktionslisten befinden, beträchtliche Summen für die oben genannten Zwecke einzahlen. Damit würden diese ihre Anti-Kriegs-Haltung ganz praktisch unter Beweis stellen, anstatt einfach nur inhaltsleere und unverbindliche Erklärungen abzugeben.

Ein solcher Fonds könnte zudem dafür sorgen, dass gegen Putin gerichtete Aktivitäten sowohl in Russland als auch im Ausland nicht mehr aus den Haushalten anderer Staaten, sondern von den Bürgern Russlands selbst finanziert würden.

Bei den sektoralen – also auf bestimmte Güter und Technologien bezogenen – Maßnahmen scheint es sinnvoller, auf die strikte Einhaltung der bestehenden Sanktionen hinzuwirken, als ständig neue Sanktionspakete zu erfinden, die ebenso leicht umgangen werden können wie die bisherigen.

Wie die Außenpolitik des neuen Russlands aussehen könnte

In einem neuen Russland muss die Außenpolitik zuallererst komplett umgestaltet werden, nämlich hin zu einem Instrument, das sich an der internen Entwicklung des Landes – vor allem der Wirtschaft – sowie an der Erhöhung des allgemeinen Lebensstandards orientiert.

Jede verantwortungsbewusste russische Regierung wird sich beim ukrainischen Volk für das angetane Leid entschuldigen und mit der Ukraine Reparationsverhandlungen aufnehmen müssen. Genau hierfür ließen sich jene eingefrorenen Vermögen verwenden, die die russischen Oligarchen in den Westen geschafft, dem russischen Volk also im Grunde gestohlen haben.

Ich bin der Ansicht, dass sich künftige russische Politiker ein Beispiel an Bundeskanzler Willy Brandt nehmen sollten, der 1970 vor dem Ehrenmal für die Helden des Warschauer Ghettos niederkniete. Der neuen russischen Regierung wird die schwere Aufgabe zufallen, das Schlamassel zu beseitigen, das Putin derzeit anrichtet. Dazu gehören die Anerkennung der Verantwortung gegenüber der Ukraine, die Wiedergutmachung der Schäden sowie die Revision einer ganzen Reihe außenpolitischer Schritte gegenüber anderen Staaten. Auf keinen Fall darf sie dabei jedoch die Haltung einnehmen: »Es war alles Putins schuld, wir haben damit nichts zu tun.« Ein Gedanke, der leider auch im russischen Oppositionslager immer wieder anzutreffen ist.

Eine Demokratisierung Russlands könnte auch der OSZE, die sich seit Jahrzehnten in einer Sackgasse befindet, neue Impulse verleihen. Dadurch entstünden neue Ansätze, aus denen sich – um mit Sergej Rjabkow zu sprechen – »eine europäische Sicherheitsgleichung« entwickeln ließe.

Nicht vergessen dürfen wir auch China, dessen alternder Staatsführer Xi Jinping in ein paar Jahren womöglich selbst einen kleinen militärischen Sieg feiern möchte, um seine Umfragewerte aufzuhübschen. Dabei könnte es natürlich darum gehen, Taiwan wieder mit dem »Mutterland« zu vereinigen. Vielleicht aber auch darum, die »angestammten chinesischen Gebiete« nördlich des Amur-Flusses heimzuholen?

Ein solcher Konflikt zwischen Russland und China ist grundsätzlich möglich und birgt das Potenzial eines atomaren Schlagabtauschs. Es liegt auf der Hand, dass die russischen Streitkräfte in den ersten Jahren der Post-Putin-Ära kaum in der Lage sein werden, Chinas mächtiger Armee entgegenzutreten. Derartige Versuche ließen sich somit natürlich nur mit Atomwaffen unterbinden, weshalb von einer »Denuklearisierung« Russlands keine Rede sein kann.

Darüber hinaus muss Russland eine neue Militärdoktrin verabschieden, in der es darauf verzichtet, außerhalb seiner Grenzen militärische Gewalt anzuwenden, jedoch, angesichts des geschwächten Zustands seiner konventionellen Streitkräfte, im Falle einer Aggression von außen zum Schutz seiner Bevölkerung bereit ist, einen atomaren Erstschlag auszuführen. Eine derart unzweideutige Konzeption dürfte die Gelüste potenzieller Angreifer im Zaum halten. Es ist zu hoffen, dass man im Westen jegliche militärische Aktion oder gewaltsame Annexionen paritätisch beurteilt und nicht nach dem Motto: Wenn Russland Gebiete annektiert, so ist das schlecht, aber wenn russische Gebiete annektiert werden, so ist das richtig und demokratisch.

Der Krieg mit der Ukraine birgt nach wie vor das Risiko eines nuklearen Konflikts. Der Ausgang dieses Krieges wird daher auch die Rolle und Bedeutung der Atomwaffen in der Weltpolitik beeinflussen. Verliert Putin den Krieg und seine Macht, verlieren auch die Atomwaffen etwas von ihrer allmächtigen Aura – schließlich haben sie den Aggressor nicht vor seinem verdienten Schicksal bewahren können. Dies wiederum wird den Bemühungen zur nuklearen Abrüstung starke Impulse verleihen. Die Atommächte werden sich weniger mit Fragen des Wettrüstens befassen müssen und können zunehmend den Schwerpunkt ihrer politischen Bemühungen auf die Lösung anderer globaler Probleme verlagern.

Hierfür bedarf es, wie mir scheint, einer neuen weltanschaulichen Werteordnung, die nicht mehr von nationalstaatlichen Interessen, sondern von der kollektiven Verantwortung der Menschheit für unseren Planeten bestimmt ist. Wir alle haben nur diesen einen Planeten, und wenn wir überleben wollen, ist es unsere gemeinsame Pflicht, diesen in einem angemessenen Zustand zu bewahren.

Ich bin weit davon entfernt zu glauben, dass Russland unbedingt eine EU- oder NATO-Mitgliedschaft anstreben sollte. Der Abschluss von Partnerschafts- und Kooperationsabkommen in den Bereichen Sicherheit, Handel, Investitionen, Technologie und so weiter wäre jedoch zweifellos für beide Seiten von Vorteil.

So abwegig ist dieser Gedanke nicht: Wir erinnern uns, dass der Pariser Vertrag zur Gründung der Montanunion bereits 1951 unterzeichnet wurde, nur sechs Jahre nach Ende des Zweiten Weltkriegs. Damals schlossen scheinbar unversöhnliche Feinde ein wichtiges Abkommen, das später das Fundament der gesamten europäischen Integration bilden sollte. Anders als zu Beginn des Kalten Krieges wird heute auch der fortdauernde Konkurrenzkampf zwischen den Vereinigten Staaten und China zu berücksichtigen sein. In dieser Auseinandersetzung wird sich Russland für eine der beiden Seiten entscheiden müssen – sich aus diesem Konflikt einfach herauszuhalten wird kaum gelingen, dazu fehlt dem Land das wirtschaftliche und politische Gewicht. Ein Russland, das an einem demokratischen Aufbau interessiert ist, wird logischerweise die Partnerschaft des Westens suchen, um politisch den von

China verbreiteten autoritären Grundsätzen in der Wirtschaft, bei den Menschenrechten, beim Umweltschutz und in anderen Bereichen entgegenzuwirken.

Für eine neue Diplomatie bedarf es auch eines neuen diplomatischen Dienstes. Die derzeitige Führung des Außenministeriums, die Departementdirektoren und ihre engsten Mitarbeiter werden natürlich gehen müssen. Außenpolitik sollte von Menschen gestaltet und umgesetzt werden, die in der Lage sind, Verantwortung für sich und ihr Land zu übernehmen, anstatt sich hinter ihren Vorgesetzten zu verstecken.

Darin liegt ja – wie in diesem Buch mehrfach beschrieben – die Quintessenz des Putin-Regimes: Dieses kann nur existieren, weil die Menschen selbst für ihr Handeln keine Verantwortung übernehmen wollen. Das Besondere an der russischen Verantwortungsflucht ist dabei, dass der Begriff »Verantwortung« nahezu ausschließlich in seiner juristischen, ja strafrechtlichen Bedeutung, also im Sinne von »Haftung« oder gar »Schuld«, verstanden wird. Die Auffassung von Verantwortung im Sinne der Bereitschaft, sich für das Schicksal des eigenen Landes – in guten wie in schwierigen Zeiten – zu engagieren und einen konstruktiven Beitrag zum Leben der Gesellschaft zu leisten, findet in Russland nur sehr langsam Verbreitung.

Die Weigerung, Verantwortung zu übernehmen, bedeutet im Umkehrschluss nichts anderes, als die eigene Handlungsmacht aufzugeben und an den Vorgesetzten zu delegieren. Im Grunde beruht jede Diktatur auf diesem Prinzip, aber weil Putins Diktatur weniger von einer bestimmten Ideologie geprägt ist, tritt diese Kaskade der Verantwortungsverlagerung hier besonders deutlich zutage.

Möglicherweise aber beginnt der Faktor der Angst gerade jetzt eine größere Rolle zu spielen. Immer häufiger wird in letzter Zeit auch von den russischen Eliten der Verdacht geäußert, ihr großer Führer könnte Fehler gemacht haben. (Weshalb sich dieser genötigt sieht, die Eliten weiterhin »auf Trab« zu halten.) Aber ein Sieg Russlands über die Ukraine – der ja keinesfalls auszuschließen ist – dürfte den Eliten ebenso wie der russischen Gesellschaft als Ganzes ihren Glauben an Wladimir

Wladimirowitschs Unfehlbarkeit zurückgeben und den Mechanismus der Verantwortungsverlagerung am Leben halten.

Zweifellos bedarf das System des russischen Außenministeriums tiefgreifender Reformen. Der Auswärtige Dienst muss deutlich transparenter werden, Ernennungen für Schlüsselpositionen dürfen künftig nur noch unter Aufsicht und Kontrolle des Parlaments erfolgen. Auch die Rolle der Botschafter muss neu überdacht werden: Ein Botschafter hat sich mit Politik zu befassen, aber nicht die politische Vertrauenswürdigkeit seiner Angestellten zu überwachen.

Mit dem entsprechenden politischen Willen und kompetenten Mitarbeitern – die es im russischen diplomatischen Korps trotz allem immer noch gibt – ist dies grundsätzlich keine unlösbare Aufgabe.

Einen neuen gemeinsamen Raum der Sicherheit und Kooperation zu schaffen ist eine Menge Arbeit. Ich bin jedoch überzeugt: Wenn all jene, die an einer friedlichen und freien Welt »von Vancouver bis Wladiwostok« interessiert sind – Staaten wie Zivilgesellschaften, Politiker wie einfache Bürger –, wenn also all diese Kräfte die Herausforderung gemeinsam annehmen, so kann dies gelingen!

GLOSSAR: DIPLOMATISCHE RÄNGE UND POSTEN IN RUSSLAND

In der folgenden Tabelle sind die russischen diplomatischen Ränge – sowie ihre inoffiziellen militärischen Entsprechungen in der russischen Armee – in aufsteigender Reihenfolge angeführt:

Diplomatischer Rang	**entsprechender militärischer Rang (inoffiziell)**
Attaché	Unterleutnant
Dritter Sekretär	Leutnant
Zweiter Sekretär 2. Klasse	Oberleutnant
Zweiter Sekretär 1. Klasse	Hauptmann
Erster Sekretär 2. Klasse	Major
Erster Sekretär 1. Klasse	Oberstleutnant
Botschaftsrat 2. Klasse	Oberst
Botschaftsrat 1. Klasse	*keine direkte Entsprechung*

Die oben genannten Ränge werden vom Außenminister verliehen, die folgenden Ränge vom russischen Präsidenten:

Diplomatischer Rang	**entsprechender militärischer Rang**
Außerordentlicher und Bevollmächtigter Gesandter 2. Klasse	Generalmajor
Außerordentlicher und Bevollmächtigter Gesandter 1. Klasse	Generalleutnant
Außerordentlicher und Bevollmächtigter Botschafter	Generaloberst

Diplomatische Dienststellungen (Posten)

Diplomatische Dienststellungen (Posten) haben teilweise ähnliche Bezeichnungen wie diplomatische Ränge, müssen diesen jedoch nicht unbedingt entsprechen. So kann beispielsweise jemand, der den Posten eines Ersten Sekretärs bekleidet, den Rang eines Ersten Sekretärs 2. oder 1. Klasse, aber auch den Rang eines Zweiten Sekretärs 1. Klasse oder eines Botschaftsrats 2. Klasse haben.

Sekretär-Referent (vormals leitender Referent) – niedrigste diplomatische Dienststellung, von der Wiener Konvention von 1961 nicht anerkannt, formal dem technischen Personal zugeordnet. Sekretär-Referenten erhalten keinen Diplomatenpass.

- Attaché
- Dritter Sekretär
- Zweiter Sekretär
- Erster Sekretär
- Botschaftsrat
- Leitender Botschaftsrat
- Haupt-Botschaftsrat (nur im Zentralapparat, in den Auslandsvertretungen nicht vorgesehen)

Leitende Posten im Zentralapparat:

- Abteilungsleiter
- Stellvertretender Departementdirektor
- Departementdirektor
- Stellvertretender Minister
- Minister

Leitende Posten in den Auslandsvertretungen:

Botschaften:
- Gesandter-Botschaftsrat
- Botschafter

Generalkonsulate:
- Konsul-Berater
- Generalkonsul

Ständige Vertretungen/Missionen:
- Stellvertreter des Ständigen Vertreters
- Ständiger Vertreter (wird in der Regel als »Botschafter« angesprochen)

Register